Carmen Rohrbach

Am
grünen
Fluss

Carmen Rohrbach

Am grünen Fluss

Isar – Abenteuer und Natur pur

Mit 31 Farbabbildungen
und zwei Karten

NATIONAL GEOGRAPHIC   MALIK

Mehr über unsere Autorinnen, Autoren und Bücher:
www.malik.de

Inhalte fremder Webseiten, auf die in diesem Buch (etwa durch Links) hingewiesen wird, macht sich der Verlag nicht zu eigen. Eine Haftung dafür übernimmt der Verlag nicht.

Aktualisierte Taschenbuchausgabe
ISBN 978-3-492-40292-7
1. Auflage Januar 2007
6. Auflage September 2021
© Piper Verlag GmbH, München 2002
Redaktion: Susanne Härtel, München
Umschlaggestaltung: Dorkenwald Grafik-Design, München
Umschlag- und Innenteilfotos: Carmen Rohrbach
Autorenfoto: Peter von Felbert
Karten: Margret Prietzsch, Gröbenzell (Seite 6/7) und GEO-Grafik (Klappkarte im Bildteil), Quellen: Wasserwirtschaftsamt und andere, entnommen aus GEO-Special München 2/2003
Satz: Büro Sieveking, München
Litho: Lorenz & Zeller, Inning am Ammersee
Druck und Bindung: CPI books GmbH, Leck
Printed in the EU

Inhalt

Vorwort 9
Quellensuche 11
Ein Original vom Karwendel 21
Geigenbauer in Mittenwald 37
Der Wasserraub 48
Die Kieswüste lebt 63
Das alte Fall und das Jahrhunderthochwasser 78
Kalkbrenner und Steinesammlerinnen 95
Leonhardi-Ritt und Almfest 103
Isar-Ranger und Isar-Indianer 115
Flöße in alter und neuer Zeit 128
Rettet die Isar! 137
München und seine Brücken 145
Der Englische Garten und ein Isar-Modell 158
Trockene Moore und die älteste Stadt an der Isar 172
Zeitreise ins Mittelalter 186
Die Isar in Kühlturm und die fünf Sterne
 des Nepomuk 200
Ein letztes Isarmärchen 213
Happy End für die Isar 223
Danksagung 232
Literatur zur Isar 233
Wichtige Adressen 234

Vorwort

Aus Felswänden tropft Wasser, sickert zwischen Moosen und Farnen, sammelt sich zu einem Rinnsal und fällt schließlich als dünner Strahl in die Tiefe einer Schlucht. Auf meiner Spurensuche habe ich ihn entdeckt, den Ursprung, die Quelle der schönen grünen Isar.

Um ihr einige Geheimnisse zu entlocken, habe ich mich auf den Weg gemacht, von der Quelle in den Alpen bis zur Mündung in die Donau – meist zu Fuß, aber auch mit dem Floß, dem Fahrrad oder im Winter auf Skiern, zu allen Jahreszeiten und bei jedem Wetter. Über ein ganzes Jahr verteilt habe ich so versucht, mich der Isar zu nähern, ihre Persönlichkeit zu erforschen.

An ihren Ufern habe ich seltene Pflanzen gesehen und scheue Tiere entdeckt, habe die einzigartige Landschaft mit ihren unverwechselbaren Dörfern und Städten erlebt und mir viel Zeit gelassen, mit Menschen zu reden, die am Fluss leben und von ihm leben. Ihre oft abenteuerlichen Geschichten habe ich aufgeschrieben und ihren Anekdoten gelauscht.

Natürlich konnte ich nicht übersehen, dass auch die Isar, wie die meisten Flüsse in Europa, von gewaltsamen Eingriffen nicht verschont geblieben ist. Weil man ihre Wasserkraft nutzen wollte, wurde begradigt, eingedämmt, aufgestaut, kanalisiert. Seitdem bringt ihre gebündelte Energie die Turbinen von – man glaubt es kaum – 28 Kraftwerken zum Rotieren. Darüber hinaus hat sie die Abwässer der Klärwerke zu verdauen und nicht zuletzt die Hitze von Atomkraftwerken herunterzukühlen.

Trotz allem, ich habe den Fluss nicht unbedingt als »kastrierten Wildfluss« erlebt, wie es ein Isarfreund sarkastisch formulierte. Im

Gegenteil – selbst nach diesen gravierenden Verbauungen ist die Isar an vielen Stellen immer noch ein wildes Gewässer. Es war beruhigend für mich zu beobachten, wie sie immer wieder versucht, ihr Korsett aus Stahl und Beton zu durchbrechen, und es ihr gelingt, wilde Tiere und Pflanzen in die Millionenstadt München zu schmuggeln. Noch an der Mündung gestaltet sie eine Urlandschaft, die in Deutschland einzigartig ist.

Das über den Kies rauschende Wasser, so scheint es mir, will ein Geheimnis verkünden. Ich weiß, das Unerklärliche lässt sich schwer in Worte fassen, aber vielleicht gelingt es mir in diesem Buch, den geheimnisvollen Gesang der Isar erklingen zu lassen.

Quellensuche

Für »meinen« Fluss kann ich mir keinen passenderen Geburtsort vorstellen als das wilde Karwendelgebirge in den Alpen. In vier langen Bergketten erstreckt es sich von Ost nach West und schließt drei Täler ein.

Das Felsenreich duldet nur zeitweise Gäste: im Sommer die Bergwanderer und den Almauftrieb des Viehs, im Winter einige verwegene Skitourengeher. Die Bergketten aus lichtgrauem Kalkgestein können nur geübte Wanderer überschreiten, und der schroffe Felsaufbau mit seinen Schwindel erregenden Abstürzen, Spitzen und Pfeilern ist sowieso nur etwas für die Spezialisten unter den Felskletterern. So entzieht sich das Karwendel auf natürliche Weise den Aktivitäten der Menschen und blieb bis heute eines der ursprünglichsten Gebiete der Alpen.

Quellensuche – ein aufregendes Spiel. Irgendwo in diesen Bergen entspringt die Isar, aber wo genau? Der Streit um die einzig richtige Isarquelle ist alt. Die Scharnitzer hatten im Hinterautal, in einer Gegend, die von alters her »Bei den Flüssen« heißt, eine Tafel angebracht mit der Aufschrift »Isar-Ursprung«. Das Schild war wenig später verschwunden und weiter oben im Gebirge am Halleranger, das schon zu Tirol gehört, tauchte ein neues auf: »Isar-Quelle«.

Als wolle sie sich von Anfang an mit einem Geheimnis umgeben, macht es uns die Isar schwer, ihren Geburtsort genau zu bestimmen. Kann es eine spannendere Voraussetzung für meine Quellensuche geben? denke ich, als ich an einem sonnigen Tag im Juli in Scharnitz aus dem Zug steige und den Rucksack schultere. Mein

Plan ist einfach: Ich will dem Flusslauf hinauf in die Berge folgen, bis dorthin, wo das Wasser erstmals ans Licht kommt.

Vom Bahnhof aus gehe ich geradewegs durch den Ort und suche meinen Fluss. Nachdem ich ein paar Straßen überquert habe, stehe ich auf einer Brücke – eine Inschrift zeigt an, dass sie in den Jahren 1963/64 erbaut wurde – und blicke hinab auf ein schnell fließendes, weiß schäumendes Gewässer, kein Bach mehr und doch noch zu schmal, um bereits ein Fluss zu sein. Trotzdem, es ist schon die Isar. Die Erwartung kribbelt in mir. Wie mag die Stelle aussehen, an der sie zum ersten Mal an die Erdoberfläche tritt?

Der kleine Ort Scharnitz liegt bald hinter mir und ich steige auf breitem Forstweg hinauf ins Gebirge. Die Isar ist von diesem Weg aus nicht sichtbar und so verlasse ich ihn, schlage mich durch den Wald, bis ich vor einer Abbruchkante stehe und in eine enge Klamm blicke. Tief unten rauscht sie, die Isar. Sie hat den Felsriegel durchbrochen. Türkisblau leuchtet sie zwischen senkrechten Wänden.

Ein Raunen schwingt durch die Luft – der Wind hält Zwiesprache mit den Blättern. Auf Moospolstern malen Sonnenstrahlen goldene Kringel, es riecht nach moderndem Holz und nach Pilzen. Im Schatten des Waldes gedeiht blauer Schwalbenwurzenzian und dort, zwischen braunem Laub, lockt mich eine rote Blüte. Ich knie mich nieder und staune: ein wildes Alpenveilchen! Blumenläden quellen über von gezüchteten Alpenveilchen, und wohl niemand denkt bei seinem Namen daran, dass es ursprünglich aus den Alpen und anderen Hochgebirgen stammt, niemand schätzt es als besonders wertvoll ein. Weil diese zarte Blütenpflanze aber wild und frei hier im Gebirgswald wächst, ist sie für mich wie ein kleines Wunder und ein gutes Omen gleich zu Beginn meiner Isarwanderung.

Am fließenden Wasser dem Ursprung entgegenzugehen ist einfacher gesagt als getan. Nach wenigen Kilometern entstehen Zweifel, denn von links schnellen Wassermassen in die Felsenklamm und vereinigen sich mit der Isar. Es sind nun zwei Quellbäche. Welchem soll ich folgen? Mittels Wanderkarte klärt sich das Problem: Es ist der Karwendelbach.

Zwei Kilometer später wieder ein wild schäumendes Wasser, diesmal von rechts, der Gleirschbach. Wäre ich in einem unerschlossenen Gebiet, müsste ich den drei Quellbächen folgen und sie vermessen, um den längsten und damit die Quelle meines Flusses festzustellen. Aber Kartographen und Hydrologen haben diese Arbeit längst vollbracht. Trotzdem bleibt die Suche nach der Isarquelle für mich reizvoll.

Bisher habe ich von oben in die Schlucht hinabgeblickt. Mehr als fünf Kilometer lang ist dieser Felsriegel, den die Isar zerteilt hat, beharrlich wie nur Wasser es vermag. Am Ende der letzten Eiszeit vor 11000 Jahren war es endlich so weit – die Isar hatte den Fels bezwungen und sich ihren Durchgang frei gespült, gewissermaßen war es ihre Geburt.

Dann weitet sich die Schlucht zu einem Talgrund, dem Hinterautal, und ich kann am Ufer entlangwandern. Glockenblumen nicken mit hellblauen Blüten im Wind, als wollten sie mit unhörbarem Klingen in das murmelnde Wasser einstimmen. Zart sehen diese Pflanzen aus, aber ihre unterirdischen Ausläufer sind zäh und verankern das lockere Geröll.

Ungehindert kann die Isar in der weiten Ebene ihren Lauf wählen. Sie breitet sich aus, teilt sich in immer neue Rinnsale, sammelt sich wieder zu einem munter springenden Gebirgsbach, der seine kalkweißen Kiesel über das Tal verstreut.

Das kristallklare Wasser ist hier noch keineswegs isargrün, sondern eisblau und beißend kalt. Dennoch macht es mir Vergnügen, barfuß hindurch zu waten. Mit schmerzverzerrtem Gesicht rette ich mich auf eine Kiesfläche und genieße es, wie sich meine Beine vom

Kälteschock erholen. Doch kaum sind sie warm, verlockt es mich wieder, in das eisige Nass zu steigen. Es ist aber nicht nur die Kälte, die mich fasziniert, sondern auch die ungestüme Kraft der jungen Isar. Obwohl mir das Wasser nur bis zu den Waden reicht, brandet es wütend an, droht mich umzuwerfen und mit sich zu reißen.

Sonnenstrahlen zeichnen ein netzartiges, sich dauernd veränderndes Muster auf den steinigen Untergrund. Ich kann mir kaum vorstellen, dass in diesem eiskalten und nährstoffarmen Wasser Tiere existieren können. Neugierig wälze ich einige Steine zur Seite und werde tatsächlich fündig. Seltsame Wesen hocken in den Mulden oder haften an Steinen: die Körper platt gedrückt, die Köpfe glupschäugig, pinselartige Ausstülpungen beidseits des Hinterleibs und drei gespreizte Schwanzborsten. Nur wenige Millimeter messen diese urigen Tiere. Wären sie größer, würden sie Furcht erregenden Monstern gleichen.

Es sind die Larven von Eintagsfliegen. Ihre Jugend verbringen sie oft über Jahre hinweg bei niedrigen Temperaturen im reißenden Wasser. Als fertiges Insekt leben sie nur Stunden, tanzen als Wolke über dem Wasser, suchen und finden einen Paarungspartner.

Quer über der Isar liegen modernde Baumstämme, Naturbrücken für Marder, Füchse und andere Wildtiere. Auch ich balanciere ohne Mühe von einem Ufer zum anderen, schlage mich durch ein Dickicht und folge einem weiteren Zufluss bis zu einem Sumpf. Ich lausche den blubbernden Geräuschen und sehe Wasser, das sich seinen Weg ans Licht bahnt.

Jetzt wäre es Zeit für ein ergreifendes Gefühl – denn ich befinde mich am offiziellen Isar-Ursprung »Bei den Flüssen«. Aber war da nicht noch dieses andere Schild mit der Aufschrift »Isar-Quelle«, einige Kilometer weiter oben im Gebirge, beim Halleranger?

Ich denke mir, »meine« Isar ist eben von Anfang an etwas Besonderes. Mit nur einer Quelle gibt sie sich nicht zufrieden. Wen stört es da, dass dieses zweite Quellwasser oben am Halleranger zunächst Lafatscherbach heißt?

»Was! Alles zu Fuß von Scharnitz? Bist du denn narrisch, den ganzen langweiligen Weg bis rauf zur Hallerangeralm zu gehen?«

Verständnislose Blicke mustern mich. Einer der knallbunt gekleideten Biker fragt mitfühlend: »Hast du denn kein Fahrrad?«

Die Radtouristen werden nachdenklich, als sie von meinem Plan hören.

»Das wär mal was – von der Quelle zur Mündung. Gar nicht dumm!«, meint einer mit pinkfarbener Latexhose.

»Wir sind dabei, aber nur mit dem Bike!«, rufen die anderen im Chor. Dann greifen sie sich ihre dick bereiften Räder und schieben sie den steilen Pfad zur Kastenalm hinab. Wegen der lockeren Steinblöcke trauen sie sich nun doch nicht zu fahren.

Von Scharnitz zum Halleranger sind es 25 Kilometer und 800 Höhenmeter. Fünf Stunden Gehzeit wird in der Tourenbeschreibung dafür angesetzt. Zur Kastenalm, 550 Meter weiter unten, ist der 20 Kilometer lange Weg so gut befahrbar, dass ich zu Fuß als Exot belächelt werde. Ich würde aber nicht tauschen wollen. Mit dem Fahrrad ist man zu schnell und fährt an allem vorbei, da hätte ich nicht das Alpenveilchen entdeckt, nicht in die wilde Schlucht hinabgeblickt, nicht den einströmenden Karwendel- und Gleirschbach gesehen, wäre nicht durch eisiges Wasser gewatet und hätte nicht Eintagsfliegenlarven gesucht. Nur zu Fuß hat man die passende Geschwindigkeit, dass sich die Sinne öffnen und die Gedanken frei schwingen können.

Umgeben ist die Hallerangeralm von lichtgrauen Felsgipfeln: Lafatscher, Speckkar, Bettelwurf, Gamskar heißen sie. Ein sanft rieselnder Wiesenbach zieht in zahlreichen Windungen leise plätschernd den Hang hinab – die Isar, alias Lafatscherbach. Die Spannung wächst: Wo mag der Bach entspringen?

Wenige Minuten von der Berggaststätte Hallerangeralm entfernt, verkündet ein Holzschild: »Isar-Quelle«. Aber wie enttäuschend! Trotz der schriftlichen Ankündigung ist das Bachbett trocken, die Kiesel bleichen in der Sonne. Am Ufer wuchert Latschengestrüpp.

Erst hundert Meter almabwärts drückt Wasser zwischen Gräsern nach oben und speist den Wiesenbach. Das Bild will so gar nicht mit meiner Erwartung übereinstimmen. Deshalb steige ich im trockenen Bachbett weiter hinauf. Zunächst führt es mich in Richtung Überschalljoch und zielt dann nach einer scharfen Kehre zur Gamskarspitze.

Der Anstieg in der glatten Bachrinne wird zur Klettertour. Bedrohlich ragen riesige Kalkwände vor mir auf. Überhängender Fels formt eine Grotte. Aus einer Vertiefung tropft es sacht. Wassertropfen um Wassertropfen quillt hervor. Hier – aus dem Fels geboren – beginnt der Lebensweg meiner Isar.

Das Gestein hat Regen und Schmelzwasser aufgenommen, es in Hohlräume gesogen und durch verborgene Spalten und unterirdische Gänge geleitet, bis es als Quellwasser das erste Mal seit seinem Sturz aus den Wolken wieder ans Tageslicht tritt. Die junge Isar rinnt am Fels entlang und füllt ein Steinbecken. Rings um die klare Wasserfläche wachsen Bergblumen. Ein Ort verschwiegener Schönheit, umgeben von mächtigen Bergen.

Ein Zelt aufzubauen im »Alpenpark Karwendel«, dem größten Naturschutzgebiet der Ostalpen, ist verboten, doch ein »Notlager« muss erlaubt sein und so übernachte ich im Schlafsack auf einer winzigen ebenen Fläche am Überschalljoch. Zum Hallerangerhaus, der schon im Jahr 1924 von der Sektion Schwaben erbauten Bergsteigerhütte, sind es zwar weniger als dreißig Minuten, dort aber finde ich nicht, was ich in den Bergen suche. Es freut mich immer wieder, dass ich trotz Massentourismus auch Stille und Einsamkeit im Karwendel genießen kann.

Später glänzt über mir auf samtschwarzem Grund der Sternenhimmel, wie man ihn so klar im Tal niemals sehen kann.

In der Morgenfrühe legt sich die Kälte der Nacht als Tau auf die Spitze jedes Grashalms. Ich kuschle mich tiefer in den Schlafsack und warte auf den Sonnenaufgang.

Als die Sonne endlich ihre Strahlen auf die Erde fallen lässt, werden die stillen Berggipfel in eine Farbenpalette getaucht: Pink, Orange, Zinnober, Purpur – die Farben wechseln in rascher Folge und verglühen in wenigen Minuten. Steigt die Sonne höher, nehmen die Felsen wieder ihren gewohnt grauen Ton an.

Mit dem Fernglas mustere ich die Almwiesen und entdecke ein Murmeltier. Bewegungslos lässt es sich von der Morgensonne die Nachtkälte aus den Gliedern treiben. Dann putzt sich das Mankei, wie es in Tirol genannt wird, gründlich den Pelz und beginnt zu fressen.

Auch seine Familienmitglieder kriechen nun aus den Erdhöhlen. Murmeltiere leben immer zusammen in einer Großfamilie. Besonders die jungen Tiere spielen gern miteinander, sie stupsen sich gegenseitig mit den Nasen an, tollen und toben. Dann rücken sie der Mutter auf den Pelz, klettern ihr auf den Rücken und rutschen hinten wieder hinunter. Geduldig lässt sie ihre Kleinen gewähren. Die Jünglinge vom letzten Jahr dagegen gebärden sich rauflustig. Auf der Suche nach einem Gegner patrouillieren sie durch die Kolonie, wedeln aufgeregt mit ihren buschigen Schwänzen, schlagen sie auf und ab und steigern sich in Erregung.

In meinem Versteck habe ich gute Sicht auf die lebhaften Szenen und werde wieder einmal belohnt für geduldiges Schauen, denn beim Wandern sieht man meist nur Tiere, die vor einem flüchten.

Ein Murmeltier richtet sich plötzlich auf und pfeift. Blitzschnell verschwinden alle in ihren Höhlen, als Letzter flüchtet der Warner. Oben am Himmel sehe ich einen dunklen Punkt und erkenne im Fernglas den Steinadler. Unglaublich, dass der Wächter den weit entfernten Greifvogel entdecken konnte. Aber er ist nun einmal der gefährlichste Feind der Murmeltiere und da heißt es aufpassen.

Der Vogel lässt sich tief herabfallen und ich bemerke seine hellen Flecken, also ist es noch ein junger Adler. Erst mit fünf Jahren wird das Gefieder dunkelbraun, dann sind Adler erwachsen und können sich fortpflanzen. Nachdem der Mensch die Steinadler unerbittlich verfolgt hat, sind sie jetzt geschützt und kommen im gesamten Alpenraum wieder vor, aber es ist immer noch ein seltenes Glück, einen von ihnen zu sehen.

Der Jungadler streicht die Berghänge entlang. Ob sich wohl ein unvorsichtiges Murmeltier herauswagt? Er dreht ein paar Runden und gleitet, vom Aufwind getragen, ohne Flügelschlag davon.

Ein halbes Jahr später, im Januar, will ich nachschauen, wie es meiner Isarquelle im Winter ergeht. Beim Alpenverein hole ich mir den Schlüssel für den Winterraum des Hallerangerhauses und steige mit Tourenskiern auf. Ich erlebe eine Bergwelt, die unberührt und völlig einsam erscheint. Menschen begegne ich nicht und ich fühle mich wie am fernsten Ende der Welt.

Wintermorgen. In klirrender Eiseskälte schimmert die Sonne blassgelb an einem Himmel voller Schneewolken. Wenig Kraft hat die Sonne so früh am Morgen, aber sie lässt die Schneekristalle glitzern und verheißt den Lebewesen, die während des Winters hier oben ausharren, einen neuen Tag voller Herausforderungen.

Bei der Quelle dampfen Wölkchen in die frostklare Luft. Obwohl von hohen Schneewehen umgeben, ist die Quelle doch eisfrei, wie das Atemloch eines Seehundes im Nordmeer. Der Quellbach führt mehr Wasser als im Sommer und mit reißender Kraft wehrt sich die junge Isar gegen das Erstarren zu Eis.

Die Berge ringsum scheinen ohne Spuren von Leben, nur vom Wind blank gefegter Fels. Aber dort! Etwas hat sich bewegt! Ein dunkelbrauner Körper sucht Schutz hinter einem Felsblock vor dem eisigen Nordwestwind. Tief senkt das Tier seinen Kopf mit den gebogenen Hörnern zum felsigen Grund.

Einmal aufmerksam geworden, entdecke ich eine Herde von acht Tieren. Es sind Steinböcke, die sich dort aufhalten, wo kein Leben mehr möglich scheint. Mitte des 19. Jahrhunderts waren sie durch übermäßige Bejagung fast ausgerottet, und nur im letzten Moment konnte der Alpensteinbock vor dem Aussterben bewahrt werden. In den Hohen Tauern hatte sich ein kleiner Bestand erhalten, die nun geschützten Tiere vermehrten sich und wurden in vielen Alpengebieten, auch im Karwendel, wieder angesiedelt.

Vom Höhenwind aufgewirbelt, tanzt lockerer Pulverschnee als eisiger Staub in der Luft. Vorsichtig bahne ich mir mit den Skiern einen Weg durch die weiße Welt. In einer Schneemulde hockt ein Tier. Reglos lässt es sich einschneien, nur an seinen schwarzen Ohrspitzen habe ich den Schneehasen erkannt. Auf den Wärmespeicher eines schwarzen Fells muss er verzichten und im Winter ein weißes Tarnkleid anlegen, denn seine Feinde sind gefährlicher als die Kälte. Wird er aber doch einmal von einem Fuchs oder Steinadler entdeckt, kann er sich oft mit einem rasanten Spurt retten, denn an den Pfoten trägt er bürstenartige Haare, die ein Einsinken im Schnee verhindern, so ähnlich wie ich mit Skiern meine Auftrittsfläche vergrößere.

Die Sonne steht jetzt hoch am Winterhimmel und der Schnee reflektiert ihre Strahlen. Mir wird warm und ich stopfe Anorak und Pullover in den Rucksack. Am gegenüberliegenden Hang scharren Gämsen im Schnee nach Nahrung. Wie die Steinböcke begegnen sie der Winterkälte mit dickem Pelz, dunkler Farbe und einer Speckschicht; auch ihre Hufe sind raffiniert ans Klettern angepasst.

Ein leises Knarren dringt durch die hoch gelegenen Kare. Alarmiert werfen die erfahrenen Geißen die Köpfe hoch, während die Junggämsen weiter nach verschneiten Pflanzen suchen. Das unheimliche Geräusch kommt näher, verstärkt sich zu einem gewaltigen Donnern. Die Gämsen ergreifen die Flucht. Schneemassen haben sich vom Berg gelöst und donnern nun als Lawine herab. Tödlich für alles, was sich in ihrer Bahn befindet. Diesmal sind die Tiere schnell genug und können dem weißen Tod entkommen.

Vom Hang gegenüber habe ich den dramatischen Abgang der Lawine erlebt, und obwohl ich hier sicher bin, starre ich noch immer wie benommen auf die Spur der Verwüstung.

Über den Gipfeln kreisen zwei Adler, fliegen in engen Spiralen himmelwärts. Plötzlich stoßen sie zusammen, verschmelzen und fallen zu zweit der Erde entgegen. Bevor es gefährlich wird, lösen sie sich voneinander, schrauben sich wieder hoch, steigen und sinken – das Paarungsspiel der Steinadler an diesem sonnigen Wintertag im Januar.

Sie beginnen zeitig im Jahr mit der Nachwuchsplanung, tragen schon im Februar Nistmaterial zu ihren Horsten in den Felsnischen. Anfang März, wenn die Berge noch tief verschneit sind, werden die Eier gelegt. Sobald die Nestlinge schlüpfen, brauchen sie viel Futter. Wichtigste Nahrungsquelle sind von Lawinen getötete Tiere. Nach einem schneereichen Winter mit zahlreichen Lawinen können viele Jungvögel überleben, nach schneearmen Wintern dagegen verhungert mancher junge Adler. Lawinen kosten einige Tiere das Leben, anderen aber, wie den Steinadlern, sichern sie ihre Existenz.

Die Geheimnisse der Natur sind für uns Menschen erkennbar, wir müssen nur lange und tief genug hinschauen und Zusammenhänge verstehen lernen.

Ein Original vom Karwendel

Wo ich denn herkomme? Welchen Gipfel ich gemacht habe? Der mich so forsch ausfragt, ist der berühmte Toni Gaugg, aber das weiß ich zu diesem Zeitpunkt noch nicht.

In Scharnitz gibt es das »Infozentrum Karwendel«. Dort wollte ich mich nach Personen erkundigen, die mir etwas über die Isar erzählen können, vom Hochwasser und vielleicht von früher, als noch Holz getriftet wurde.

Als ich die Tür öffne, sehe ich auf der Wartebank jemand sitzen, auf den meine Wunschvorstellung bestens zu passen scheint. Der Kleidung nach muss der Mann ein Einheimischer sein. Er trägt eine graue Strickjoppe mit Silberknöpfen, eine Hose aus derbem Loden, lange Strümpfe bis zu den Knien und einen Filzhut schräg auf dem Kopf. In seinem vom Wetter gegerbten Gesicht leuchten unternehmungslustige Augen. Dass Toni schon achtzig Jahre zählt, erfahre ich erst später. Er ist immer noch ein fesches Mannsbild mit Schnurrbart, buschigen Augenbrauen und verwegenem Lachen.

Ungeduldig wiederholt er seine Frage, weil ich zunächst meinen Rucksack ablege und den Wanderstock in die Ecke stelle. Dabei überlege ich angestrengt, wie ich ihn dafür gewinne, mir Geschichten von früher zu erzählen, als die Isar noch wild und ungezähmt war. Aber ist er nun wirklich ein Einheimischer oder nur ein zünftig gekleideter Tourist?

Zögernd antworte ich: »An der Isarquelle war ich, weil ... ich will nämlich ...«

Weiter komme ich nicht. Sofort unterbricht er mich heftig: »Hoffentlich warst du auch an der richtigen! Bei den Flüssen! Warst du bei den Flüssen? Dorthin musst du gehen! Das ist nämlich der Ursprung von der Isar! Oder warst du etwa beim Halleranger?«

»Bei beiden, bei den Flüssen und auch beim Halleranger.«

Er runzelt die Stirn: »Das hättest du dir sparen können, dort ist die Isar nicht. Die vom Halleranger haben unsere Tafel abgeschlagen, die wir geschnitzt haben. Der Stift steckt noch im Fels, den kriegen die aber nicht raus, der bleibt für immer dort. Ha!« Verschmitzt lacht er.

Da bin ich durch Zufall wirklich an den Richtigen geraten, freue ich mich.

»Natürlich kann ich dir was erzählen«, stimmt er freimütig zu. »Ich bin doch der Erbauer von der Pleisenhütte!«

Da erst begreife ich, wen ich zufällig getroffen habe. So ein Glück! Skeptisch war ich gewesen, ob ich mit Hilfe des Infozentrums Kontakt zu Einheimischen bekommen würde, und da treffe ich hier ausgerechnet Toni Gaugg, das berühmteste Original vom Karwendel.

In Bergsteigerkreisen habe ich viel über ihn gehört. Seine Berghütte unterhalb der Pleisenspitze hat er selbst gebaut und sie als Unterkunft für Wanderer und Bergsteiger geöffnet. Weil er aber nicht den gewünschten Ausblick hatte, beschloss er, die Hütte ein paar Meter zu verrücken, was er tatsächlich mit Hilfe einer Seilwinde schaffte.

»Das war doch gar nichts«, sagt Toni. »Bei einer Blockhütte geht so was ganz einfach.«

Wie man Blockhütten baut, hat er während seiner Kriegsgefangenschaft in Sibirien gelernt. Wenn er gesund heimkehrt, hatte er sich geschworen, errichtet er auf der Birkkarspitze, dem höchsten Berg des Karwendels, ein Gipfelkreuz. Am 25. Juli 1953 erfüllte er sein Gelübde und trug mit sieben Bergkameraden das von ihm selbst geschmiedete fünf Meter lange Kreuz in nur sieben Stunden auf die 2749 Meter hohe Birkkarspitze. Außerdem mussten noch Zement und Wasser für den Sockel, Blitzableiter und Verankerungsseile hinaufgeschleppt werden.

Wer heute den Berg besteigt, sich über den großartigen Rundblick freut und es für selbstverständlich nimmt, dass diesen hohen Gipfel ein Kreuz ziert, ahnt nicht, wie viel Mühe und Schweiß das gekostet hat und dass dieses Gipfelkreuz auch ein Zeichen setzt für wiedergeschenktes Leben nach einem katastrophalen Krieg.

Im gleichen Jahr verwirklichte Toni seinen Lebenstraum und begann mit dem Bau der Pleisenhütte. Allein, ohne fremde Hilfe, rodete und planierte er den Bauplatz, ein wild verwuchertes Gebirgsplateau. Das Baumaterial schlug er ringsum im Bergwald, anderes aber musste er auf dem Rücken hinaufschleppen. Noch heute weiß er genau die Anzahl der Dachpfannen. 64 Stück seien es gewesen, sagt er und lächelt zufrieden.

Neben seiner Arbeit als Hüttenwirt ließ er sich sowohl zum Lawinenhundeführer als auch zum Berg- und Skiführer ausbilden. Toni erhielt das »grüne Kreuz« als Anerkennung für schwierige Rettungseinsätze. Stolz zeigt er mir die Medaille, die er an seiner Joppe trägt.

Noch heute, mit seinen achtzig Jahren, ist er rüstig genug, um Wandergruppen durch sein Karwendel zu führen. Gerade habe er einen Höhenweg von der Pleisenhütte zum Karwendelhaus angelegt und er sei deshalb hier im Infozentrum, um zu erfahren, ob die Wanderer, denen er diesen neuen Pfad empfohlen hatte, wohlbehalten im Karwendelhaus angekommen seien.

Die junge Frau, die im Zentrum arbeitet, ruft schon zum zweiten Mal beim Hüttenwirt oben an. Immer noch Fehlanzeige.

Toni nutzt die Zeit und zeigt mir das Elchskelett. Ein vollständig erhaltenes Skelett hat er gefunden. Dass sein Fund im Infozentrum ausgestellt wird, erfüllt ihn mit Freude und Stolz. Liebevoll hat man im Nebenraum eine Berglandschaft gestaltet mit Grotte, rinnendem Wasser, Moosen und Flechten. Typische Alpentiere, Pflanzen und Gesteine sind auf Bildtafeln zu sehen, daneben Informationen über die Entstehung der Alpen. Ein Videofilm vom Karwendel ergänzt die Einrichtung. »Was hat es mit dem Elch auf sich?«, frage ich neugierig. »Wie kommt denn ein Elch in die Alpen?«

»Und sogar ziemlich hoch hinauf«, sagt Toni. »In 1850 Meter Höhe in der Vorderkarhöhle hab ich den Elch gefunden.«

»Das klingt aber spannend«, motiviere ich ihn, mehr zu erzählen.

»Also, das war so«, beginnt Toni. »Meine größte Leidenschaft ist das Erforschen der Natur. Schon als Bub wollte ich Forscher werden, Entdeckungen machen, als Erster meinen Fuß dorthin setzen, wo vor mir noch kein Mensch war. Ja, das ist das Größte! Weil aber über der Erde bei uns schon alles bekannt ist, hab ich mich mit der Höhlenforschung beschäftigt. Vor allem hatte es mir die Vorderkarhöhle angetan, ein über hundert Meter langes Höhlensystem und mehr als dreißig Meter tief. Da drin ist es so kalt, dass auf der Sohle unten ein Schneekegel liegt. Wieder einmal bin ich in die Vorderkarhöhle hinein, diesmal hab ich mich weiter vorgewagt als sonst. Seitlich vom sechs Meter tiefen Einstiegsschacht bin ich in einen niedrigen Raum von zehn Meter Länge gekrochen und dort lag das Skelett. Natürlich nicht so schön gerichtet, wie du es hier siehst, sondern die Knochen lagen verstreut herum. Ha, war ich aufgeregt! Ich dachte nämlich, ich hätte einen Höhlenbären gefunden. Professor Dehm, der ist Paläontologe in München, hat das Skelett untersucht und gesagt, mein Fund sei noch wertvoller, weil es nämlich das einzige vollständig erhaltene Elchskelett ist, das bei uns jemals gefunden worden ist.«

»Wie kam der Elch denn in die Höhle?«

»Hineingefallen ist er, das beweisen Verletzungen am Kiefer, hat der Professor festgestellt.«

»Was hat das Tier aber im Gebirge in fast zweitausend Meter Höhe gesucht? Sonst leben Elche doch in waldreichen Tälern und Moorgebieten?«, wundere ich mich.

»Der Elch hat vor zehntausend Jahren gelebt, damals war gerade die Eiszeit vorbei und das Klima hat sich schlagartig gebessert. Es war sogar viel wärmer als heute, deshalb lag die Waldgrenze wesentlich höher. Darum sei der Fund auch so wichtig, weil er die Angaben der Klimaforscher beweist, hat mir der Professor gesagt.«

Ich betrachte das Skelett und stelle mir vor, wie das Tier lebend ausgesehen haben mag. Es war ein Elchkalb von vielleicht zwölf Monaten, das mit seiner Mutter durch die dichten Wälder im Karwendel streifte, als sich plötzlich der Boden unter ihm öffnete. Möglicherweise war das Loch im Fels von Zweigen, Blättern und Moos verdeckt gewesen. Das Kalb stürzte in die Tiefe. Trotz seiner schweren Verletzungen suchte es nach einem Ausweg und quälte sich in den Seitengang hinein, wo es erschöpft starb. Oben stand die Elchmutter, äugte hinab in das dunkle Loch und rief verweifelt nach ihrem Jungen. Ein Drama, das sich vor vielen tausend Jahren so abgespielt haben mag.

Noch einmal versucht Toni etwas über seine verschollene Wandergruppe zu erfahren, umsonst. Die junge Frau beruhigt ihn. Bei dem herrlichen Wetter würden die Leute unterwegs gewiss eine ausgedehnte Rast machen. Er werde später noch mal vorbeikommen, sagt Toni, jetzt brauche Arco, sein Schäferhund, Bewegung. Der Hund, der bisher ruhig zu seinen Füßen gelegen hatte, hebt den Kopf und spitzt die Ohren, als hätte er verstanden, wovon zuletzt gesprochen wurde. »Willst du mitkommen?«, fragt mich Toni. »Ich geh mit Arco zur Gleirschklamm, ein bisschen spazieren.«

Na, wenn der Achtzigjährige den steilen Pfad einen Spaziergang nennt, ist er wirklich topfit, denke ich und stimme gern zu. So werde ich Gelegenheit haben, Toni gehörig auszufragen.

Wir folgen dem Isarpromenade-Weg. Scharnitz liegt in Österreich an der Grenze zu Bayern. Nach Norden bilden Wetterstein und Karwendel eine natürliche Sperre, nur ein schmaler Durchlass, das von der Isar ausgehöhlte Tal, ist frei. Diese strategisch günstige Lage hatten schon die Römer erkannt. Sie errichteten den Stützpunkt Mansia Scarbia, um den Handelsweg über das Seefelder Plateau schützen zu können. Als Abwehrbastion gegen die Germanen spielte Mansia Scarbia – später Scarantia genannt, das heutige Scharnitz – eine wichtige Rolle. Erzherzogin Claudia von Medici ließ im Dreißigjährigen Krieg am Engpass neue Abwehrstellungen bauen, die nach ihr benannte Porta Claudia. Das Bauwerk bewährte sich. Alle Angriffe aus dem Norden scheiterten an der Festung, die erst 1813 abgerissen wurde. Ob er wisse, seit wann überhaupt Menschen in diesem Gebiet leben, frage ich Toni.

»Da fragst du genau den Richtigen, das ist nämlich mein Spezialgebiet«, sagt Toni selbstbewusst und holt weit aus. »In den Tälern siedelten Menschen schon zur Zeit vom Ötzi, dem Mann aus der Bronzezeit, von dem sie die Mumie oben am Similaungletscher gefunden haben. Aber ins Gebirge wagten sich immer nur wenige Menschen, wie eben der Ötzi. Lange vor den Römern gab es schon einen Fußpfad vom Inntal über den Seefelder Sattel zur Donau. Über den gelangte später ein Stamm von den Rätiern ins Karwendel, die nutzten das Gebiet als Weide fürs Vieh und zur Jagd. Erst viel später sind die Römer gekommen, aber die sind nur durchmarschiert, die haben's nicht lange in den Bergen ausgehalten.«

Die letzten Häuser von Scharnitz haben wir hinter uns gelassen und den Ort erreicht, wo die Isar aus der Schlucht sprudelt. Bei meiner Quellensuche hatte ich diese Stelle schon gesehen, nur diesmal befinden wir uns am Ufer gegenüber.

Das Leben der Isar als wilder Gebirgsbach endet hier und die Geschichte ihrer Bändigung und Nutzung beginnt. Als wolle man ihr gleich alle Hoffnung rauben, hat man am Talschluss ein graues Kieswerk gebaut. Bagger mit ihren großmäuligen Schaufeln stehen bereit, das Geröll aus ihrem Flussbett zu greifen und über Rutschen und Siebe nach Korngröße zu sortieren.

»Da drüben bin ich als junger Bursch geklettert und hab Sprenglöcher gebohrt«, sagt Toni und weist auf eine senkrechte Felswand. »Wir haben Steine gesprengt, um das Isarufer zu befestigen.«

Ob es ihn nicht gereut habe, den freien Gebirgsfluss zu verbauen, frage ich.

»Nein, damals nicht! Niemand hat früher so gedacht. Bei Hochwasser haben wir doch gesehen, was die wilde Isar alles anrichtet, und haben nur versucht, uns zu schützen.«

»Wann war das schlimmste Hochwasser?«

»Im Jahr 1937, daran erinnere ich mich ganz genau, da war ich siebzehn Jahre alt. Beim Nachbarn ist das Wasser meterhoch im Haus gestanden. Der Nachbar war Tischler und hat gerade ein paar Särge in Auftrag gehabt. Nie im Leben vergesse ich, wie die Särge durchs Zimmer geschwommen sind.«

Er war elf Jahre alt, als sein Vater starb, erzählt Toni weiter. Als einziger Sohn mit zwei Schwestern war es an ihm, die Mutter zu unterstützen. So musste er schon als Junge beim Triften mithelfen.

Damals war es nur auf dem Wasserweg möglich, Holz aus den Bergwäldern ins Tal zu bringen, denn die Wege waren in schlechtem Zustand, zu schmal und steil. Im Winter beförderten die Forstarbeiter das geschlagene Holz auf Pferdeschlitten zu der »Klausn« im Gleirschtal, so nannten die Bergbauern kleine Becken in den Gebirgsbächen. Im Frühjahr, wenn das Schmelzwasser kam, wurde bei der »Klausn« das Wasser gestaut. Die Forstarbeiter »wässerten« das Holz und warteten, bis die Anstauung die richtige Höhe erreicht hatte, dann wurde das Klausntor mit einem Schlag geöffnet und die aalglatten Hölzer schossen mit dem Wasserschwall die

Gleirschklamm hinunter und von dort in die Isar talauswärts bis zur Lände.

Verkeilten sich Holzstämme, mussten die Trifter, die Holzarbeiter, in die Schlucht steigen und die Stämme mit langen Stangen und Haken entwirren und wieder in Fließrichtung einrichten. »Fuchs« nannte man das verklemmte Holz. Das Lösen des »Fuchses« erforderte viel Kraft, Geschick und Erfahrung. Das Klausntor war während dieser Arbeit geschlossen und es herrschte »Ebbe« im Gleirschbach, dennoch war es eine gefährliche Arbeit.

Ich versuche mir vorzustellen, wie bei der Holztrift die mächtigen Baumstämme durcheinander wirbelten.

»Vorstellen kann sich das niemand, der das nicht erlebt hat«, sagt Toni. »Die Erde hat gebebt. Es war ein Krachen und Poltern, eine Urgewalt – so als sei der Jüngste Tag angebrochen. Das hat mich schon mächtig beeindruckt, aber meine Welt waren immer die Berge. Als Bub schon bin ich allein aufgestiegen und hab den Schafen Salz gebracht. Einmal wäre ich beinah vom Blitz erschlagen worden, als ein gewaltiges Gewitter in den Bergen tobte. Bevor ich in den Krieg musste, hab ich einen Sommer lang auf der Alm gelebt. Das hat mir gefallen. Das Karwendel ist mein Leben, deshalb hab ich die Berghütte gebaut. Ich bin mit meinem Leben recht zufrieden und ich glaube, ich hab mit meiner Hütte und meinen Bergführungen den Menschen viel Freude gebracht, mehr, als wenn ich große Expeditionen im Himalaya gemacht hätte.«

Der Gebirgsbach Isar, der im Karwendel von Ost nach West plätschert, wird durch das Wettersteingebirge abrupt in Richtung Nord gelenkt, in ein breites, von eiszeitlichen Gletschern ausgewaschenes Tal.

Das Kieswerk am Ausgang der Klamm hat es aber bereits angekündigt: Das freie Leben der Isar ist zu Ende. Von jetzt ab wird ihr

Lauf von den Menschen bestimmt, zu deren Schutz und Nutzen. Das Ufer im Ortsbereich von Scharnitz ist mit Steinblöcken befestigt – ein Korsett, das die Ungestüme bei Hochwasser in ihre Schranken weist. Sie ist gezwungen, in diesem geraden Bett zu bleiben, und kann sich ihren Weg nicht immer wieder neu suchen wie früher. Das Tal muss sie sich mit Wohnhäusern, Eisenbahngleisen und Straßen teilen. Brücken überspannen den grünen Fluss. Er hat Zulauf bekommen durch den Gießenbach und das Wasser aus dem Scharnitzer Klärwerk.

Meine Trinkwasserflasche kann ich ab jetzt nicht mehr mit Isarwasser füllen wie zuvor im Gebirge, denn Klärwerke liefern kein vollkommen sauberes Wasser. Dennoch sind diese Reinigungsanlagen ein Segen für die Isar. Wie es ohne sie wäre, sah ich noch vor wenigen Jahren, als Abwässer von Ferienhotels ungeklärt als braune Brühe in die Isar strömten und das kristallklare Wasser auf einen Schlag dunkel färbten. Auch Scharnitz hatte bis 1989 kein Klärwerk.

Am Ortsende schieben die Arntalköpfe ihre Ausläufer vor und bilden den Scharnitzpass. Einst verlief hier die wichtigste Handelsverbindung zwischen Italien und Bayern, die heute zu einer verkehrsreichen Straße ausgebaut ist. Und dort, wo sich auf der Höhe die im Jahr 1633 errichtete Porta Claudia befand, liegt im Tal die Zoll- und Grenzstation zwischen Österreich und Deutschland.

Es ist spät am Nachmittag, als ich mich von Toni Gaugg verabschiede und ihm für seine spannenden Erzählungen danke. Bevor die Sonne hinter der Arntalspitze versinkt, mache ich zum Andenken von ihm und seinem Hund Arco einige Fotos. Und dann überrascht Toni mich zum Abschied noch mit einem Lied, das er selbst komponiert und gedichtet hat. Die Anfangsstrophe habe ich mir gemerkt:

»Wo die Berge in den Himmel ragen,
Ihre Gipfel glühn im Sonnenschein,
Nur im Karwendel konnt ich glücklich sein.«

Seine kräftige Stimme klingt nach Weite und Höhenluft und ich fühle mich seltsam berührt und reich beschenkt.

»Wo willst du denn heute übernachten?«, fragt er noch.

»Ach, ich such mir ein ruhiges Plätzchen«, antworte ich.

»Pass nur auf!«, warnt er mich. »Pass gut auf deinen Fotoapparat auf!«

Er wiederholt die Mahnung gleich zweimal. Ich wundere mich etwas, denn der Apparat liegt mir weniger am Herzen als mein eigenes Wohlergehen. Ich hatte mir fest vorgenommen, im besiedelten Gebiet nur in Gaststätten und Ferienhäusern zu übernachten. Aber ich werde wortbrüchig, denn es ist für mich zu verlockend, unter freiem Himmel zu schlafen. Gewöhnt an das ungebundene Umherstreifen im Gebirge, will ich wenigstens noch diese Nacht am Ufer meiner Isar verbringen.

Sechs Kilometer zwischen Scharnitz und Mittenwald fließt sie frei dahin. Keine Uferbegradigung, keine Verbauungen, keine Brücken. Noch einmal kann sie sich ihrer Bestimmung gemäß ausbreiten. Im Bett von einer Seite zur anderen wechseln, sich in zahlreiche Rinnen teilen – ein Geflecht grüner Adern zwischen weißen Kieseln. Je nach Wasserstand füllt sie ihr Bett aus, schiebt Kiesbänke vor sich her, verlegt sich selbst den Lauf und spült sich wieder einen Durchlass frei. Sich ständig ändernd und das Tal gestaltend gibt der Wildfluss eine letzte Probe der schöpferischen Naturkraft des Wassers.

Vor hundert Jahren noch strömten fast alle Flüsse der Erde frei dahin. Doch nur ein Menschenleben später sind die meisten im Stau der Kraftwerke erstarrt und müssen ihre Wasserkraft in elektrische Energie verwandeln lassen. Der Gesang der Gewässer verstummt für immer – jedenfalls solange Menschen leben mit ihren Fähigkeiten und ihren Ansprüchen.

Sechs Kilometer sind keine lange Strecke und wer sie im Auto in wenigen Minuten zurücklegt, wird nie erfahren, welche tier- und pflanzenreiche Wildnis sich jenseits der Straße zwischen Scharnitz und Mittenwald erhalten hat.

Das linke Ufer hat die Isar zu einer weiträumigen Heidelandschaft gestaltet, Riedboden genannt. Latschenkiefern, Weidengebüsch, Vogelbeerbäume, hartlaubige Sträucher, Stauden, Heidekraut und Disteln bilden eine Lebensgemeinschaft. Weiter vom Ufer entfernt erhebt sich ein Wald aus Kiefern, Fichten, Buchen. Der Boden ist hügelig aufgeworfen, ein moosbedeckter Buckel neben dem anderen, kaum finde ich eine ebene Fläche für mein Lager. Diese Buckel sind durch Verkarstung entstandene eiszeitliche Relikte.

Ausgestreckt auf dem Rücken blicke ich hinauf in die Baumkronen, von der sinkenden Sonne werden die Blätter vergoldet. Sie rascheln leise im Wind und dieser Klang mischt sich mit dem fernen Rauschen der Isar. Der Waldboden duftet geheimnisvoll. Zwischen Moos und Bärlapp laufen Waldameisen geschäftig umher und ein Grasfrosch schnappt nach Insekten.

Die Berge leuchten noch im Abendlicht, aber über das Tal hat sich schon der Schatten gesenkt und im Wald beginnt die Dämmerung der Nacht. Beim schwächer werdenden Licht notiere ich in meinem Heft die Ereignisse des Tages. Ein raschelndes Geräusch lässt mich beim Schreiben innehalten, ich presse mich an den Erdboden und mustere angestrengt die dunklen Schatten zwischen den Bäumen. Stille. Da wieder! Jemand tappt durch den Wald. Wer schleicht sich da an? Und ich war so sicher, dass niemand mich beobachtet hatte! Ein harmloser Spaziergänger kann es nicht sein – es ist kurz vor Einbruch der Nacht. Auch sind die Schritte verhalten und unregelmäßig. Ich habe wenig zu meiner Verteidigung dabei: eine Trillerpfeife, mit der ich den Angreifer kurzfristig erschrecken könnte, und einen Selbstschutzspray. Wird die Wirkung so lange andauern, dass ich mich in Sicherheit bringen kann? In meinem Kopf rast ein Film: Ich sehe mich flüchten, breche durchs Unterholz, Äste peitschen mir ins Gesicht, in Panik renne ich davon.

Nein, so weit darf es nicht kommen. Wichtigste Regel: Ruhe bewahren! Nicht der Unbekannte, sondern ich muss den Ablauf der Begegnung bestimmen. Angst zu haben ist jetzt unangebracht, schadet in so einem Moment nur. Zwar ist Angst wichtig als Warnsignal, um eine gefährliche Situation von vornherein zu vermeiden. Ich hätte also auf meine innere Stimme hören und gar nicht erst allein draußen schlafen sollen. Jetzt, da ich mich in Gefahr fühle, muss ich die Angst verdrängen und vernünftig reagieren. Ich verbanne sie in den entferntesten Winkel meines Bewusstseins, atme tief ein und aus und entspanne mich. Wer es auch ist, ich werde mich nicht von Furcht überwältigen lassen.

Wieder knackt es, jetzt schon ganz nah. Dürre Zweige brechen. Heftiges Keuchen, Schmatzen und ein Rasseln, als würde ein starker Raucher seine Kehle freihusten. Da sehe ich ihn! Er kommt geradewegs auf mich zu und ist schwarz-weiß gestreift – ein Dachs!

An der Erleichterung, die meinen Körper durchläuft, spüre ich, wie groß die Angst gewesen war. Der Dachs hält inne, schnüffelt und schnauft, aber er bemerkt mich nicht.

Er ist kräftig, ziemlich groß und hat ein silbergraues Fell. Ein weißer Streifen zieht sich von der Schnauze zum Scheitel, zwei schwarze führen von der Schnauze über die Augen zu den Ohren, die mit einer weißen Kante abschließen. Über den Wangen wieder zwei weiße Streifen und die Kehle pechschwarz. Dieses Streifenmuster gibt ihm das Aussehen eines Waldkobolds. Unter dem feisten Körper schauen kurze Beine heraus. Die Krallen der Vorderfüße sind so lang wie mein kleiner Finger.

Noch nie habe ich einen Dachs so nah gesehen. Ich möchte ihn möglichst lange beobachten und erstarre zu einer liegenden Statue. Er brummt leise wie ein Bär, während er seine Schnauze ins Moos wühlt. Als er Schnecken findet, schmatzt er genüsslich. Und er tappt weiter auf mich zu. In seinem Wald fühlt er sich sicher und widmet sich ganz der Futtersuche. Trotz der Dämmerung kann ich jedes Haar in seinem Fell erkennen; er ist nur noch eine Armlänge entfernt.

Ich darf nicht länger warten und muss ihn so vorsichtig wie möglich warnen, damit er sich nicht zu Tode erschreckt. Leise schnalze ich mit der Zunge. Er reißt den Kopf hoch und blickt mich an. Unsere Augen sind auf gleicher Höhe. Eine Sekunde vergeht. Noch nie in seinem Leben hat er einem Menschen ins Gesicht gesehen. Seine empfindliche Nase atmet meinen Geruch ein. Tier und Mensch, bewegungslos, Kopf an Kopf gegenüber.

Mit einem Ruck reißt der Dachs seinen Körper herum. Trotz seiner kurzen Beine rennt er erstaunlich schnell und verschwindet in der Dunkelheit des Waldes.

Dankbar für dieses einzigartige Erlebnis rolle ich mich in meinem Schlafsack ein, sehe die Sterne durch die Bäume schimmern und hoffe, dass der Dachs seinen Schrecken bald wieder vergisst.

Wenn ich von meinen Abenteuern in der Natur erzähle, werde ich oft gefragt, ob ich mich nicht fürchte. Die Antwort ist nein, denn es sind einsame Landschaften, die ich bevorzuge. Dort, wo Menschen mir gefährlich werden könnten, vermeide ich es, im Freien zu übernachten, oder wenn doch, achte ich darauf, dass mich niemand bemerkt. Aber die Fragen zielen mehr auf die Gefährdung durch Tiere. In unseren Breiten ist diese Befürchtung unbegründet. Es gibt hier keine bedrohlichen Tiere. Auch in tropischen Ländern geht das größte Risiko nicht von Schlangen und Raubtieren aus, die eher ein Zusammentreffen mit dem Menschen vermeiden, sondern vom verschmutzten Wasser und von Insekten, die Krankheiten übertragen.

Nicht die Tiere sind gefährlich für uns – umgekehrt, wir beunruhigen, stören und töten sie. Stets bin ich mir bewusst, ein Eindringling in ihrem Lebensraum zu sein. Deshalb bewege ich mich vorsichtig und leise, und wenn ich mein Lager am nächsten Morgen verlasse, bleibt nichts zurück außer dem kaum sichtbaren Abdruck meines Körpers.

Köstlich ist das Erwachen in der Natur. Morgenfrisch ist alles ringsum und ich fühle mich als Teil des Ganzen, als sei während des Schlafes an einer innigen Bindung gewebt worden.

Rasch erhebe ich mich und packe den Rucksack. Frühstücken werde ich später; es treibt mich, den neuen Tag zu entdecken. So halte ich es immer beim Wandern, denn in der Frühe verspüre ich keinen Hunger. Prüfend schaue ich umher, ob ich nichts vergessen habe. Überall perlen Tautropfen, nur dort, wo ich lag, ist der Boden trocken – vergängliches Zeichen meiner Anwesenheit.

Die Luft ist kühl. Im Tal liegt noch Schatten. Die Arnspitze, der Riedberg und der Riedbergkopf leuchten vergoldet im Sonnenlicht. Meine Schritte lenke ich zuerst zur Isar, die wie der Morgen kühl und klar ist. Zur Begrüßung tauche ich die Hände in ihr Wasser und benetze mein Gesicht. Zarte Nebelschleier schweben über ihren Wellen. Wären nicht die Stromleitungen, die gleich riesigen Spinnenfäden die Bergwälder überspannen, könnte ich mich in einem menschenleeren Land wähnen.

Weiß glänzen die Blütensterne des Silberwurzes neben blauem Enzian, gelben Aurikeln und rosa Mehlprimeln. Die Isar hat die Samen vom Gebirge mitgebracht und am Ufer angeschwemmt. Ein Eichhörnchen, braun mit schneeweißem Bauch, hüpft ohne Eile über den Pfad und klettert geschickt auf einen Baum. In sicherem Abstand schaut es herab und keckert vorwurfsvoll.

Sobald der trockene Kiefernheidewald endet, dehnen sich Wiesen aus. Wiesen, wie in meiner Kindheit mit Margeriten, Kuckuckslichtnelken, Hahnenfuß, Doldenblüten und summenden Insekten. Schon vor Jahrhunderten wurden diese Gebiete gerodet und gehören als Heimwiesen den Mittenwalder Bauern, die sie von ihrem Hof aus bewirtschaften.

Am Wiesenrand lasse ich mich nieder und packe das Frühstück aus. Wie eine grüne Mauer umschließt mich hüfthohes Gras. Von außen dringt kein Geräusch herein, dafür vernehme ich, zuerst kaum hörbar, dann immer deutlicher, ungewöhnliche Töne. Es knistert und knabbert, zirpt und sirrt, rispelt und raschelt – die Stimmen einer lebendigen Wiese. In dieser Grasunendlichkeit werden Probleme des Alltags unwesentlich und verschwinden. Ein grüner Raum zum Träumen. Ich lege mich auf den Rücken und verliere mich an das satte Grün und das intensive Blau über mir. Meine Sinne schärfen sich – ich vermeine die vielfältigen Gerüche einzeln wahrzunehmen, die sich zum Duft einer Sommerwiese verdichten.

Nach dem Mähen wird man das Heu in Holzhütten lagern, Hütten, wie braune Tupfer übers grüne Wiesenland verstreut. Im Winter, wenn die Loipen für den Langlauf das Tal durchziehen, holen die Mittenwalder Bauern das Heu mit Schlittenfuhrwerken wie seit Großväter und Urgroßväter Zeiten. Ein Trick verhindert das Einschneien der Heuschober: Ihre Wände sind schräg, oben breit und am Boden schmaler, so entsteht ein Luftwirbel, der für schneefreien Zugang sorgt.

Während vierhundert Jahren musste sich die Isar an Rodungswiesen gewöhnen, aber wie mag sie auf die Einrichtungen unserer modernen Zeit reagieren? Noch vor Mittenwald reihen sich Sportanlagen für Bogenschützen und Squashspieler an ihrem Ufer, außerdem Bolzplätze und immer wieder die unverzichtbaren Parkplätze. Verwundert lese ich an einem Gebäude »Turbo-Sonnenstudio«.

Die Isar erhält Unterstützung von der Leutasch, die durch eine Felsenklamm herantobt. Allerdings – deren Wasserqualität war vor dem Bau von Klärwerken mehr als zweifelhaft, war es doch üblich, den Inhalt der Odelgruben einfach in den Fluss zu kippen.

Endlich erreicht die Isar Mittenwald und wird sogleich in ein Korsett aus Steinen gezwängt, aus dem es kein Entrinnen gibt. Bis Mitte des 19. Jahrhunderts fehlten diese störenden Verbauungen. Erst 1857 wurde der Fluss im Mittenwalder Ortsbereich begradigt. Im Eifer des Machbaren presste man die Isar in ein schlauchartiges Flussbett. Ohne Windungen und Schleifen durchzieht sie schnurgerade den Ort. Das Wasser rast wie in einer Röhre schnell dahin, reißt Steine vom Untergrund mit und gräbt sich immer tiefer in den Boden ein. Immerhin, beim Kläranlagenbau waren die Mittenwalder vorbildlich, sie haben das erste Klärwerk in Deutschland mit Phosphatausfällung gebaut.

Geigenbauer in Mittenwald

Lukas hat grünblaue Augen und sie leuchten vor Begeisterung, als er mir von seiner Arbeit erzählt. Zuerst wollte er eigentlich Musik studieren, hat aber dann einen Beruf gewählt, mit dem er seine künstlerischen und handwerklichen Vorlieben kombiniert – den Geigenbau. Jetzt ist er schon im zweiten Lehrjahr an der Staatlichen Geigenbauschule in Mittenwald, die bereits 1858 gegründet wurde. Nur zwölf Lehrlinge werden pro Jahrgang angenommen, nach einer gründlichen Prüfung auf Eignung selbstverständlich. Lukas befürchtet, dass es nicht einfach sein wird, nach seiner Lehrzeit einen Meister zu finden, der ihn als Gesellen beschäftigt. Wenn er später selbst seinen Meister macht, kann er sich eine eigene Werkstatt einrichten und auch Lehrlinge ausbilden. Allerdings – in Mittenwald wird er leider nicht bleiben können, hier sei die Konkurrenz einfach zu groß. Schließlich ist Mittenwald schon seit dem 17. Jahrhundert das Zentrum des Geigenbaus in Oberbayern, begründet vom berühmten Matthias Klotz. Der musste seinerzeit ins Ausland gehen, nach Italien, um die Kunst des Geigenbaus zu erlernen.

Erst zehn Jahre alt soll der Junge gewesen sein, als er in die Werkstatt von Nicolo Amati kam, und dort könnte er auch mit Antonio Stradivari zusammengearbeitet haben. Bestätigt durch eine Urkunde ist allerdings nur seine Gesellenzeit bei einem Meister in Padua. Nach zwanzigjähriger Abwesenheit kehrte Matthias Klotz im Jahr 1683 in seine Geburtsstadt zurück und eröffnete eine Werkstatt. Er brachte reiche Erfahrungen mit, außerdem Zeichnungen und Modelle von Geigen, Bratschen und Celli. Die Heimat bot ihm beste Bedingungen für sein Gewerbe. In den Bergwäldern wuchs gutes

Holz, es gab keine Konkurrenten und in umliegenden Klöstern und an Fürstenhöfen fand er finanzkräftige Abnehmer.

Damals musste ein Geigenbauer seine Instrumente auf dem Rücken, in so genannten Butten, durchs Land tragen und um Käufer werben. Da auf diese Weise viel Arbeitszeit verloren ging, nahmen sich später Kaufleute des Vertriebs an. Matthias Klotz' Söhne Georg und Sebastian und auch seine Enkel Georg II, Ägidius, Josef und Michael gingen bei ihm in die Lehre, und als er mit neunzig Jahren starb, war der Geigenbau in Mittenwald in das dörfliche Leben fest integriert.

Lukas zeigt mir ein Stück feingemasertes Holz und erklärt: »Für die Decke des Klangkörpers nimmt man immer Fichte, weil bei Fichte harte und weiche Teile ideal kombiniert sind.«

Der junge Geigenbauer deutet auf die Jahresringe: »Im Winter wächst der Baum langsam. Hier, sehen Sie, diese dunklen Streifen, sie sind dünn, aber hart. Anders im Sommer – sehen Sie diese hellen Streifen, sie sind breiter und weich. Bei der Fichte ergeben die Abstände von harten und weichen Jahresringen einen guten Klang.«

»Alle Holzarten haben doch Jahresringe«, wende ich ein.

»Ja, aber sie sind nicht so regelmäßig wie bei der Fichte. Zum Beispiel der Bergahorn hier, dieses wellig gemusterte Holz ist Bergahorn. Er wird gern für den Boden der Geige verwendet, der Schönheit wegen, weil den Musikern diese muschelförmige Maserung gefällt. Der Griff, auf den die Saiten aufgezogen werden, muss besonders hart sein; er wird aus Ebenholz gefertigt.«

»Wie lange dauert es denn, eine Geige zu bauen?«, frage ich.

»Nicht unter zweihundert Stunden«, antwortet Lukas. »Wir reden von Stunden, denn die geleimten Teile müssen trocknen, und diese Zeit wird nicht gerechnet. Wir arbeiten immer an mehreren Instrumenten gleichzeitig, die sich in verschiedenen Stadien ihrer Fertigstellung befinden.«

Mit scharfem Werkzeug höhlt der junge Geigenbauer die Decke mit Feingefühl aus. Diese Wölbung beeinflusst den Klang des Instruments. Je dünner die Decke, umso tiefer der Klang. Es überrascht mich, dass die Decke aus zwei Teilen zusammengeklebt wird. Es wäre doch einfacher, sie aus einer Holzplatte herauszusägen, wende ich ein.

Lukas blickt mich mit seinen grünen Augen an und schüttelt den Kopf, als wundere er sich, dass es jemanden gibt, der das nicht weiß.

»Sehen Sie, aus dem Baumstamm schneide ich einen Keil heraus, wie ein Tortenstück. Dann halbiere ich diesen Keil der Länge nach und klappe ihn auf. Ich erhalte zwei identische Platten, die gleiche Strukturen haben, mit gleichen Jahresringen und Abständen. Die leime ich dann wieder aneinander zu einem Holzstück. So wird der Deckel völlig symmetrisch. Das ist wichtig für einen harmonischen Klang.« Als mir Lukas dann noch mehr erzählt, von den Kraftlinien, die auf das Instrument wirken, wie die Saiten den Klangkörper horizontal zusammendrücken und der Steg im Inneren des Kastens dagegen wirkt, dass der Stimmstock einen Knotenpunkt darstellt, durch den alle Schwingungslinien laufen, und dass der Bassbalken die Töne stabilisiert, habe ich den Eindruck, einer Geheimwissenschaft zu lauschen.

»Das ist übertrieben«, sagt Lukas und blickt mich lächelnd an. »Aber nur wer die Stimme des Holzes versteht, wird ein guter Geigenbauer. Während der Arbeit klopfen wir das Holz immer wieder ab und prüfen seine Resonanz. Besonders wohlklingende Instrumente aber entstehen, wenn bei allem Streben nach Harmonie bewusst eine leichte Asymmetrie, eine winzige Ungenauigkeit, eine kleine Abweichung eingebaut wird.«

»Wie das?«, frage ich verständnislos.

»Das ist eben das Geheimnis eines jeden guten Geigenbauers. Wie es in der Natur keine wirklich geraden Linien und keine scharfen Kanten gibt, so darf auch ein Klang nicht zu rein sein. Nur das Unvollkommene empfinden wir als schön. Aber diese Unvollkommenheit muss winzig sein, kaum wahrnehmbar.«

Bewundernd schaue ich den jungen Mann an und gratuliere ihm, dass er sich diesen Beruf gewählt hat.

»Ach«, seufzt er, «es dauert lange, bis man das Handwerk beherrscht. Man kann viel falsch machen – zu viel manchmal.«

Mittenwald hat dem Besucher noch mehr zu bieten. Neugierig erkunde ich den Ort und genieße das unbeschwerte Dahinschlendern ohne Rucksack, den ich in einer Gaststätte unterstellen konnte.

Die oberbayrischen Häuser wirken prächtig vor dem Hintergrund der lichtgrauen Kalkfelsen. Die Fenster sind klein und besitzen geschnitzte Holzläden. Aus den Balkonkästen hängen bunte Blütenkaskaden. Einige Dächer sind sogar noch mit Holzschindeln gedeckt und mit Steinen beschwert. Andere Gebäude mit hohen Torbögen, wuchtigen Holztüren, wertvollen Stuckornamenten und Giebeln mit kunstvoll geschnitzten Balken stammen von wohlhabenden Händlern und waren ursprünglich Wohnhaus und Warenlager zugleich.

Kaum ein Haus ist ohne Fassadenmalerei. So zahlreich sind sie nirgendwo sonst in Oberbayern. Die Gemälde, phantasievoll und farbensatt, ziehen die Blicke der Vorübergehenden auf sich. Häufig sind religiöse Themen dargestellt, auch drastische Szenen aus dem Alten Testament.

Mich beeindruckt besonders die Darstellung, wie Judith den Holofernes enthauptet, den berühmten Heerführer des babylonischen Königs Nebukadnezar, der Jerusalem zerstörte und die überlebenden Juden im Jahr 587 v. Chr. in die berüchtigte babylonische Gefangenschaft entführen ließ. Judith wollte laut der Schilderung im Alten Testament ihre Landsleute retten und Jerusalem vor der Zerstörung bewahren, deshalb schlich sich die mutige Frau mittels einer List ins feindliche Heerlager. Holofernes ließ sich von ihrer ungewöhnlichen Schönheit blenden und nahm sie mit in sein Zelt. Doch statt ihn mit ihrer Liebe zu verwöhnen, wie er erwartet hatte, tötete Judith den verhassten Feind.

Das Fassadengemälde zeigt diese Szene angereichert mit bayerischer Folklore. Judith schwingt das Schwert und schaut dabei gar lieblich drein, als wolle sie dem Holofernes eine Maß Bier servieren. Mit der linken Hand rafft sie ein Büschel seines Kopfhaares. Er schaut gottergeben nach oben und wähnt sich schon im Himmel.

Auf anderen Fresken ist Christophorus dargestellt, wie er das Jesuskind über den Fluss trägt, der – wie sollte es auch anders sein – aussieht wie die Isar.

Manche Fassaden sind über und über mit Malereien bedeckt, wobei Türen und Fenster geschickt in die Gemälde integriert sind – ein einzigartiges Gesamtkunstwerk.

Der Brauch, Häuserfassaden mit Lüftlmalerei – wie sie hier sagen – zu verschönen, ist gar nicht so alt, wie man vielleicht meinen könnte. Lüftlmalerei entstand erst im 18. Jahrhundert. Als ihr Erfinder gilt der Oberammergauer Maler Franz Zwinck. Heute ist Lüftlmalerei typisch für jedes oberbayerische Dorf.

Ich bemühe mich, noch mehr über die Vergangenheit von Mittenwald zu erfahren, denn erst wer die Geschichte kennt, kann die Gegenwart verstehen. Am meisten interessiert mich immer der Ursprung, wann und wie es angefangen hat: Erstmals urkundlich erwähnt wird Mittenwald im 11. Jahrhundert. Der Bischof Meginward – er war von 1078 bis 1098 Bischof in Freising – nennt in seiner Schrift den Ort in *media silva*, inmitten des Waldes. Damals war das Gebiet dünn besiedelt und nur wenige Flächen waren gerodet. Die Wälder wuchsen dichter und ausgedehnter, als wir es uns heutzutage vorstellen können. Dennoch gehen die Anfänge eines Handelsmarktes, wie bei Scharnitz, bis in die Römerzeit zurück.

In der Einsamkeit des Waldes wurde im Jahr 763 ein Kloster gegründet, bei der heutigen Ortschaft Klais. Der erste Abt dieses Klosters war der berühmte Arbeo, der spätere Bischof von Freising und Biograph des heiligen Korbinian, der auf seiner Romreise in Mittenwald Station gemacht haben soll. Diesem Heiligen werde ich bei meiner Isarwanderung in Freising wieder »begegnen«.

Dass sich mehr und mehr Menschen in Mittenwald ansiedeln konnten, verdanken sie allein dem Handel, denn Ackerbau wurde aus Mangel an Fläche kaum betrieben und die engen Talböden und weit verstreuten Almen erlaubten nur einen geringen Viehbestand.

Auf der Handelsroute zwischen Venedig und den aufblühenden Reichsstädten Augsburg und Nürnberg wurde Mittenwald zu einem wichtigen Knotenpunkt. In das abgeschiedene Dorf gelangten über Italien exotische Waren aus dem Orient, wurden zwischengelagert und mit Profit weitertransportiert: Seide, Glas, Parfüme, Gewürze, Südfrüchte, Öl und Wein. Der Warenstrom ging aber auch in entgegengesetzter Richtung nach Italien. Dort waren Felle, Leder, Tuch, Bernstein, Kupferdraht, Weißblech, Rüstungen und Waffen begehrte Güter.

Besonders vorteilhaft für Mittenwald haben sich die Gründungen der Isarstädte München und Landshut im 12. Jahrhundert ausgewirkt. Die jungen Städte hatten enormen Bedarf an Bauholz, so entwickelte sich auf der flößbaren Isar ein reger Holzhandelsverkehr. Bei Kontakten mit den Händlern erfuhren die Mittenwalder vom Leben jenseits ihres Heimatkreises. Vor allem der Bozener Markt, der von 1487 bis 1679 alljährlich in Mittenwald stattfand, weil sich Venedig mit Bozen zerstritten hatte, brachte viele venezianische und deutsche Kaufleute in den Ort, weckte den Unternehmungsgeist der Mittenwalder und regte sie an, sich auch als Kaufleute zu betätigen.

Heutzutage setzen die Mittenwalder auf den Tourismus. Der höchstgelegene Luftkurort Deutschlands, Ausgangspunkt für Bergwanderungen und Wintersport mit Loipen und Skiliften, lockt zu allen Jahreszeiten viele Besucher an.

Einmal war es mir völlig ungeplant gelungen, den Ort ohne Urlauberscharen zu erleben. An einem sonnigen Frühlingstag war ich an der Isar gewandert, als es am Abend anfing zu regnen. Ich hatte ein Zelt dabei und baute es zwischen tropfnassen Weiden und Kiefern auf. Doch es regnete stetig weiter und während der Nacht drang die Nässe bis ins Zelt und durchfeuchtete meinen Schlafsack. Es war höchst ungemütlich und so packte ich schon im Morgengrauen meine Sachen. In aller Frühe erreichte ich Mittenwald und erlebte einen lautlosen Ort.

So still war es dort, als habe ein mächtiger Zauber alles Lebendige verschwinden lassen. Kein Mensch zu sehen. Kein Auto fuhr und die Ampel an der Kreuzung blinkte vergeblich ihre Farbsignale. Das Pflaster glänzte und duftete vom nächtlichen Regen. Ich konnte mitten auf der Fahrstraße gehen und hatte freien Blick auf die gestaffelten, im weichen Morgenlicht wie frisch gewaschenen Häuserfronten mit ihren phantasievollen Lüftlmalereien. Hinter den Häusern ragten die Berge des Karwendels empor, schroff und dunkel vor Feuchtigkeit. Die barocke Kirche mit ihrer grünen Zwiebelhaube bot einen malerischen Anblick vor dem Hintergrund der Viererspitze, umspielt von bizarren Wolkenfetzen.

Die Kirche ist den Aposteln Petrus und Paul geweiht. In einzigartiger Weise sind beide in der Fassadenmalerei am Kirchturm abgebildet. Das Innere der Kirche legt nahe, dass Mittenwalder Musikinstrumente selbst im Himmel bekannt und geschätzt sein müssen. Über dem Altar musizieren in Holz geschnitzte Engel und auf dem Fresco von Matthäus Günther halten die Engel Geigen in den Händen – echte Mittenwalder Geigen selbstverständlich.

Die Sonne steht hoch am Himmel, als ich meinen Rucksack in der Gaststätte abhole und weiterwandere. Am Ortsausgang sehe ich ein Schild: »111 km bis München«. So viele Kilometer sind es mit dem Auto, für mich dagegen zählen Flusskilometer und auch die mehrfach, weil ich mich selten an ausgeschilderte Wege halte und oft Wildwechseln folge, die mich auf Umwegen durchs Gestrüpp führen.

Vorerst muss ich leider einer sonnenaufgeheizten Straße folgen, nirgendwo Schatten. Von der Isar bin ich durch Kasernenanlagen getrennt. Fast eine Stunde schleppe ich mich über harten Asphalt, dann endlich höre ich sie wieder rauschen und bahne mir einen Weg durchs Unterholz.

An ihrem Ufer häuft sich angeschwemmtes Totholz, sogar entwurzelte Bäume sind dabei, Zeichen des letzten Hochwassers. Gebremst von Weidengebüsch haben sich Äste, Zweige, Wurzeln, Stämme, Steine und Sand zu einer unentwirrbaren Mauer aufgetürmt.

Am Ufer setze ich mich nieder zu einer Rast und kühle die Füße in ihrem grünen Wasser. Die oft gestellte Frage, woher das berühmte Isargrün kommt, ist einfach zu beantworten: Reines Wasser besitzt eine blaue Eigenfarbe; alle Abweichungen von diesem Blau entstehen durch verschiedene Substanzen, die sich im Wasser lösen. Im Quellbach sind es die aus dem Kalkgestein ausgeschwemmten Mineralien, die eine türkisfarbene Tönung bewirken. Später kommen dann immer mehr organische Stoffe hinzu: tierische und pflanzliche Rückstände, Erdabschwemmungen vom Uferrand und Einleitungen der Klärwerke: Der Fluss färbt sich smaragdgrün. Dieser organische Schmutz ist Nahrung für Algen und andere Kleinstorganismen. Je zahlreicher sie vorhanden sind, um so dunkler wird das Grün des Wassers.

Menschen siedelten sich bevorzugt in Flusstälern an, denn der Fluss lieferte zuverlässig das nötige Trinkwasser und in den tierreichen Auen konnten die Jäger des Stammes gute Beute machen. Als die Menschen zum Ackerbau übergingen, zweigten sie das Flusswasser zur Bewässerung der Felder ab, tränkten ihre Tiere und ließen Mühlen »klappern«. Der Fluss wurde aber auch als preiswerter Handelsweg genutzt und war zugleich Barriere, Schutz und Grenze gegen feindliche Nachbarn. Angeschwemmte Steine, Sand und Kies dienten als Baumaterial, und nicht zuletzt war der Fluss auch der große Saubermacher. Alles, was die Menschen los sein wollten, wurde in den Fluss geworfen. Er trug den Abfall rasch außer Sichtweite. Trotzdem konnte das Wasser bei der nächsten Siedlung wieder getrunken werden, denn durch natürliche Selbstreinigung mittels Mikroorganismen, Algen und Fischen war es bald wieder sauber.

So war der Fluss für die Menschen von unschätzbarem Wert. Orte, die an Flüssen lagen, wuchsen und gediehen. Während vieler Jahrhunderte ging dies gut, bis die Städte zu groß wurden und der Fluss den Unrat nicht mehr verdauen konnte.

Am Fluss zu leben hatte aber auch Nachteile, denn Wasser ist unberechenbar. Gefährliche Hochwasser zerstörten nicht nur Häuser und Brücken, sondern forderten auch immer wieder Menschenleben. Erst in der Neuzeit gelang es den Menschen, die Flüsse zu zähmen.

Lange kann ich meine Füße nicht im Wasser lassen, denn es ist immer noch so eiskalt wie im Gebirge. Während der dreißig Kilometer hat es sich so gut wie nicht erwärmt. Die Ungestüme jagt hier mit einer Geschwindigkeit von zwölf Kilometern in der Stunde dahin und macht ihrem Namen alle Ehre. *Isara rapidus* nannten sie die Römer, »schnelle Isar«. *Rapidus* ist eine Verdopplung, denn im Wort Isar steckt die Bedeutung »schnell« schon drin. Isar kommt aus dem Keltischen und ist zusammengesetzt aus *ys*: »schnell, reißend«, und *ura*: »Wasser, Fluss«. Isar oder Ysura, wie der Fluss in alten Urkunden heißt, bedeutet also schneller Fluss. Es gibt aber auch Sprachwissenschaftler, die der Meinung sind, die Silbe *ys* bezeichne die Vertikale, also »hoch« und zugleich »tief«. Die bretonische Sprache, die auf das Keltische zurückgeht, scheint dies zu bestätigen, denn das Wort *isel* hat im Bretonischen noch heute die Bedeutung von hoch und tief.

Die Kelten haben in ihren weiträumigen Siedlungsgebieten zahlreiche Flüsse mit diesem Wort benannt: Ein Nebenfluss der Rhône heißt Isère, in Oberitalien gibt es den Fluss Isarco, in Osttirol fließt die Isel und in Holland die Ijssel, in Böhmen mündet bei Prag die Iser (tschechisch Jizera) in die Elbe und dieser Fluss entspringt im Isergebirge.

Wie dem auch sei, die Isar ist eher flach. Zur Zeit der Kelten, als sie in ihrem Urzustand war und sich in ihrem Kiesbett ausbreiten konnte, mag sie noch flacher gewesen sein. Schnell und reißend dagegen ist und war die Isar immer, und nicht nur bei Hochwasser. Aber vielleicht meinten die Kelten nicht »tief«, sondern wollten mit »hoch« ausdrücken, sie komme hoch vom Gebirge.

Ein Weiterkommen direkt am Isarufer entlang gibt es für mich nicht, das Dickicht ist unbegehbar. So muss ich zur Straße zurück und weiter bis zur Seinsbrücke. Der Fluss holt hier zu einem weiten Bogen aus. Von der Brücke aus sehe ich Steilhänge, die in der Sonne hellgelb leuchten. In diesen sandigen Hängen könnten Eisvögel brüten.

Ich verlasse die Autostraße und finde am linken Isarufer endlich einen Pfad, der mich durch eine atemberaubende Wildnis führt. Eine Wildnis mit hohen Gräsern und Binsen, Büschen und Bäumen. Insekten umschwirren Doldenblüten und Schmetterlinge hängen nektarsaugend an Wiesenblumen. Hinter dem Vorhang wippender Weidenzweige glitzert jadegrün die Isar, und dann ein blaues Blitzen quer über den Fluss – ein Eisvogel, einem fliegenden Juwel gleich.

Ich bin überrascht, wie es der Isar gelingt, sobald sie frei von Verbauungen ist, sich wieder ihr Zauberreich zu schaffen. Von draußen höre ich noch die Straße, aber der Verkehrslärm wird bald vom Isarrauschen übertönt.

Ein Vogel, groß wie ein Star, zieht meine Aufmerksamkeit auf sich. Im Kontrast zum schokoladenbraunen Gefieder leuchtet auf seiner Brust ein weißer Fleck. Der Vogel schwirrt flach übers Wasser und landet auf Ufersteinen. Es ist eine Wasseramsel, sie knickst und wippt und richtet dabei ihren kurzen Schwanz in die Höh, wie es Zaunkönige zu tun pflegen. Mit diesen Zwergen unter den Vögeln ist sie auch verwandt und nicht mit den Amseln, wie ihr Name irrtümlich nahelegt.

Auf einmal stürzt sie sich kopfüber ins Wasser, denn die Wasseramsel kann schwimmen und tauchen. Kein anderer unserer Singvögel beherrscht diese Kunst. Es dauert fast eine Minute, bis der Vogel wasserspritzend aus der Tiefe auftaucht, im reißenden Wasser schwimmt und dann zum Ufer fliegt. Doch die Wasseramsel bleibt nicht lange im Trockenen. Schon wieder verschwindet sie in der starken Strömung. Unter Wasser sucht sie nach Köcherfliegenlarven, Würmern und anderen Leckerbissen.

Der Wasserraub

Im Hinterautal des Karwendels sammelten sich die kristallklaren Quellbäche der Isar. Frisch sprudelte sie durch ein weites Gebirgstal, zwängte sich durch eine enge Klamm, um bei Scharnitz ein breites Tal zu erreichen. Begleitet von den Abstürzen des westlichen Karwendels, wies nun ihr Lauf nach Norden. Sie passierte Mittenwald, nahm einmündende Bäche freundlich auf und wuchs, konnte sich mit ihrer Wassermenge als junger Fluss schon sehen lassen. Zwischen Krün und Wallgau hatte sie gut 37 Kilometer Lebenslauf bewältigt und eilte weiter nach Osten durch ein breites Kiestal, erreichte Lenggries, richtete sich wieder nach Norden und strömte München entgegen. So war es seit urdenklichen Zeiten – bis zum Jahr 1923.

Kann man das Wasser eines Flusses verschwinden lassen? Keine Zauberei – und doch ein gewagtes Kunststück, das Oskar von Miller da geplant hatte und das unter seiner Leitung auch ausgeführt wurde. Es gibt keine Isar mehr! Der Fluss ist einfach weg. Statt des dahineilenden Wassers liegt vor mir ein See. Grasgrün, von Bäumen und Wiesen umgeben, ist der See zwar ein attraktiver Anblick, aber wo ist meine Isar? Unwillkürlich kommt mir eine eigenartige Formulierung in den Sinn: Die Isar ist im See ertrunken.

Auf einer Landzunge, die zuletzt nur noch meterbreit ist, bin ich bis zur Mitte des Sees gelangt und sehe die Staumauer am Ende des Sees. Haushoch ragt sie auf und hinter ihr liegt das 200 Meter breite Isartal in völliger Trockenheit da. Für mich ein schockierender Anblick, gleichzeitig frage ich mich, warum ich so betroffen bin, schließlich ist es nicht das erste Mal, dass ich mit einem angestauten Fluss konfrontiert werde. Aber inzwischen ist die Isar nicht mehr irgendein Fluss für mich. Von ihrem Geburtsort im wilden Karwendel habe ich sie begleitet und begonnen, sie als Persönlichkeit zu begreifen. Ich spürte ihre unbändige Kraft und ihr mitreißendes Temperament. Den lebendigen Fluss in einen See zu sperren bedeutet nichts anderes, als ihn zu vernichten.

Ich muss den Weg auf der Landzunge zurückgehen und dann links um den halben See bis zur Pforte des Stauwerks wandern. Sprachlos sehe ich dort das Schlimmste, was man einem Fluss antun kann: Der Isar wird ihr Wasser geraubt, in einem Betonkanal entführt und kilometerweit zum Walchensee geleitet. Dort nutzen Kraftwerksbetreiber ihr Wasser zur Energiegewinnung, denn der Höhenunterschied zwischen Walchensee und dem darunterliegenden Kochelsee ist gewaltig: über 200 Meter!

»Der Walchensee hat doch genug Wasser, wozu braucht ihr noch die Isar?«, frage ich den Ingenieur, der mich durchs Krüner Kraftwerk führt.

»Eben nicht! Das Einzugsgebiet des Sees – gerechnet werden alle seine Zuflüsse – misst nur 74 Quadratkilometer. Bei der Isar sind es 770 Quadratkilometer, also zehnmal mehr. Wir mussten die Wassermenge des Sees durch Einleitung der Isar und des Rissbaches künstlich anreichern, damit eine wirtschaftliche Leistung des Kraftwerks möglich war.«

»Haben die Bewohner an der Isar sich damals nicht gewehrt?«

»Sicher, es gibt immer Unruhestifter, die sich gegen den Fortschritt stellen. Die Flößer hatten wohl Grund dazu, doch sie konnten nichts ausrichten. Ihr Handwerk befand sich schon im Niedergang, denn inzwischen transportierte die Eisenbahn die meisten Lasten. Bedenken Sie, was damals für eine Zeit war: Deutschland hatte gerade den Ersten Weltkrieg verloren und befand sich wirtschaftlich am Boden. Der Bau des Kraftwerks gab tausenden Menschen Arbeit und neuen Lebensmut. Es war ein schier unglaubliches Werk! Eine technische Pioniertat, die wir Oskar von Miller verdanken. Eine geniale Ingenieurleistung!«

Der junge Ingenieur hat sich in Begeisterung geredet und zieht mit beiden Armen weite Kreise.

»Was war daran so toll?«, frage ich zweifelnd. Seinen Enthusiasmus kann ich nicht teilen. Was ich sehe, sind graue Staumauern und ein hässlicher Kanal.

»Na, hören Sie mal!«, entgegnet er. «Können Sie sich nicht vorstellen, was es bedeutet, einen ganzen Fluss umzuleiten? Man musste der Isar ein neues Bett bauen, und...«

»Aus Beton!«, werfe ich ein.

»Ja, und einen vier Kilometer langen Stollen durchs Gebirge treiben und das damals, als die Technik noch nicht so weit entwickelt war wie heute. Beachten Sie, wie kurz die Bauzeit war – von 1919 bis 1923. Das würde heute länger dauern mit all den Auflagen, Einsprüchen, Genehmigungsverfahren und was sonst noch unsere Arbeit behindert. Die eigentliche Meisterleistung aber war das Kraftwerk am Walchensee, auch heute noch eine technische Großtat. Das sollten Sie sich mal ansehen! In sechs riesige Rohre, so groß – da könnten Sie bequem drin stehen – wird das Wasser eingeleitet und stürzt in den Rohren 203 Meter hinunter und treibt die Turbinen an. Damals war es das größte Speicherkraftwerk Europas!«

»War es denn wirklich notwendig, der Isar das ganze Wasser wegzunehmen?«

»Das stimmt nicht, wir haben immer nur so viel genommen, wie in den Kanal passt, genau 25 Kubikmeter pro Sekunde. Mehr konnten wir nicht nehmen, selbst wenn wir gewollt hätten.«

»Und wie viel Wasser hat die Isar hier?«

»Im Jahresmittel führt sie 16 Kubikmeter pro Sekunde.«

»Das ist ja weniger, als in den Kanal passt!«, rufe ich verblüfft aus.

»An etwa 50 Tagen, wenn Hochwasser ist, bringt sie wesentlich mehr. Ist dann der Stausee voll, leiten wir den Überschuss in ihr altes Flussbett.«

»Das bedeutet, an 315 Tagen im Jahr ist die Isar bis auf den letzten Tropfen ausgetrocknet!«, sage ich bitter.

»War! Seit 1990 müssen wir rund vier Kubikmeter von unserem Wasser abgeben. Das bedeutet für uns eine erhebliche Einbuße, denn diese Menge steht zur Stromerzeugung nicht mehr zur Verfügung, sie verrinnt sozusagen ungenutzt. Diese Erzeugungsverluste summieren sich – es betrifft außerdem noch das Kraftwerk Mühltal und die Kraftwerkskette an der Mittleren Isar. Das sind sechs Prozent der Gesamterzeugung, die wir nun als Verlust verbuchen müssen. Ist Ihnen klar, was das bedeutet? Als Ersatz müssen andere Kraftwerke gebaut werden, zum Beispiel Kohlekraftwerke. Unsere Umwelt wird dadurch mit 96000 Tonnen CO_2 pro Jahr belastet werden.«

Die Zahl beeindruckt mich nicht, wie viel Tonnen CO_2 es auch sein mögen! Warum spricht er von einem hypothetischen Kohlekraftwerk? Weil es ein probates Manöver ist, die Wasserkraft als saubere und sanfte Energie zu loben und den Schaden, den sie anrichtet, mit schmutzigen Kohlekraftwerken zu vernebeln.

Ist es etwa »sanft«, einen Fluss zu verstümmeln? Ist es ökologisch, wenn er gar kein Fluss mehr sein kann und sein Wert nur noch in Kilowatt gemessen wird? Für die Wirtschaft ist Energieerzeugung mittels Wasserkraft sehr vorteilhaft: Es müssen keine Rückstände kostspielig und risikoreich entsorgt werden wie zum Beispiel bei der Kernkraft; Transportkosten fallen nicht an wie bei Kohlekraftwerken; nichts muss aufbereitet und abtransportiert werden. Das Wasser ist auf natürliche Weise da und fließt ohne Umstände weiter, nachdem es die Turbinen angetrieben hat. In den Augen der Energiewirtschaftler sind Flüsse ein Geschenk des Himmels und man wäre dumm, sie einfach fließen zu lassen, ohne ihre Energie mit Gewinn zu nutzen.

Vor Beginn meiner Isarwanderung war auch ich der Meinung, dass von allen »notwendigen« Übeln die Energiegewinnung mittels Wasserkraft die akzeptabelste sei, diejenige, die den wenigsten ökologischen Schaden anrichtet. Doch beim Anblick »meiner« ausgetrockneten Isar schmerzt mich der gewaltsame Eingriff und ich wage anzuzweifeln, ob die vergleichsweise geringe Energieausbeute bei Wasserkraftwerken es wirklich aufwiegt, eine ganze Flusslandschaft zu zerstören.

Ich kann aber auch den Ingenieur verstehen, der engagiert seine Ansichten zu vertreten weiß. Doch seiner Meinung bin ich deswegen noch lange nicht und es wäre auch unmöglich, ihn von meiner zu überzeugen. Deshalb danke ich ihm für die Zeit, die er mir gewidmet hat, und für die aufschlussreichen Informationen.

Es gibt aber Menschen, die für ihre Grundsätze eintreten, die gegen den Widerstand mächtiger Gegner kämpfen und ihre Sache schließlich durchsetzen. Diese mutigen Menschen forderten unermüdlich, dass am Krüner Wehr wieder Wasser ins trockengelegte Flussbett fließen solle. Ein zwanzigjähriger Streit entflammte zwischen Naturschützern und den Betreibern des Kraftwerkes um die Menge des rückzuleitenden Wassers. Zehn Kubikmeter verlangte die Arbeitsgemeinschaft »Rettet die Isar«. Das Bayernwerk konterte, das bedeute eine jährliche Einbuße von 22,5 Millionen Mark, und schmetterte den Antrag als unannehmbar ab.

Die bayerische Regierung gab Gutachten in Auftrag, die eine Nutzwert-Analyse erarbeiten sollten, dabei wurden die verschiedenen Nutzungsarten mit Wertigkeiten versehen. Stromerzeugung wies mit 0,9 einen hohen Faktor auf, während der Erholungswert in einer »intakten Landschaft« mit 0,3 eher niedrig eingestuft wurde.

Nach langem Ringen war es 1990 endlich so weit. Die Bayernwerke ließen ein Rinnsal von durchschnittlich vier Kubikmeter pro Sekunde in die wasserentseelte Isar schwappen. Ein kleiner Verlust für die Stromerzeugung, aber ein großer Gewinn für die Isar. Wie ich gehört habe, verlangten die Bayernwerke zwölf Millionen Mark Ausgleichszahlung und werden wohl eine gewisse Summe erhalten haben.

Als endlich, nach 66 Jahren, wieder kontinuierlich Wasser durch die Staumauer floss – geschah zuerst gar nichts. Das Wasser versickerte sofort. Es sollte einen Monat dauern, bis Wasser an die Oberfläche trat, so tief war das Kiesbett der Isar ausgetrocknet gewesen.

Ich bin sehr gespannt darauf, nun die Veränderung mit eigenen Augen zu sehen. Vor vielen Jahren war ich die 20 Kilometer vom Krüner Wehr bis zum Sylvensteinstausee trockenen Fußes mitten im Flussbett gewandert. An die Eindrücke und Erlebnisse von damals erinnere ich mich lebhaft, und während ich mich der Ortschaft Krün nähere, sehe ich die Bilder wieder deutlich vor Augen:

Der Fluss, der kein Fluss mehr war, wand sich als weißes Kieselskelett durch das Tal. Die Isar war tot. Tiefe Reifenspuren zerfurchten das Flussbett. Sie stammten von schweren Lastwagen, die Kies für Baufirmen abtransportierten, der letzte Rohstoff, den die Isar den Menschen noch zu bieten hatte.

Gleißend warfen die Kiesel das Licht zurück, das Isarbett glühte in der Sonne. Wo der Rucksack am Rücken auflag, klebte mein Hemd nass vom Schweiß am Körper. Ich stolperte über Steine und sah zunächst nur die eintönige Kieswüste, eine leblose Einöde. Alle im Fließgewässer lebenden Tiere und Pflanzen waren längst verschwunden.

Doch bald entdeckte ich Leben in der Kieswüste. Andere, an Trockenheit angepasste Arten, hatten sich angesiedelt. Die Natur scheint für jede Situation ein Sortiment an Lebewesen zur Verfügung zu haben. Auf den sandigen Terrassen des einstigen Ufers drängten Gebirgsblumen ans Sonnenlicht: Steinbrech, Mehlprimel, Aurikel und Enzian. Angepasst an trockene Standorte fühlten sie sich im nährstoffarmen Geröll wohl. Die weißen Blütensterne des Silberwurz schmiegten sich eng an den Boden. Hornklee und Mauerpfeffer setzten zarte Farbtupfer. Dort, wo sich schon Humus aus verrotteten Pflanzen gebildet hatte, prunkten purpur die mannshohen Stauden des Weidenröschens, wucherten Johanniskraut, Knöterich, Königskerzen und die kobaltblauen Blüten des Natternkopfes. Artenreich und blütenbunt waren die Pflanzen dieser kargen Kieswüste.

Wie konnte diese Vielfalt entstehen? Der Wind trägt Pflanzensamen willkürlich herbei. Einige keimen gar nicht erst, andere müssen nach kurzem Versuch aufgeben und vertrocknen. Für sie war es nicht der geeignete Lebensraum. Manchen Pflanzen wiederum bietet die wüstentrockene Kiesfläche geradezu ideale Bedingungen, weil sie viel Licht und Wärme mögen, wenig Nährstoff brauchen und hier vorerst vor der Konkurrenz anderer Arten sicher sind. Sie wachsen und breiten sich aus, gestalten allmählich die Trockenfläche um, schaffen Humus und Beschattung. Nun können auch empfindliche Arten gedeihen.

Die Ersten sind immer die bodennahen Pionierpflanzen aus dem Gebirge, die das Geröll festigen, dann wachsen Gräser, Stauden und Sträucher, schließlich Büsche, zuletzt Bäume – eine gesetzmäßige Abfolge, die Biologen nennen es Sukzession. In einigen Jahrhunderten würde es hier, wo einst die Isar floss, dichten Wald geben.

Ein Tier huschte, von meinen Schritten erschreckt, wie ein smaragdener Pfeil über die Kiesel und verschwand in einer Höhlung. Es lebten also auch Tiere in der Ödnis. Neugierig setzte ich mich in der Nähe des Schlupflochs nieder und wartete geduldig. Dann schob das Tier seinen schuppigen Kopf aus der Höhle heraus – eine Zauneidechse. Leuchtend grün sind bei diesen Reptilien nur die Männchen, die Weibchen tarnen sich vorsichtig mit erdbraunen Tönungen.

Da ich mich ruhig verhielt, fühlte sich das Tier sicher und kroch aus seiner Höhle heraus. Es legte sich auf die Kiesel und nahm ein Sonnenbad, flachte dabei seinen Körper seitlich ab, um möglichst viel Wärme aufzunehmen.

Ich erfreute mich an dem grünen Leuchten. Wie ein Edelstein auf weißem Grund lag das Reptil bewegungslos in der Sonne. Ein Distelfalter flatterte um eine Blüte und konnte sich nicht recht entschließen, ob er weiterfliegen oder Nektar saugen sollte. Da sprang die Echse blitzgrün in die Höhe und schnappte sich den Falter. Ich traute meinen Augen kaum – der Sprung war mindestens 20 Zentimeter hoch. Vielleicht wegen des mageren Nahrungsangebotes hatte sie diese sportliche Jagdmethode entwickelt und die Sonnenwärme gab ihr die Energie dazu. Mich hatte die Echse im Sprung an ein Raubtier erinnert. Ich stellte sie mir zehnfach größer vor und fühlte mich für einen Augenblick in eine Zeit vor 100 Millionen Jahren zurückversetzt, als Saurier die Erde bevölkerten.

Die Zauneidechse verschlang den Falter, nur bunte Flügel blieben übrig. Diese segelten, von einem Windhauch getragen, durch die Luft und lagen dann auf dem Geröll wie ein Symbol für die Vergänglichkeit alles Lebendigen. Die Echse schloss die Augen und sonnte sich wieder, ihren Körper breit an die heißen Steine gedrückt.

An einer sandigen Stelle am Uferrand wurde ich auf ein anderes Tier aufmerksam, eine Grabwespe. Das Insekt war lackschwarz gefärbt mit einem scharlachroten Fleck am Hinterleib. Dieser war keulenförmig aufgeblasen, nur ein dünnes Stielchen verband ihn mit dem vorderen Körperteil. Die Grabwespe wuselte kreuz und quer herum, rannte aufgeregt hin und her, offensichtlich auf der Suche nach etwas. Endlich schien sie es gefunden zu haben. Wie ein Schatzgräber buddelte die Wespe im sandigen Boden. Mit den Vorderbeinen schaufelte sie, mit den Hinterbeinen schob sie die lockere Erde nach draußen. Es ging rasend schnell, bald war ein tiefer Gang entstanden. Aber die mühevolle Arbeit schien sinnlos, denn die Wespe hörte plötzlich auf zu graben und flog davon.

Ich packte meine Wegzehrung aus und rastete eine Weile. Auf einmal war die Grabwespe wieder da. Sie trug schwer an der Last einer dicken Raupe. Obwohl die Beute doppelt so lang war wie die zartgliedrige Wespe, gelang es ihr, sie in das zuvor gegrabene Loch zu zerren. Dann legte sie ein Ei und klebte es an den Körper der Raupe. Wenn die Wespenlarve aus dem Ei schlüpfen wird, befindet sie sich im Schlaraffenland. Ungestört kann sie die Raupe auffressen und der Vorrat wird reichen, bis sie erwachsen ist. Später wird sie ihre eigene Brut ebenso reichhaltig versorgen, gesteuert von einem angeborenen Trieb.

Das Opfer aber, die Raupe, war nicht tot, sonst würde sie verwesen und als Nahrung unbrauchbar werden, aber sie lebte auch nicht mehr richtig, denn dann könnte sie aus ihrem Grab entfliehen. Die Grabwespe hatte eine lebende Konserve aus ihr gemacht. Sie betäubte die Raupe durch einen Stich ins Nervensystem, den Ganglionknoten. So ist das Opfer zu keiner Bewegung mehr fähig, lebt aber weiter.

Die Wespe schüttete den Gang zu und glättete die Oberfläche sorgfältig. Sie hatte alles getan, um das Leben ihres Nachwuchses zu sichern. Gedanken machen kann sie sich nicht, alle ihre Handlungen sind vom Instinkt gesteuert. Mich als Beobachter überraschte, wie perfekt ihre Brutfürsorge ablief, und ich überlegte, wie es ihr wohl gelungen war, den vorbereiteten Gang wiederzufinden, nachdem sie auf Beutejagd gewesen war. Zwar wusste ich, dass sie sich nach dem Stand der Sonne, am Magnetfeld der Erde und mit Hilfe von auffälligen Landmarken wie Pflanzen und Steinen orientiert, dennoch ist es immer wieder schwer vorstellbar, dass dieses komplizierte Verhalten von einem »niederen« Insekt geleistet wird.

Es gibt Spinnen, die weben keine Netze, sondern schleichen sich an ihre Beute heran, lauern im Hinterhalt und erlegen ihr Opfer mit einem Sprung. Solchen Jägerinnen behagt die Geröllfläche, hier haben sie freien Blick auf ihre Beute und zwischen den Höhlungen der Steine finden sie sicheren Unterschlupf. Eine dieser steingrau behaarten Wolfsspinnen wollte ich fotografieren, näherte mich ihr vorsichtig. Sie sah mich und versteckte sich rasch. Schließlich siegte meine Ausdauer und ich bekam ein eindrucksvolles Porträt. Vergrößert durch das Makroobjektiv wirkte der Kopf der Spinne mit den acht schwarzglänzenden Augen wie ein phantastisches Untier aus einem Siencefictionfilm.

Aufgeschreckt von meinen Schritten schwirrten Käfer vor mir her. Immer nur ein paar Meter weit, dann ließen sie sich nieder und warteten ab. Es waren Sandlaufkäfer. Blitzschnell starteten sie, flogen einen rasanten Bogen und landeten bruchsicher. Ihre Flügeldeckel schillerten grün, blau und braun mit gelben Flecken.

Schließlich fand ich mitten im Trockenen eine Wasserlache, übrig geblieben nach starken Regenfällen. Schwarze Knäuel von Tierleibern wimmelten im Restwasser. Es waren Kaulquappen, die um ihr Überleben kämpften.

Meine Erlebnisse von damals liegen mehr als zehn Jahre zurück. Wie wird es heute dort aussehen? Seit 1990 fließt ständig Wasser über das Wehr in das alte Bett und verwandelt die Kieswüste wieder in einen Fluss. Ob die Zauneidechse rechtzeitig einen neuen Schlupfwinkel gefunden hat? Wird für Sandlaufkäfer, Schlupfwespen, Wolfsspinnen und die vielen anderen Tiere und Pflanzen, die auf eine trockene Umgebung angewiesen sind, noch ausreichend Lebensraum vorhanden sein?

In der Natur ist unwichtig, welche Lebewesen überleben und welche untergehen. Da gibt es niemanden, der die einen schützt und die anderen verwirft. Und doch findet unaufhörlich ein Ausleseprozess statt. Aber der ist ungezielt und wird allein von Gesetzmäßigkeiten gesteuert. Alles in der Natur ist in Bewegung, in ständigem Wandel begriffen, und ebenso verändern sich die Lebewesen. Aus dem einfachen Grund, weil nur diejenigen Tiere und Pflanzen sich fortpflanzen, die lange genug überleben. Und nur wer Nachkommen hat, kann seine Eigenschaften weitergeben. Erweisen sich aber Anpassungen bei geänderten Umweltbedingungen als nachteilig, verschwinden ihre Träger, die Lebewesen, aus dem Angebot der Natur. Da die Umwelt fortwährend unterschiedliche Bedingungen schafft, sind es immer wieder andere Eigenschaften, die das Überleben sichern und die dann weitervererbt werden. Kein Lebewesen ist besser oder schlechter als ein anderes, was zählt, ist nur, ob es sich der jeweiligen Umgebung anpassen kann. Allein der Mensch wertet, er unterteilt in schön und hässlich, in gut und böse, in nützlich und schädlich. Er möchte das, was ihm gefällt, erhalten und dem Augenblick Dauer verleihen.

Meine Gedanken werden unterbrochen – ich habe die Ortschaft Krün erreicht, einen knappen Kilometer vom Stauwerk entfernt. Seit ich am Halleranger gestartet bin, habe ich von Wegzehrung aus dem Rucksack gelebt und freue mich nun auf ein kühles Bier und warmes Essen in einer Gastwirtschaft.

Am Ortseingang steht auf einem Schild, dass es auf der Straße nur sechs Kilometer von Mittenwald bis Krün sind; ich bin ziemlich überrascht, habe ich doch fünf Stunden gebraucht. Nicht allein die Windungen der Isar haben die Entfernung beträchtlich verlängert, sondern vor allem das Umherirren im weglosen Dickicht. Für die Anstrengungen wurde ich aber reich belohnt mit Naturbeobachtungen, und nebenbei habe ich auch mancherlei über die Probleme der Wassernutzung erfahren.

Krün profitiert, wie alle Orte in reizvoller Landschaft, vom Tourismus, ist aber ländlich ursprünglich geblieben. Es gibt noch alte Bauernhäuser mit einem duftenden Misthaufen im Hof. Das Rathaus schmückt am Giebel eine Lüftlmalerei, die das Leben an der Isar idyllisch verklärt: In lieblicher Almlandschaft, zu Füßen himmelhoch ragender Berge, schlängelt sich hellgrün ein Fluss. Flöße, gesteuert von kühnen Männern, schwimmen auf dem Wasser. Am Ufer führen Mägde das Vieh zur Tränke und ein Bursche spielt innig auf der Gitarre, neben sich sein Liebchen.

In der Dorfkirche St. Sebastian aus dem Jahr 1760 wird eine Messe gefeiert und der Kirchenraum ist voller Menschen. Wer keinen Sitzplatz sein Eigen nennt – Alteingesessene haben an der Kirchenbank ein Schild mit ihrem Namen befestigt –, steht dicht gedrängt bis zur Kirchentür. Sämtliche Bewohner von Krün und auch neugierige Touristen scheinen zum Gottesdienst versammelt.

Vor einer Gaststätte sind einladend Tische und Bänke aufgestellt. Nachdem ich meinen Hunger und Durst gestillt habe, notiere ich meine Beobachtungen in ein Heft. Ein alter Mann nimmt mir gegenüber Platz. Seine knotigen Hände ruhen auf spitzen Knien. Das Gesicht wirft Falten wie ein Winterapfel. Er deutet auf meinen prallen Rucksack und will wissen, welchen Berg ich bestiegen hätte. Ich rede über meine Isarwanderung und das gestohlene Wasser.

Eine Weile hört er mir schweigend zu, dann beginnt er zu erzählen: von dem Ungeheuer, das der Fluss einstmals gewesen war. Von der Angst, die ihn als Kind bei jedem Hochwasser packte, wenn das Wasser brausend und strudelnd alles mit sich riss, wenn es stieg und stieg und sich lehmbraun färbte. Wie ein wildes Tier, wie eine

Bestie sei sie dann gewesen, die Isar. Gurgelnd und reißend, wallend und wirbelnd, ein schäumendes Untier. Die Menschen fürchteten sich und litten schwer unter ihr. Menschen und Tiere holte sie sich, Jahr für Jahr. Seit sie gebändigt sei, atmeten die Menschen auf, hier in diesem Tal.

Die Glocken der Kirche St. Sebastian läuten den Abend ein, als ich Krün wieder verlasse. An manchen Bauernhäusern hängt ein Schild »Zimmer frei« und ich spiele kurz mit dem Gedanken, ein Quartier zu nehmen. Doch was tue ich dann während der langen Stunden, bis es Zeit zum Schlafen wird? Gegessen und getrunken habe ich ja bereits. Da behagt es mir eher, noch eine Weile zu gehen und eine weitere Nacht draußen zu verbringen.

Trotz der Nähe zum Ort rechne ich damit, einen sicheren Unterschlupf am Rande des alten Flussbettes zu finden, denn am Himmel kündigt sich ein Gewitter an. Das Unwetter wird mögliche Störenfriede daran hindern, durchs Gebüsch zu streifen.

Während ich aber aus Krün hinauswandere, frage ich mich, ob ich nicht zu leichtsinnig handle, denn der Himmel wirkt immer bedrohlicher. Die Wolken nehmen den Farbton reifer Auberginen an, ihre Bäuche sind zum Platzen voll. Triefend vor Nässe wälzen sie sich von den Bergen hinab ins Tal. Trotzdem folge ich dem Pfad hinunter, der hinter dem Stauwerk zum alten Bett der Isar führt. Es fließt gerade so viel Wasser, dass ich nicht hindurchwaten will und lieber am linken Ufer bleibe. Nach wenigen hundert Metern erkenne ich: Das Ufergebüsch wird immer undurchdringlicher und das Gewitter rast heran, unaufhaltsam wie apokalyptische Reiter. Da scheint mir eine eingezäunte Weide ein guter Zufluchtsort zu sein. Sichtgeschützt zwischen Büschen und Kiefern finde ich eine kleine Lichtung. So schnell ich kann, baue ich mein Zelt auf. Weidevieh ist keines zu sehen, nur von fern höre ich Kuhglocken bimmeln.

Als Vorboten des Unwetters fallen schon einzelne Tropfen. Ich will den Regenbogen sehen und gehe noch einmal zum Isarufer, wo ich freie Sicht auf den Himmel habe. Und da ist er! Gleich einer vierfarbigen Brücke spannt er sich über die Isar.

Als ich über die Weide zu meinem Zelt zurückgehe, klingen die Kuhglocken schon näher. In der Kiefernlichtung, wo mein Zelt verborgen steht, sehe ich zwischen dem Geäst braunes Fell. Na wartet, ihr neugierigen Kühe, euch werde ich gleich von meinem Schlafplatz vertreiben, denke ich noch. Vorsichtig luge ich durchs Gebüsch und erschrecke: Mein Zelt ist von Pferden umstellt, die im Begriff sind, es mit ihren Hufen zu zertrampeln. Ein Gaul beugt seinen mächtigen Schädel herab und fasst den Zeltstoff mit seinen gelben Zähnen. Nun darf ich mich nicht länger besinnen und muss meine Unterkunft vor der Zerstörung retten.

Ich springe auf die Lichtung, klatsche in die Hände und schreie: »He da! Weg da! Macht, dass ihr fortkommt!«

Der Wallach hebt nicht mal den Kopf und zerrt weiter an meinem Zelt. Ich baue mich vor ihm auf, schreie, klatsche, hüpfe. Unbeeindruckt von meiner Vorstellung weicht er keinen Schritt zurück. Die Stuten – die eine hat ein Fohlen an ihrer Seite – bilden einen Kreis um uns und warten ab, was ihr Anführer beschließt.

Noch nie habe ich so nah vor einem so großen Ross gestanden. Es müssen Kaltblüter sein, die im Winter die Schlitten ziehen. Ihre Hufe sind breiter als zwei meiner Handflächen. Der mächtige Wallach schaut von oben auf mich herab und ich fühle mich zwergenhaft und verletzbar. Er könnte mich ohne weiteres niedertrampeln.

Hab keine Angst! mache ich mir Mut. Diese Kaltblüterpferde sind nun mal von Natur aus schwerfällig und begriffsstutzig. Wie schaffe ich es nur, überlege ich, diese sturen Gäule Respekt zu lehren? Auf gar keinen Fall darf ich sie angreifen, dann könnten sie auf die Idee kommen, ihr Revier gegen mich verteidigen zu müssen. Ich muss ihnen eher das Gefühl geben, ihr Herr und Meister zu sein. Also ändere ich mein Verhalten, fuchtele nicht mehr wild mit den Armen herum, sondern breite sie langsam aus und versuche mit möglichst tiefer Stimme zu sprechen. »Geht weiter, ihr Rösser! Die Weide ist für alle da!«, rede ich beschwörend auf die Tiere ein und gehe furchtlos auf sie zu. Und tatsächlich, sie weichen zurück! Eines hinter dem anderen trotten sie gemächlich davon. Erleichtert blicke ich ihnen nach, wie sie hinter dem Buschwerk verschwinden. Nur von fern klingt noch leise das Bimmeln ihrer Glocken. Na also, denke ich, die Weide ist schließlich groß genug für uns alle. Sie waren halt neugierig und wollten wissen, wer sich bei ihnen einnisten will.

Entspannt wende ich mich wieder dem Geschehen am Himmel zu und bin überrascht, welch beängstigendes Gewitter sich inzwischen angebahnt hat. Erste Blitze zucken aus finsteren Wolken, gefolgt von knallendem Donner. Noch immer taucht die versinkende Sonne die Szene in grelle Farben. Der untere Wolkenrand glüht in flammendem Rot und leuchtet gelbgrün wie giftiger Schwefel. Ich krieche in mein Zelt, wie eine Schnecke in ihr schützendes Gehäuse, und blicke schaudernd nach draußen auf die Bühne der Naturgewalten. Solange es nicht in Strömen gießt, will ich mir das Schauspiel nicht entgehen lassen. Blitze wie vielzackige Speere stoßen vom Himmel auf die Erde. Schlag auf Schlag folgt der Donner. Erst als es Nacht ist, stürzt Regen herab. Sintflutartig prasselt er auf die dünne Zelthaut, unter der ich mich sicher fühle.

Was für ein Tag, denke ich beim Einschlafen. Wie viel habe ich auf einer Strecke von nur zwölf Kilometern erlebt: morgenfrisches Erwachen im Dachswald, Einweihung in die Geheimnisse des Geigenbaues, Eisvögel, Wasseramsel und Isarwildnis, Führung durchs Stauwerk und Nachdenken über Wasserkraft. Ein alter Mann, der mir die Schrecken des Hochwassers ausmalte, sture Gäule und Spektakel am Gewitterhimmel.

Die Kieswüste lebt

Als ich aufwache, ist mein erster Gedanke: die Pferde! Ich lausche, höre aber kein Bimmeln. Ich muss mich sputen, bevor sie sich an mich erinnern. Hastig öffne ich den Reißverschluss meines Zeltes und stecke den Kopf hinaus. O Schreck! Sie sind bereits da! Unhörbar haben sich die »Biester« angeschlichen, nicht einmal ihre Glocken haben einen Ton von sich gegeben.

Sie gucken mich feindselig an, als hätten sie vergessen, dass wir uns gestern Abend bereits kennen gelernt haben. In ihren dicken Schädeln ist kein Verstand, denke ich verärgert. Nun muss ich mir von neuem Respekt verschaffen, dabei bin ich noch morgentaumelig, sie aber sind munter und streitlustig. Es irritiert sie überhaupt nicht, dass ich aus dem Zelt krieche und ihnen entschlossen entgegentrete. Im Gegenteil, sie wollen jetzt endlich wissen, was sich noch alles in dem seltsamen Gebilde verbirgt. Mit geblähten Nüstern drängt mich der Wallach beiseite und wuchtet seinen Kopf in den Zelteingang.

Es gelingt mir gerade noch, die Pflöcke aus dem Boden zu ziehen, das Zelt samt Inhalt zusammenzuraffen und unter die Büsche zu schleppen. Als sie das Objekt ihrer Begierde nicht mehr sehen, trollen sich die Pferde und ich beeile mich mit dem Packen und ziehe von dannen. Vom Kirchturm tönt das Sechs-Uhr-Läuten. Der Himmel ist wolkenlos, keine Spuren mehr vom gestrigen Gewitter.

Am linken Ufer komme ich nicht weiter, das muss ich jetzt einsehen. Mir bleibt die Wahl, entweder auf der Straße von Krün nach Wallgau zu gehen oder durch die Isar zum anderen Ufer zu waten.

Vom Regen in der Nacht ist das Wasser angeschwollen und trüb wie Waldmeisterlimonade mit Milch. Ich habe keine Ahnung, wie tief es ist. Deshalb versuche ich es zuerst ein paar Meter ohne Rucksack und bin der Meinung, es schaffen zu können. Aber es muss schnell gehen, denn die Wassertemperatur ist so eisig, dass meine Beine schon nach dem kurzen Versuch vor Kälte schmerzen.

Ich nehme den Rucksack wieder auf den Rücken, der wegen der umfangreichen Fotoausrüstung mit 16 Kilogramm ziemlich schwer für mich ist, packe fest den Wanderstock und schreite ins Wasser. Zunächst komme ich gut voran, doch bald wird es tiefer, als ich vermutete. An der tiefsten Stelle reicht mir das Wasser zwar nur bis zum Oberschenkel, aber die Strömung ist reißend. Ich spüre, wie die wilde Isar mich aus dem Gleichgewicht bringt. Meine Füße tasten sich über rundgeschliffene Kiesel und ich suche nach sicherem Stand, den Stock stoße ich bei jedem Schritt fest in den Untergrund. Nur ruhig bleiben, denke ich. Du hast schon gefährlichere Gewässer durchquert in echter Wildnis. Das hier ist ein Heimspiel!

Den Schmerz bemerke ich erst, als ich am anderen Ufer ankomme. Ich rubbele die steif gefrorenen Beine, bis sie wieder beweglich werden.

Aber am rechten Ufer gibt es ebenfalls kein Durchkommen. Einem Fluss durch dichte Vegetation zu folgen, wenn es keinen Pfad gibt, ist nahezu unmöglich. Deshalb steige ich den Hang hinauf und finde auf dem Hochufer einen breiten Wanderweg, sogar mit Ruhebank und Blick auf den Krüner Kirchturm. Ein gutes Beispiel, wie an der Isar Wildnis und Zivilisation eng beieinander liegen können.

Mühelos marschiere ich nun auf dem Kiesweg bis zur Brücke bei Krün-Wallgau, dann kann ich den Weg verlassen und frei neben dem Fluss durchs weite Tal wandern. Es ist die Strecke, die ich vor Jahren als trockene Kieswüste erlebt habe. Und ich bin überrascht, wie viel sich durch die Rückkehr des Wassers verändert hat. Knapp vier Kubikmeter Wasser, hatte ich gedacht, was wird das schon bewirken? Ein paar Tropfen auf heiße Steine! Aber so ist es nicht. Die Isar ist wieder ein richtiger Wildfluss, aufgespalten in viele Rinnen, mit einer Hauptrinne und Nebenarmen, die auseinanderstreben und wieder zusammenfinden. Rauschendes Wasser, das kleine und größere Kiesinseln umfließt; manche sind mit Gebüsch bewachsen, andere dagegen steinkahl, angeschwemmtes Holz allerorten und blühende Pflanzen überall. Ein Anblick, der mein Herz schneller schlagen lässt. Wie schön doch das Tal ist mit fließendem Wasser – Element des Lebens. Mit allen meinen Sinnen nehme ich den Fluss wahr: Die Augen sehen das kristallklare Grün und die flutende Bewegung, die Ohren hören das rauschende Singen der Wellen, die Nase riecht den leichten Duft zerriebenen Gerölls, meine Zunge schmeckt die mineralhaltige Frische und meine Haut genießt die prickelnde Kälte beim Morgenbad.

Prustend tauche ich aus dem Wasser auf und habe sofort das unangenehme Gefühl, beobachtet zu werden – dieser leichte, kaum bestimmbare Druck eines starrenden Blickes im Rücken. Ich schaue über die Schulter zum Ufer und sehe – neben meiner Kleidung hockt ein pelziges Kerlchen. Schnüffelnd reckt es seine Nase in den Wind und fixiert mich mit seinen schwarzen Knopfaugen, als wundere es sich, was da wohl für ein komisches Wesen im Wasser plantscht. Jetzt stellt sich das Tier sogar auf die Hinterbeine, um mich besser sehen zu können und hält seine Pfötchen anmutig vor den weißen Bauch. Mein Unbehagen wandelt sich in Freude. Ein Mauswiesel – was für ein netter Beobachter! Das kleine Pelztier, kaum 20 Zentimeter lang, macht noch immer Männchen, hebt schnuppernd sein schwarzes Näschen und versucht Witterung von mir zu bekommen. Vielleicht ist es noch nie einem Menschen begegnet.

Ich rühre mich nicht, um die kostbaren Minuten der Begegnung nicht zu verkürzen. Am Rücken ist das Pelztierchen haselnussbraun und die Unterseite von der Kehle abwärts leuchtet weiß. Es hat im Unterschied zum Hermelin keine schwarze Schwanzspitze und im Winter behält es sein braunes Fell. Mauswiesel sind die kleinsten unserer Raubtiere und Spezialisten im Jagen von Mäusen. Sie sind so klein, dass sie in jedes Mauseloch hineinschlüpfen können. Die Winzlinge sind fast ständig auf der Jagd, da sie einen enorm hohen Energiebedarf haben. Deshalb kann mein neugieriger Beobachter sich eine längere Betrachtungspause nicht leisten. Er geht, wieder auf allen vieren, zurück, umrundet meinen Kleiderhaufen, wieselt am Ufer entlang und verschwindet unter angeschwemmtem Holz.

Es ist erst acht Uhr und noch immer morgenfrisch. Ich setze mich ans Ufer und packe mein Frühstück aus. Beim Essen freue ich mich an der Vielzahl der Tiere ringsum: Gelbbäuchige Gebirgsstelzen suchen Insekten; ein Neuntöter mit schiefergrauem Kopf, rostrotem Rücken, schwarzem Augenstreifen, weißer Kehle und rosafarbenem Bauch hält mit scharfen Augen Ausguck vom hohen Ast. Den ungewöhnlichen Namen Neuntöter haben diese Vögel wohl erhalten, weil sie ihre Beute – Käfer, Hummeln und anderes Kleingetier – als Nahrungsvorrat auf lange Dornen von Heckengebüsch spießen.

Erlenzeisige zwitschern im Geäst und ein Specht trommelt auf hohle Baumstämme. Ein lerchengroßer, graubraun gefiederter Vogel fällt mir besonders auf. Es ist ein Flussuferläufer, der zur Familie der Watvögel oder Limikolen gehört. Er trippelt auf dem feuchten Streifen zwischen Wasser und Kies umher. Ständig mit Kopf und Schwanz wippend, pickt er hier und da Nahrung auf. Wegen seiner unscheinbaren Färbung mag er oft übersehen oder als unbedeutend eingeschätzt werden. Nur wenige Menschen wissen, dass diese kleine Limikole eine kostbare Rarität bei uns ist. Jetzt fliegt er auf, streicht niedrig übers Wasser, dabei blitzen weiße Flügelbinden und der weiß umrandete Schwanz wie Flaggensignale. Während des Fluges stößt er Pfiffe aus, die nach Weite, Wind und Wellen klingen.

Über die Kiesinsel inmitten des Flusses huscht ein Federball. Im Fernglas erkenne ich den seltenen Flussregenpfeifer. Auch er gilt bei Vogelfreunden als Kostbarkeit. Bauch und Brust des Regenpfeifers leuchten weiß, Kopf und Hals sind mit weißen und schwarzen Streifen und Bändern verziert. Ein eidottergelber Ring um die ungewöhnlich großen Augen lässt diese noch auffälliger erscheinen.

Mit dem Fernglas vor den Augen und vertieft ins Beobachten der Vogelraritäten, habe ich nicht auf die nähere Umgebung geachtet. Plötzlich werde ich von knatterndem Lärm erschreckt, laut wie eine Rassel. Den Urheber des Radaus ausfindig zu machen gelingt mir nicht sofort. Ständig die Richtung ändernd, kommt der Krach mal von fern, dann wieder von nah. Endlich entdecke ich ein fliegendes Insekt. Es ist ziemlich groß, fast so lang wie mein Zeigefinger, fliegt aber unglaublich gewandt in Zickzack-Linien, zieht Kreise und Pirouetten und rasselt dabei unentwegt. Seine Vorderflügel sind schmal und dunkel, die breiten Hinterflügel blinken scharlachrote Signale.

Es ist ein Schnarrschreck beim Balzflug. Wäre ein Weibchen in der Nähe, könnte sie seiner Show gewiss nicht widerstehen. Ich jedenfalls bin beeindruckt von seinem Rasseln, den Flugkünsten und dem roten Leuchten. Der Schnarrschreck landet auf dem Boden, faltet seine roten Flügel unter die schwarzbraunen Vorderflügel und – ist verschwunden. Seine Tarnfärbung macht ihn fast unauffindbar.

Ich packe meine Vorräte ein und wandere weiter. Bis Mittag will ich das zwölf Kilometer entfernte Vorderriss erreichen und am Abend bis Fall kommen.

Als dieses Gebiet noch trocken lag, gab es kaum Vögel. Umso mehr freue ich mich nun über die Artenvielfalt. Aus einem Weidengebüsch tönt leise ein mir bekannter Lockruf, »zlit zlit«, und mündet in einen melodischen Gesang, »djü djü fi düidje«. Ich kann es kaum glauben – das letzte Mal habe ich diese sehnsuchtsvollen Töne vor Jahrzehnten an der Ostseeküste gehört. Sollte sich wirklich ein Karmingimpel an die Isar verirrt haben? Kein Zweifel! Im Fernglas erkenne ich den an Kopf, Kehle, Brust und Bürzel tiefrot gefiederten Vogel. Die Karmingimpel sind eigentlich in Asien heimisch, von Kamtschatka bis zum Himalaya. Ich weiß, dass diese Vogelart sich allmählich nach Westen ausbreitet, dass aber Karmingimpel jetzt sogar an der Isar leben, ist für mich eine freudige Überraschung.

Fröhlich gehe ich weiter. Doch sehe ich auch die Schattenseiten der »Wiederbelebung« der Isar. Viele Kiesinseln sind inzwischen mit Weidenbüschen zugewachsen. Bei nunmehr konstanter Wasserversorgung wuchert die Vegetation. Es fehlen nach wie vor die Hochwasser, die diesem Zuwuchern Einhalt gebieten könnten, die Steine, Sand und Kies mitreißen und an anderer Stelle wieder ablagern würden. Nur die Umlagerung des Geschiebes würde das Flussbett laufend verändern und immer wieder Freiflächen entstehen lassen, wo es zu Neuschöpfungen käme mit der für die Kiesbänke typischen Pioniervegetation. Auch die Vogelarten, die freie Kiesflächen bevorzugen, wie Uferläufer und Regenpfeifer, werden daher wieder abwandern. Je mehr die Flächen mit Weiden zuwachsen, um so weniger Arten können existieren.

Zunächst wird zwar durch die Wasserzuleitung der Eindruck von mehr »Natur« geschaffen, aber auf längere Sicht führt sie zu einer Verarmung der Tier- und Pflanzenwelt. Noch aber ist es nicht so weit und ich zähle 22 Vogelarten; dementsprechend langsam komme ich voran. Wie gut, dass ich allein unterwegs bin. So kann ich bei jedem Piepsen stehen bleiben und mit dem Fernglas das Geäst absuchen, ohne einem Begleiter auf die Nerven zu gehen.

Vom weglosen Kiesbett führt ein Pfad zum Hochufer. Ich klettere hinauf, denn manchmal muss man sich von dem, was man mag, entfernen, um es mit Abstand erst richtig wahrnehmen zu können. Gut 80 Meter hoch ist der Hang und von oben habe ich einen grandiosen Blick auf das urige Flussbett. Vor Freude halte ich für Momente die Luft an. Eine Urlandschaft liegt vor mir, wie sie in menschenleerer Wildnis nicht ursprünglicher sein könnte. Erst hier oben aus der Distanz erkenne ich, wie schön die Isar ist. Kein Landschaftsarchitekt könnte mit noch so künstlerischer Planung schaffen, was der Isar von selbst gelingt. Wasseradern glitzern im Sonnenlicht, Kiesflächen und Pflanzeninseln werden vom Leben spendenden Wasser umspült – ein reich verwobenes Geflecht von Wasser und Land. Und dazwischen liegen, gleich urzeitlichen Riesen, entwurzelte Baumstämme.

Warum gefällt mir dieser Anblick? frage ich mich. Warum fühle ich mich tief innerlich berührt, als würden längst vergangene archaische Erinnerungen wachgerufen? Sind es Bilder, die in meinem Unterbewusstsein schlummern, Abbilder aus der Frühzeit der Menschen, als sie jagend und sammelnd umherzogen und ihre Welt so aussah wie dieses Stück Isarwildnis dort unten? Ob es jemanden gibt, der anders empfindet, der diesen Anblick hässlich nennt? Dem diese ungezügelte Urlandschaft Angst macht? Der statt der Schönheit nur einen wilden Verhau, ein ungeordnetes Chaos sieht? Sicherlich, denn die meisten Menschen sind schon lange der Natur entwöhnt und das, was fremd ist, erregt in uns Furcht.

Ich aber kann mich nicht satt sehen an dem wunderbaren Bild, bin wie berauscht von der großen Harmonie, die mich umgibt. Leises Murmeln des Wassers klingt zu mir hoch, mischt sich mit dem Säuseln des Windes und den Stimmen des Waldes. Wehmütig denke ich daran, wie kurz dieses Wegstück ist, das bei der nächsten Ortschaft endet. Und auf einmal weiß ich, dass ich bleiben werde, wenigstens einen Tag und eine Nacht. Hier oben will ich übernachten und beim Einschlafen noch den Blick vor Augen haben von der Isar in ihrer wilden Schönheit. Andererseits fällt es mir nicht leicht anzuhalten. Meine Füße wollen weiterlaufen. Sie sind gerade so richtig in die Gänge gekommen. Es ist ja noch Vormittag, erst elf Uhr. Doch meine innere Stimme hat längst entschieden.

Ich sitze an der Abbruchkante, blicke hinunter auf den urzeitlichen Fluss und ein köstliches Gefühl grenzenloser Freiheit durchströmt mich. Die Landschaft scheint völlig unberührt, kein Mensch, kein störendes Geräusch. Ich genieße es, den Fluss für mich allein zu haben. Die Stunden versickern langsam, aber mir wird nicht langweilig.

Ein Trupp Schwanzmeisen unterhält mich – rundliche Flaumfederbälle mit einem langen Schwanz, länger als Kopf und Leib zusammen, weswegen sie im Volksmund auch Pfannenstielchen heißen. Die Jungen, erkennbar an den verwaschenen Farben, haben gerade das feingewebte, zwischen Zweigen aufgehängte Beutelnest verlassen und werden von den Eltern in die Kunst der Nahrungssuche eingeweiht.

Aufgeregt zwitschernd turnen sie durchs Geäst. Ein Pfannenstielchen schwirrt in meine Nähe und hängt sich kopfunter an einen dünnen Zweig, wie ein Artist in der Zirkuskuppel. Aus nur einem Meter Entfernung kann ich jede seiner schwarzen, weißen, rosafarbenen Federn sehen. Ein zartes Geschöpf, kaum größer als mein Daumen.

Am Abend klettere ich barfuß den Hang hinab zum Fluss, pumpe mit dem Mikrofilter frisches Wasser in die Trinkflasche und wasche mich im nach wie vor beißend kalten Wasser. Die Sonne versinkt hinter den Bergen. Das Licht am Himmel erlischt, aber auf dem Wasser glänzt noch lange ein goldener Widerschein. Eine Amsel warnt mit keckerndem Geschrei. Ich zucke zusammen, aber es ist nur ein Fuchs, der aus dem Dickicht schleicht und seinen Jagdpfad entlang schnürt.

»So allein?«, ruft mir am nächsten Morgen eine Radfahrerin beim Vorbeifahren zu. Es klingt etwas spöttisch, meine ich, und ich verbeiße mir mit Mühe eine heftige Entgegnung. Bald darauf begegnen wir uns wieder in der »Post«, einer Gaststätte mit Biergarten im Ort Vorderriss.

»Und Sie sind wirklich ganz allein unterwegs?«, beginnt sie das Gespräch mit mir.

»Warum denn nicht?«, entgegne ich brummig.

»Da bewundere ich Sie aber – ich würde mich das nicht trauen«, sagt sie und strahlt mich an, als seien wir gute Bekannte.

Ihr Lächeln, bei dem sich lustige Grübchen in den Wangen vertiefen, und der offene Blick ihrer hellen Augen lassen meine Abwehr dahinschmelzen, und ehe ich mich recht besinne, erzähle ich ihr von meinen Erlebnissen: »Ich hatte mir mein Lager am Hochufer der Isar gemacht. Es ist für mich einfach herrlich, unter freiem Himmel zu schlafen. Nur im Schlafsack, ohne schützendes Zelt, eingehüllt in sanfte Dunkelheit und umgeben von den geheimnisvollen Geräuschen der Nacht. Können Sie sich das vorstellen?«

Sie nickt, ihre Augen wie gebannt auf mich gerichtet, und so erzähle ich weiter: »Aufgewacht bin ich vom Lachen eines Grünspechts. Vielleicht haben Sie die lauten Rufe schon mal gehört? Es klingt doch wirklich, als würden die Vögel lauthals lachen. In meinen Schlaf hinein kam es mir so vor, als würde sich einer der Spechte über mich lustig machen, weil ich Langschläferin noch im Schlafsack lag. Wahrscheinlich war es schon längst heller Tag. Verschlafen öffnete ich die Augen und sah, dass der Vogel mich genarrt hatte, denn es war noch halb dunkel und Nebelschleier verhüllten den Wald. Gerade wollte ich die Augen wieder schließen, da kam mir der Gedanke, wie toll es sein müsste, den Sonnenaufgang im Isartal zu beobachten. Um den richtigen Moment nicht zu verpassen, stand ich kurz entschlossen auf und ging vor zum Rand der Schlucht. Stellen Sie sich vor, wie froh ich war, dass ich nicht faul liegen geblieben war, denn ich kam gerade noch zur rechten Zeit, um den Sonnenaufgang zu erleben.«

Während ich erzähle, habe ich das zauberhafte Bild wieder vor Augen. Das Geflecht der Wasseradern spiegelte den frühen Morgen. Zarte Nebel stiegen auf und die Vögel sangen und zwitscherten im vielstimmigen Chor, als wollten sie mit ihrem Gesang das Tageslicht begrüßen. Wie Aquarellfarben sich ausbreiten auf einem Blatt Papier, wuchs der neue Tag heran. Rosa und perlmuttfarben, vergleichbar dem Inneren einer Auster, glänzte das Himmelsgewölbe. Bald schwollen die Farben an, Silber verschmolz zu Gold und rot stieg die Sonne über den Horizont und belebte von Osten her das Tal. Der immerwährende Zauber eines jeden neuen Morgens – die Erde taucht ein in das Licht und die Wärme.

»Ich beneide Sie! Das würde ich auch gern mal erleben«, unterbricht die Frau meine Erinnerung. »Aber ich brauche dann jemanden neben mir, mit dem ich meine Gefühle teilen kann. Gerade wenn etwas so schön ist, würde es mich traurig machen, wenn ich allein wäre.«

Die Kellnerin, eine fesche Dirn mit hellblondem Haarschopf und weißem Kleid, das am Rücken geschnürt ist und viel gebräunte Haut sehen lässt, kommt an unseren Tisch und bringt die Getränke. Eine dicke Silberkette hängt ihr bis zur Taille und die Knöpfe am Mieder glänzen ebenfalls silbern. Ein breiter Ledergürtel um die schmalen Hüften, an dem eine abgegriffene Geldtasche hängt, bildet einen interessanten Kontrast zu der schicken Tracht.

Wir prosten uns zu mit Weißbier und Apfelschorle – und ich bin froh, um eine Erwiderung herumgekommen zu sein. Denn was hätte ich sagen sollen? Dass es bei mir gerade umgekehrt ist? Weil ich inniger empfinden kann, wenn ich allein in der Natur bin? Es wäre mir ein Graus, sofort darüber reden zu müssen, wie wunderschön ein Sonnenaufgang ist. Ich will eine stimmungsvolle Landschaft nicht nur als Bild bewundern, sondern ein Teil des Geschehens sein, und jeder Mensch in meiner Nähe würde den

Zusammenklang stören. Wie beim Hören von Musik, die kann ich so richtig auch nur allein genießen.

Meine Gesprächspartnerin und ihre Begleiter schwingen sich wieder auf ihre Räder und wünschen mir noch einen frohen Wandertag. Ich stelle den Rucksack beim Wirt unter und mache mich auf den Weg, den Ort Vorderriss zu erkunden. Vielleicht finde ich noch Spuren aus der Vergangenheit, als Wilddiebe und Förster in tödlicher Feindschaft einander verbunden waren, wie es Ludwig Thoma in seinen »Jägergeschichten« so bildhaft beschrieb.

Der Ort besteht aus einer Hand voll Häuser mit Holzläden und bunten Balkonblumen. Aber keines der Häuser wirkt geschichtsträchtig auf mich. Doch! Da oben auf dem Hügel, dort steht eine schindelgedeckte Kapelle.

Zwei Jahre nach seiner Krönung ließ Ludwig II., der Märchenkönig, die um 1700 erbaute Kapelle neugotisch restaurieren. Trotz der rustikalen Holzschindeln wirkt sie grazil und vornehm.

Auf einem Hohlweg steige ich zum Hügel hinauf, um die Kapelle aus der Nähe zu betrachten. Neben ihr steht ein Bauernhaus, ein imposantes Anwesen. Bayerns König Max II. gab den Auftrag, es im traditionellen Stil zu erbauen. Das untere Stockwerk ist weiß gekalkt, das obere mit dunklem Holz verkleidet, die zwei Fensterreihen haben grüne Holzläden, an der Hauswand rankt Spalierobst und vor dem Haus wuchert ein Bauerngarten. Es ist das Geburtshaus des Schriftstellers Ludwig Thoma.

Sein Vater war Förster, und noch heute dient das Gebäude als Amtssitz und ist das Wohnhaus vom jeweilig amtierenden Förster. Der schüttelt den Kopf, als ich ihn nach Geschichten von früher frage. Er stamme nicht aus einer alteingesessenen Familie, sondern wurde aus München hergeschickt.

Als Ludwig Thomas Vater hier Oberförster war, schrieb er einen Bericht über eine wilde Schießerei an der Isar, bei der es Tote und

Verletzte gab. Den Jägern von Vorderriss war eine Botschaft zugespielt worden, dass zur Nachtzeit ein Floß mit Wilderern und ihrer Beute die Isar herunter kommen werde. Die Jäger versteckten sich im Ufergebüsch, und als der Mond über die Berge kam und das ganze Tal angefüllt war mit seinem Glanz, bot das Floß mit den Menschen ein gutes Ziel, und Jäger und Jagdgehilfen schossen ihre Büchsen leer. Das Protokoll des Vaters über die nächtliche »Fluss-Schlacht« diente Sohn Ludwig als Vorlage für seine Geschichte von den »Halsenbuben«.

Damals, im Jahr 1869, waren Jäger und Wilddiebe Todfeinde. Keiner schonte den anderen, wenn der Vorteil auf seiner Seite war. So verbreiterte sich die Kluft zwischen den Jägern, der Polizei des Waldes, und den Wilddieben, die nicht hinnehmen wollten, dass ihnen die Jagd verboten sein sollte, die sie als ihr angestammtes Recht empfanden. Und so wollten sie auch nicht auf das Fleisch aus den wildreichen Gründen ihrer Heimat verzichten. Die Revolte der Einheimischen hieß Wildern. Die Jäger aber als Angestellte des Adels waren verpflichtet, dessen Eigentum zu wahren, denn die Herrschaft wollte das Volk nicht teilhaben lassen an der »jagerischen Freud«. Bei der Jagd ging es ihnen nicht vordergründig um das Fleisch der Tiere, sondern um die Jagdlust und die Trophäe. Im edlen Wild sah der Edelmann seinesgleichen, mit dem er sich in der Jagd maß. Darum musste es dem Volk verboten sein zu jagen, sonst wäre die heilige Jagd entweiht worden..

Zurück im Biergarten der »Post«, versuche ich mein Glück beim Wirt. Wie er am Stammtisch beim Kartenspiel sitzt, im blauen Hemd, die Ärmel aufgerollt, mit kräftigen Armen und schwarzem Schnurrbart, könnte auch er ein Typ aus den Romanen Ludwig Thomas sein. Ihn versuche ich nach alten Geschichten auszufragen. Er wisse nichts, wehrt er ab.

»Gibt es denn hier noch Leute, die mir was von früher erzählen könnten?«, hake ich nach.

»Von den Alten ist niemand mehr da«, meint der Wirt. »Die einen sind gestorben, die anderen weggezogen. Hier gibt's für sie nichts mehr zu tun.«

»Und früher gab es genug Arbeit?«, frage ich.

»Ja, freilich! Damals waren die Leute hier Zöllner, Holzfäller, Forstknechte. Die werden aber heutzutage nicht mehr gebraucht.«

Er selbst stamme aus Wallgau, erzählt er mir, und betreibe das Wirtshaus, das 140 Jahre alt sei, als Pächter. Er nickt mir abschließend zu und mischt die Karten für das nächste Spiel.

Bis Fall sind es zehn Kilometer. Gerade recht für den Nachmittag, denke ich, und wandere weiter auf der rechten Seite durchs Kiesbett. Einen Wanderweg gibt es nicht. Wer mit dem Fahrrad unterwegs ist, muss die schmale Alpenstraße benutzen, auf der aber meist reger Autoverkehr herrscht, wie die Radfahrer mir in der Gaststätte geklagt hatten. Zu Fuß aber kann ich mich auch ohne Weg am diesmal nicht so dicht bewachsenen Ufer ganz gut durchschlagen.

An diesem Nachmittag scheint es mir, haben sich alle an der Isar heimischen Reptilien verabredet, sich mir vorzustellen. Ich springe über einen Wiesenbach und da sehe ich sie drüben am sonnigen Hang: Natrix, die Ringelnatter. Ein Prachtexemplar! Den schieferschwarzen Leib hat sie zur Spirale gerollt, aus der Mitte der Windungen erhebt sie den schmalen Kopf. Sie hat mich bemerkt. Ihre großen Augen mit den runden Pupillen fixieren mich, die schwarze Zunge züngelt gespalten. Am Hinterkopf leuchten zwei gelbe Flecken, ihr Erkennungszeichen und wohl Ursache für das Märchen von der Schlangenkönigin, die eine goldene Krone trägt.

Mich faszinieren Schlangen. Für mich sind sie wunderschöne Geschöpfe. Die ersten Tiere, denen ich als kleines Kind meine Zuneigung schenkte, waren zwar Schnecken, aber als ich die Schlangen kennen lernte, gehörte ihnen meine ganze Liebe. Es gab niemanden, dem es gelungen wäre, mir Furcht oder Abscheu vor den Reptilien einzuflößen, deshalb schenkten mir die geplagten Eltern zum Geburtstag ein Terrarium. Die Schlangen sollten nicht mehr frei durch die Wohnung kriechen. Damals fing ich jede Schlange, ich konnte einfach nicht anders. Ich musste ihren kühlen Schuppenleib in meinen Händen spüren.

Die Ringelnatter und ich sehen uns an. Wir taxieren uns gegenseitig. Sollte ich mich bewegen, würde sie sofort flüchten. Ich weiß aber aus Erfahrung, ich würde sie fangen können, ich wäre schneller als sie. Doch ich bin nicht mehr das Kind von damals; heute kann ich die Schlange bewundern, mich an ihr freuen, ohne ihr Gewalt anzutun. Ich stelle mir ihren Schock vor, wenn ich sie ergriffe, wie sie sich in meinen Händen winden und vor Todesangst ihre Stinkdrüsen entleeren würde. Vorsichtig trete ich einen Schritt zurück und noch einen, bis sie ihren Kopf auf den Leib senkt und sich wieder beruhigt dem Sonnenbad hingibt.

Als solle ich für meinen Verzicht belohnt werden, sehe ich bald darauf eine Kreuzotter. Kupferrot wie ein kostbares Kollier liegt sie lang gestreckt auf den Flusskieseln. Sie hätte die passende Größe für eine Halskette und würde durch ihre kupferne Farbnuance Aufsehen erregen, denn häufiger sind die grauschwarz gefärbten Exemplare. Die Pupille der Kreuzotter steht senkrecht und funkelt giftig. Sie gehört zur Familie der bissigen Vipern, die man sich besser nicht um den Hals legt. Die Kreuzotter ist von unseren heimischen Schlangen die einzige, die giftig ist. Sie wird aber nur demjenigen gefährlich, der unachtsam über sie stolpert. Meist gelingt es der Otter vorher zu flüchten, denn wie alle Tiere verlangt sie vom Menschen nur eins: respektiert und in Ruhe gelassen zu werden.

Die Färbung der Kreuzottern ist überaus variabel, sie reicht von Tiefschwarz zu Schokoladenbraun und von Kupfer über Silbergrau bis Sandfarben, mit und ohne Rautenmuster auf dem Rücken. Die Herkunft des Namens »Kreuzotter« ist rätselhaft. Einige meinen, weil sie ein Kreuz auf dem Kopf habe, aber bei genauer Betrachtung erkennt man, dass es ein v-förmiges Zeichen ist. Andere behaupten, das rautenförmige Zickzackband verlaufe über ihren Rücken, also über Kreuz. Vielleicht trägt sie den Namen wegen des Aberglaubens, denn man fürchtete sie als Zeichen des Teufels und bekreuzigte sich dreimal, um sich vor »Schlangenzauber« zu schützen. Denkbar wäre auch, dass ihr Name auf alte Mundarten zurückgeht, die heute niemand mehr kennt.

Auf einer Schotterfläche mit niedriger Vegetation begegne ich Zauneidechsen, den grünen Männchen und den erdfarbenen Weibchen, und ihren kleineren Verwandten, den Waldeidechsen. Eine Blindschleiche entdecke ich im feuchten Moos einer Waldinsel. Diese beinlose Eidechse kann sich nicht wie echte Schlangen durch Schlängeln fortbewegen, sondern sie krümmt ihren Körper mal rechts, mal links, eben wie eine Eidechse ohne Beine.

Am Ende der Wanderung, als ich schon die große Wasserfläche des Sylvensteinstausees schimmern sehe, habe ich mein letztes Schlangenerlebnis: Ein frisch geschlüpftes Ringelnattern-Baby liegt am Rand der Wiese. Es rührt sich nicht. Vorsichtig nehme ich die winzige Natter in die Hand. Sie ist dünn wie ein Wurm und doppelt so lang wie mein Zeigefinger, am Hinterkopf leuchten quittengelbe Halbmonde. Sie rollt sich in meiner Handfläche zu einem Knäuel zusammen und scheint sich in der Wärme wohl zu fühlen. Aufgewärmt züngelt sie dann heftig mit gespaltenem Zünglein und ich lege meine geöffnete Hand auf den Erdboden. In raschen Windungen schlängelt sich das Nattern-Baby davon und verschwindet im Gras.

Das alte Fall und das Jahrhunderthochwasser

Das waren elende Bruchbuden, um die war's nicht schade. Jeder war froh über die neuen Häuser«, sagt Sepp Harbacher.

»Es heißt aber doch, Fall sei ein romantisches Dorf gewesen«, entgegne ich.

»Alles nur dummes Geschwätz. Ein Mythos, aufgebauscht von irgendwelchen Neunmalklugen. Wer von einer versunkenen Dorfidylle spricht, hat das alte Fall nicht gekannt oder verdreht absichtlich die Tatsachen.«

»Gab es nicht auch Leute, die nicht wegwollten, die sogar noch blieben, als der Stausee schon geflutet wurde?«, frage ich.

»Das war nur einer, der Todeschini, ein alter Holzarbeiter, der wollte noch was rausschinden. Den haben sie zwangsevakuieren müssen, aber er hat genug Krawall gemacht. Da sind die Journalisten hergelaufen gekommen und haben darüber geschrieben. Damit er endlich Ruhe gibt, hat er ein Grundstück bei Winkel gekriegt.«

Durch meine Begegnungen mit den Reptilien war es später Nachmittag geworden. Im »Faller Hof« hatte ich nach Einheimischen gefragt, die mir was vom alten Fall erzählen könnten – so kam ich zu Sepp Harbacher.

Ich hatte an der Haustür eines modernen Einfamilienhauses geklingelt. Eine Frau öffnete mir und ich glaubte, in ihr die Tochter oder gar die Enkelin von Sepp Harbacher zu sehen. Der Stausee war schon 1959 geflutet worden und so hatte ich erwartet, als Zeitzeugen einem alten Mann zu begegnen. Die Frau hatte mich durchs Haus auf die Terrasse geführt, wo ein Mann etwa Mitte vierzig bei einem kühlen Bier saß und nicht gerade erfreut war, in seiner nachmittäglichen Besinnlichkeit gestört zu werden.

»Ich hab schon alles gesagt«, begrüßt er mich. »Da gibt's nichts mehr zu reden.«

»Haben Sie denn das alte Fall noch gekannt?«, frage ich.

»Klar«, behauptet er, »als sie den Staudamm gebaut haben, war ich sechs Jahr alt, und glauben Sie mir, die alten Hütten waren nichts mehr wert. Ich versteh nicht, was da heut noch so ein Aufhebens drum gemacht wird.«

»Das neue Fall nennen Spötter Schachtelhausen, weil die hastig hingestellten Häuser so gar nicht in die Landschaft passen wollen. Als Putz hat man Zement verwendet, deshalb können die Wände nicht atmen und sollen heute noch feucht sein«, versuche ich ihn aus der Reserve zu locken.

»Ach was! Früher hatten die Leute hier Hütten aus Bachkugeln und zwischen den Balken war Moos. Undicht blieb's trotzdem und der Wind hat durchgepfiffen. Jetzt haben sie ein eigenes Badezimmer im Haus. So was kannte man damals überhaupt nicht.«

In der Ortschaft Fall hatten Wohnhäuser für knapp hundert Einwohner gestanden, außerdem ein Zollamt, ein Jagdhaus, ein Forstamtsgebäude, ein Schulhaus, ein Gasthof, eine Kapelle und ein Pfarrhaus. Die Gebäude waren weit über den Talgrund verstreut gewesen.

Es war ein weltabgeschiedenes Leben damals im tiefen Isartal zwischen Rosskopf und Schindelberg. Die Flöße waren vorbeigerauscht und man hatte sich mitunter die eine oder andere Nachrichten zugerufen. Weitere Neuigkeit hatte die Postkutsche gebracht. Viele Faller waren in ihrem Leben nur ein, zwei Mal ins 15 Kilometer entfernte Lenggries gekommen, zur Kommunion und zur Vermählung.

»Gab es denn eine Entschädigung für diejenigen, die nicht in das neue Fall umziehen konnten oder wollten?«, frage ich Sepp Harbacher. »Ach, woher denn! Wieso auch?«, lacht der. »Die Leute hatten doch nichts. Das waren alles Beamte, Staatsbedienstete, Holzknechte und Tagelöhner. Nicht ein Krümel Boden hat denen gehört und kein einziger Balken. Wer in Neufall einziehen konnte, wie meine Eltern, war heilfroh.«

»Bekamen denn nicht alle eine neue Wohnung?«

»Nein, die Rentner und Pensionäre nicht«, antwortet Sepp Harbacher. »Nur die Forst- und Zollangestellten, die noch im Dienst waren, konnten umziehen.«

»Das war aber ungerecht!«, empöre ich mich. »Was haben denn die anderen gemacht?«

»So viele waren's nicht, die sind eben woanders hin. Der Rudolf Todeschini aber hat's schlau angestellt mit seiner Weigerung auszuziehen. Als pensionierter Forstarbeiter hat er ja keinen Anspruch gehabt auf eine Wohnung und dann mussten sie ihm doch was geben, aber hier bei uns nicht, da war kein Platz für den.«

»Haben Sie gesehen, wie damals Haus für Haus in den Fluten versank? Manchmal, bei Niedrigwasser im Speichersee, soll man ja noch den Turm von der Kapelle sehen können.«

»Alles Märchen! So ein Quatsch! Da können Sie mal sehen, was für Blödsinn über Fall geredet wird. Ein Haus nach dem anderen haben sie nämlich abgebaut. Stück für Stück weggetragen und die Reste verbrannt. Sogar der Humus wurde entfernt und der Boden planiert. Erinnern tu ich mich noch gut, wie die neue Kirche eingeweiht worden ist. Votivbilder, Figuren, alles Inventar haben sie von der Kapelle zu der neuen Kirche gebracht. Eine richtige Prozession war das und Blasmusik wurde gespielt, das weiß ich noch genau!«

»Und was geschah mit dem Haus, wo sich Todeschini verbarrikadiert hatte?«

»Das Wasser ist schneller gestiegen als erwartet, weil es mehrere Tage hintereinander geregnet hat. Am Nachmittag musste man ihn rausholen und am nächsten Morgen stand das Wasser bis zum Dach. Das letzte Haus von Fall – das Bild vergesse ich nie. Sie sind mit einem Boot hingefahren und haben mühsam den Dachstuhl abgebaut, und dann wurde gesprengt. Für die Pioniere von Mittenwald war das eine gute Übung.«

»Wohnen noch mehr Leute aus Altfall hier?«, frage ich.

»Wir sind fünf, die im alten Fall geboren sind. Neufall ist eben kein richtig gewachsenes Dorf geworden, die Leute kommen und gehen wieder.«

»Gefällt es Ihnen hier?«

»Klar! Hier ist es genau so gut wie anderswo, sag ich immer.«

Dort, wo einst ein weltabgeschiedenes Dorf lag, dehnt sich ein See, und das alte Fall lebt nur noch in Erinnerung der letzten seiner ehemaligen Bewohner und in vergilbten Fotos – und wenn man so will, romanhaft verklärt in Ludwig Ganghofers Buch »Der Jäger von Fall«. Der übrigens ein reales Vorbild hatte, den Gastwirt Franz Paul Riesch, der von 1792 bis 1846 in Fall lebte. Seine Tagebücher dienten Ganghofer als Material für seinen Roman.

Der künstliche See ist inzwischen ein beliebtes Ausflugsziel für Touristen, Badegäste und Wassersportler geworden. An seiner schmalsten Stelle wird er von einer viel befahrenen, 400 Meter langen Betonbrücke mit eleganter Krümmung in kühnem Schwung überquert.

Am Sylvenstein brauste früher die Isar durch die Felsenklamm, für Flößer seit jeher eine gefährliche Engstelle mit turmhohen Felsen und aufgewühlten Strudeln. Manch kühner Flößer wurde in den Tod gerissen. Schon 1531 hatte man versucht, die Klamm mit Schwarzpulver freizusprengen, aber die Durchfahrt blieb trotz wiederholter Sprengversuche schwierig und forderte immer wieder neue Opfer.

Von der Brücke blicke ich über den See, der eingebettet zwischen steilen Felshängen liegt. Ein Windhauch kräuselt die Weite des Wassers, in der sich Wolken, Himmel und bewaldete Berge spiegeln: weiß, blau und grün. Mit seinen drei tiefen Ausbuchtungen ähnelt der See einem Fjord, denn die Täler der einmündenden Dürrach, Walchen und Isar sind kilometerweit angestaut. Wobei aber die Flüsse Dürrach und Walchen kaum Wasser bringen, denn sie entspringen auf österreichischem Gebiet und ihr Wasser wird bereits von den Tirolern angezapft und in den Achensee geleitet.

An den Dammschrägen wachsen Wiesen, auf denen sich Menschen sonnen. Kinder plantschen am Ufer, Surfer kreuzen über die Wasserfläche. Ich steige hinunter zum See und schwimme im erfrischend kalten Wasser.

Hungrig geworden, gehe ich nach Neufall zurück. In der Gaststätte »Fall« unterhalte ich mich mit dem Vater der Wirtin über den Sylvensteinstausee, da mischen sich Alois, Robert und Wendelin vom Stammtisch in unser Gespräch: »Du musst wissen, dass sie den Rissbach auch unterirdisch in den Walchensee abgeleitet haben. In Tölz floss kein Wasser mehr in der Isar. Ich bin von Tölz, musst du wissen. Zu einer stinkenden Kloake war unser Fluss verkommen«, sagt Alois und in seiner kräftigen Stimme schwingt noch immer die einstige Wut mit.

Der Rissbach mündete früher bei Vorderriss in die Isar. Er brachte viel Wasser, verdoppelte fast die Wassermenge der Isar. 25 Jahre nachdem die Isar am Krüner Wehr trockengelegt war, wurde der Rissbach im Stollen unter den Bergen zum Walchensee geleitet. Seit 1949 ist sein Bett kieseltrocken, nur während der Schneeschmelze und bei starkem Regen, wenn der Tunnel die Wassermassen nicht fassen kann, rauscht er wieder oberirdisch.

»War die Isar bei Tölz denn ganz ohne Wasser?«, frage ich.

»So gut wie, nur ein kleines Rinnsal floss noch. Aber das war nicht genug, um das Abwasser wegzuspülen, deshalb hat es wild gestunken«, sagt Alois und rümpft die Nase.

»Weil sie auch die Jachen abgesperrt haben«, ergänzt Wendelin.

»Wieso?«, will ich wissen.

»Weil die Kraftwerker nicht genug kriegen können! Ursprünglich nämlich kam die Jachen bei Lenggries in die Isar. Weil aber die Jachen der Abfluss vom Walchensee ist, hat man sie gedrosselt, damit sie alles Wasser im Kraftwerk nutzen können.«

»Man hat also die Isar und alle ihren größeren Zuflüsse abgeleitet und umgeleitet, wie es für die Energiewirtschaft nützlich war, ohne die Folgen für die Bevölkerung zu berücksichtigen?«

»Genau so war's«, bestätigt Wendelin. »Es war denen völlig wurscht, dass die Leut an der Isar das Wasser gebraucht haben.«

»Wie ging es dann weiter? Was haben die Bewohner der Isargemeinden gemacht? Für die war das alles doch eine Katastrophe.«

»Das kann Robert am besten sagen«, meint Alois. »Was bist heute so maulfaul, Robert? Dabei hast du damals richtig wild mitgemischt. Du warst doch immer vorne dran.«

»Zuerst waren wir riesig verbittert. Das war vielleicht ein Hass!«, ergreift Robert endlich das Wort. »Es hagelte Proteste, wir haben Eingaben geschrieben noch und noch, genutzt hat's gar nichts. Die Regierung war auf Seiten der Kraftwerker. Zuerst hat's offiziell geheißen, der Rissbach darf nur abgeleitet werden, wenn ein Ausgleichsspeicher gebaut wird, aber davon war später keine Rede mehr. Die Kraftwerker wollten sich den teuren Bau eines Speichers sparen und die Regierung hat mit denen sowieso unter einer Decke gesteckt, das kennt man ja.« »Und dann?«, forsche ich weiter.

»Da, lies mal das. Da kannst du dir ein Bild machen», sagt der Wirtsvater und reicht mir ein Schriftstück:

»Laut eines Beschlusses des Bayerischen Landtages vom 26. Juni 1947 sollten die Rißbach-Überleitung und der Wasserspeicher gleichzeitig fertig gestellt werden. Daraus wurde jedoch nichts. Die Oberste Baubehörde des Staates Bayern wies das Landratsamt an, die Ableitung des Rißbaches ohne Auflagen zu genehmigen. Der damalige Landrat Dr. Gröbner mußte sich beugen und leistete die schwerste Unterschrift seiner Amtszeit, legte aber ein mutiges Protestschreiben bei: ... Die durch den Landtag und die Oberste Baubehörde getroffenen Entscheidungen, die jede Rücksichtnahme auf die Belange der Gemeinden vermissen lassen, haben bei der betroffenen Bevölkerung größte Erbitterung hervorgerufen. Es ist erschütternd, dass der Landtag in seinem Beschluß mit keinem Worte auf die Erfüllung der von ihm selbst für die Rißbach-Überleitung angeordnete Auflage der Erbauung eines Wasserspeichers Bezug nimmt. Wenn schon das Landratsamt, als die zur Wahrung der Interessen des Landkreises bestimmte Stelle, bedauerlicherweise nicht in der Lage war zu helfen, so soll die Bevölkerung wenigstens das Bewußtsein haben, daß ihren Belangen von mir vollstes Verständnis entgegengebracht wird.

Die feierliche Einweihung der Rißbach-Überleitung in den Walchensee fand am Sonntag, den 24. Oktober 1949, statt. Die Tölzer und andere Isargemeinden blieben der Feier fern. Bürgermeister Anton Roth hatte für denselben Tag zu einer Protestversammlung aufgerufen. Und der Bürgermeister von Lenggries, Kaspar Seibold, beschäftigte über Jahre den bayrischen Landtag mit seinen Eingaben.«

»Das waren ja heftige Auseinandersetzungen«, sage ich. »Schade, dass kaum noch jemand darüber was weiß.«

»Drum erzählen wir's dir ja«, ereifert sich Wendelin. »Zehn Jahre hat er gedauert, unser Kampf ums Wasser, bis endlich der Stausee gebaut wurde. Das war ein hartes Ringen um unsere Isar.«

»Als er aber dann gebaut wurde, der Sylvensteinsausee, wurde wieder protestiert, diesmal gegen den Bau. Warum denn das?«, frage ich.

»Ein paar Leute wollten halt nicht, dass das schöne Tal und der Ort Fall überflutet werden. Aber es war einfach wichtiger, dass die Isar wieder kontinuierlich Wasser führt«, erklärt Robert abschließend.

Als ich spät am Abend zum See zurückkehre, sind alle Badegäste verschwunden. Es ist traumhaft ruhig und ich baue am flachen Ufer mein Zelt auf. Auch diese Nacht will ich, trotz der Nähe zum Ort, im Freien schlafen. Ich weiß, dass heute Vollmond sein wird, und will mir die besondere Stimmung nicht entgehen lassen.

Es ist windstill. Glatt wie ein Spiegel liegt die Wasserfläche vor mir. Ich sitze auf Ufersteinen, die von der Sonne noch warm sind. In der Stille höre ich vom anderen Ufer her ein Rinnsal, das in den See rieselt. Die sinkende Sonne zieht eine goldene Spur über das Wasser, dann verschwindet sie hinter den Bergen und das Gold wird zu tiefem Purpur.

Ein Trupp von acht Gänsesägern landet mit hellem Schrei. Als die Vögel ins Wasser eintauchen, werfen sie kleine Wellen auf und lassen sich dann still im Abendrot treiben. Unmerklich erlöschen die Farben und Schatten legen sich über das Land. Perlgrau wie das Gefieder der Ringeltauben schimmert die weite Fläche des Sees. Ein leichter Wind bewegt jetzt das Wasser und geheimnisvoll plätschern Wellen ans Ufer. Holz treibt vorbei und nimmt im Dämmerlicht wunderliche Formen an. Die Fantasie erfindet Wasserwesen, es könnten Nixen, Nymphen oder Undinen sein. Manchmal springt ein Fisch aus der Tiefe heraus und schnappt nach einem Insekt, Fledermäuse zickzacken unaufhörlich durch die Nacht. Ihr Echoruf tickt hart wie ein Chronometer, das die verrinnende Zeit misst.

Schließlich erhebe ich mich von meinem steinernen Thron und steige zur Brücke hinauf, um den Aufgang des Mondes im Osten nicht zu versäumen. So nah habe ich ihn noch nie gesehen. Zuerst quillt am Horizont ein Leuchten hervor, überstrahlt als mächtiger Halbbogen den Nachthimmel, und in dieses helle Licht schiebt sich allmählich eine orange Scheibe. Ganz nah fliegt eine Eule an mir vorbei – ein lautloser Schatten, wie im Traum.

»Fragen Sie Ringo! Dort! Der mit dem rotem Helm, das ist Ringo«, rät mir ein Bauarbeiter.

Ringo ist Polier auf der Baustelle am Sylvenstein, ein untersetzter, kräftiger Mann von 54 Jahren, dem man ansieht, dass er zupacken kann, und der sich mit der Arbeit auf Großbaustellen schon ein Leben lang auskennt. Ringo ist Spanier, stammt aus Vigo in der spanischen Provinz Galicien und ist seit 1962 in Deutschland. Auf fast allen großen Baustellen hat er mitgearbeitet, sogar an der Kuppel vom Zirkus Krone in München. Während er mir sein Arbeitsleben in Stichwörtern erzählt, lehnen wir an der Umfassung des neuen Turbinenschachtes, ein kreisrundes Loch von 13 Meter Durchmesser und 11 Meter Tiefe. Ich frage Ringo, ob ich für meine Aufnahmen auf den Kran klettern darf. Er schlägt vor, ich solle mich doch in den Korb setzen, der am Schwenkarm des Krans hängt, und auf ein Zeichen von Ringo senkt der Kranführer den Metallkorb zum Erdboden.

Ich steige ein und schwebe schon über der Baustelle. Der Schwenkarm dreht sich langsam und ich in meinem Korb drehe mich mit. Jetzt lässt der Kranführer den Korb in den Schacht hineinsinken, ich sehe die Verschalungen an den Wänden und die Arbeiter an den Gerüsten, dann werde ich sanft wieder hochgezogen. Aus dem Korb schaue ich hinunter auf Menschen, Baumaschinen und Betriebsgebäude, ich sehe den 42 Meter hohen Damm und die Auslass-Stollen in die beiden Kolkseen – und durch die Bäume schimmert die grüne Isar.

In einer blau angestrichenen Holzbaracke auf dem Baustellengelände treffe ich die verantwortlichen Herren vom Weilheimer Wasserwirtschaftsamt: Diplom-Ingenieur Erich Winner mit dichten grauen Haaren und einem jugendlich frischen Gesicht und Herrn Peter Kratz mit den buschigen Augenbrauen. Ich bin angenehm überrascht über ihr freundliches, offenes Entgegenkommen und die Zeit, die sie sich für ein intensives Gespräch nehmen.

»Was ist der Grund, dass Sie jetzt den Damm des Sylvensteinstausees erhöhen?«, frage ich.

»Seit dem Jahr 1924 wird am Krüner Wehr ein Teil des Isarwassers zum Zwecke der Stromerzeugung zum Walchenseekraftwerk ausgeleitet. Seit 1990 wird aber aus ökologischen Gründen wieder mehr Wasser in die Isar gelassen, im Mittel 70 Millionen Kubikmeter pro Jahr. Seither planten wir eine Erhöhung des Dammes«, antwortet Erich Winner.

»Um mehr Strom zu gewinnen«, werfe ich ein.

»Nein, die Energieerzeugung ist bei uns ein Nebenprodukt. Unsere Aufgabe ist der Hochwasserschutz und die sogenannte Niedrigwasseraufhöhung der Isar«, betont Herr Winner.

»Und das war mit dem alten Damm nicht mehr möglich?«

»Der Damm ist geblieben, wir haben ihn lediglich um drei Meter erhöht«, erklärt mir Peter Kratz.

»Der Sylvensteinspeicher wurde in den Jahren 1954 bis 1959 gebaut, um die Ortschaften entlang der Isar vor Hochwasser zu schützen und in Trockenzeiten die durch die Ableitungen geschmälerte Isar immer mit ausreichend Wasser versorgen zu können«, bekräftigt Winner. »Verstehe«, sage ich. »Sie wollen also für einen möglichst gleichmäßigen Wasserstand sorgen.«

»Genau«, bestätigt Herr Kratz. »Aber von damals bis heute sind vierzig Jahre vergangen und wir wissen jetzt mehr über das Niederschlags- und Abflussgeschehen im Einzugsgebiet der Isar. Groß angelegte wasserwirtschaftliche Untersuchungen ließen erkennen, dass der Hochwasser-Rückhalteraum des Sylvensteinspeichers nicht ausreichen würde, um die Unterliegerorte vor einem Jahrhunderthochwasser genügend schützen zu können.«

»Außerdem entsprach die Sicherheit des Dammes nicht mehr den verschärften Sicherheitsanforderungen«, fügt Erich Winner hinzu. »Diese Bestimmungen fordern eine doppelte Sicherung. Wenn zum Beispiel ein Ablass-Stollen durch einen Defekt ausfällt, muss ein zweiter gleich starker Stollen das Wasser ableiten können.«

»Um zu verhindern, dass der Damm bricht?«

»Ja, es sind Sicherheitsventile, um eine Katastrophe wie eine Dammüberströmung, die zu einem Dammbruch führen kann, auszuschließen. Der Damm kann maximal 124 Millionen Kubikmeter Wasser zurückhalten, eine verheerende Kraft. Nicht auszudenken, wenn die losgelassen würde«, betont Peter Kratz.

»Deshalb haben wir in der linken Talflanke einen 550 Meter langen zusätzlichen Entlastungsstollen durchs Gebirgsmassiv gesprengt. Bei Hochwasser können wir in Notsituationen bis zu 400 Kubikmeter pro Sekunde in die Isar leiten, um den Damm vor einer Überflutung zu schützen«, berichtet Erich Winner.

»Den Einlass zum Stollen bezeichnen wir als unseren griechischen Tempel«, sagt Herr Kratz und lacht.

»Wir haben ihn so genannt wegen der Säulen am Eingang. Mit den Säulen wollen wir das Treibholz zurückhalten«, erklärt Winner. »Dieser Entlastungsstollen ist schon seit geraumer Zeit fertig. Zuerst wurde ein Pilotstollen mit einer Tunnelbohrmaschine in den Felsen gefräst, der dann durch Sprengungen auf die nötige Größe erweitert wurde.«

»Gab es denn Unfälle?«

»Toi, toi, toi!« Erich Winner klopft dreimal mit dem Fingerknöchel auf Holz. »Bisher ist nichts passiert. Dabei ist der Tunnelbau nach wie vor eine riskante Arbeit. Da kann man noch so viele Vorsichtsmaßnahmen treffen und dann geschieht doch wieder ein Unglück. Aber diesmal ging alles gut, obwohl es keineswegs einfach war. Der Zeitplan sollte eingehalten werden und 1995 war ein harter Winter. Teilweise haben wir bei minus 20 Grad Celsius gebohrt, wobei die Betonschlemmgeräte immer wieder eingefroren sind. Es waren sehr widrige Umstände, aber wir sind nicht im Verzug!«

Ich muss zugeben, meine anfängliche Skepsis dem Staudamm-Projekt gegenüber weicht einer gewissen Bewunderung für diese mir unbekannte Welt einer Großbaustelle, wo die Bauarbeiter bei Hitze, Kälte, Regen und Schnee ihre schwierige und auch gefährliche Arbeit bewältigen. Ich kann mir gut vorstellen, wie befriedigend es sein muss, die sich auftürmenden Hindernisse mit Hilfe der Technik zu überwinden.

»In den 40 Jahren seit Bestehen der Talsperre hatte es nur mittlere Hochwasser gegeben», fährt Erich Winner fort. «Der größte Speicherzufluss war 1977, mit einer Wassermenge, die es etwa alle 50 Jahre einmal gibt. Uns aber war klar, früher oder später würde es zu einem Jahrhunderthochwasser kommen, deshalb erhöhten wir den Damm. Und gerade als wir 1999 die Arbeiten abgeschlossen hatten, kam das Pfingsthochwasser, als hätte es extra gewartet, bis wir fertig waren – zum Glück für die flussabwärts liegenden Orte. Es war ein Hochwasser, das statistisch gesehen, in einer Zeitspanne von 150 Jahren nur einmal vorkommt. Innerhalb von 24 Stunden prasselte ein Zehntel des Jahresniederschlages herab und die Böden waren bereits gesättigt vom tagelangen Regen zuvor. Dazu kam der meterhohe Schnee, der nun plötzlich schmolz. Wir registrierten einen maximalen Zufluss in den Speicher von 920 Kubikmeter pro

Sekunde! Das war ein gewaltiges, noch nie da gewesenes Hochwasserereignis für den Stausee. Der Wasserspiegel des Speichers stieg um 13 Meter. Während dieser extremen Belastung des Dammes wurde er rund um die Uhr kontrolliert und überwacht. Eine große Verantwortung für die wenigen Männer, die Dienst hatten. Es waren ja gerade Pfingstferien. Hervorragend bestand der neue Entlastungsstollen seine Bewährungsprobe. Mit ihm sind wir gerüstet, dass auch bei einem Jahrtausendhochwasser der Damm nicht überströmt werden kann. Die Baumaßnahmen der Dammerhöhung und der Hochwasserentlastung kosteten den Freistaat rund 38 Millionen Mark, doch im Vergleich zu den verhinderten Schäden hat sich diese Investition schon heute gelohnt.«

»Die neue Turbine bringt ja auch zusätzlichen Gewinn«, sage ich.

»Ich möchte noch einmal betonen, dass die Energiegewinnung bei uns ein Nebenprodukt ist«, sagt Herr Kratz und blickt mich etwas missmutig an, weil ich wieder die Stromerzeugung ins Gespräch bringe.

Erich Winner unterstützt ihn: »Die Turbine dient in erster Linie der Feinregulierung der Isar bei Niedrigwasser. Mit der alten Anlage allein war dies nicht mehr möglich, da – wie schon gesagt – die Isar seit der Teilrückleitung ab Krün wieder mehr Wasser führt. Mit der alten Turbine können wir nur bis zu 15 Kubikmeter Wasser pro Sekunde durchlassen, alles andere muss über die Hochwasserentlastungsstollen ungenutzt abfließen. Aber die sind für eine Feinregulierung nicht geeignet, und wenn die alte Turbine aus technischen Gründen mal ausfällt, steht uns überhaupt keine Feinregulierung zur Verfügung. Mit der neuen Turbine können wir ebenfalls 15 Kubikmeter, zusammen also maximal 30 Kubikmeter, abarbeiten. Die Speicherabgabe ergibt sich aus den wasserrechtlichen Vorgaben, das heißt, im Sommer sollen in Bad Tölz mindestens 20 und im Winter mindestens 10 Kubikmeter pro Sekunde abfließen.«

»Wie viel Strom können Sie denn mit beiden Turbinen erzeugen?«

»Im Mittel beträgt die Jahresproduktion etwa 23 Millionen kWh, womit man zum Beispiel eine Stadt wie Bad Tölz mit Strom versorgen könnte – das wollten Sie doch wissen,« sagt Herr Kratz. Seine buschigen Augenbrauen ziehen sich zusammen, aber seine Augen blinken belustigt ob meiner Hartnäckigkeit.

»Die alte Turbine ist ja in den Berg hineingebaut worden. Für die neue wurde ein Schacht ausgehoben – warum?«, frage ich.

»Das hat sich in der Planung als kostengünstig erwiesen«, beginnt Herr Kratz zu erklären. »Es sollte ein Raum sparendes, kleines Kraftwerk bei größtmöglicher Leistung sein, und wir hatten den Mut, uns für eine Neuentwicklung zu entscheiden, die besonders kompakt ist. Durch einen seitlichen Zugangsschacht wird die unterirdisch eingebaute Turbine später leicht zu erreichen sein. Ein 70 Meter langer Stollen wird das neue Kraftwerk mit dem Triebwasserstollen des Speichersees verbinden. An diesem Stollen wird gerade gebaut.«

Erich Winner blickt auf seine Uhr und sagt: »Wenn Sie wollen, können Sie hinabsteigen und ihn sich ansehen – es ist gerade Mittagspause.«

Gern willige ich ein und bin einmal mehr überrascht über das freundliche Entgegenkommen. Die Begeisterung, mit der die Wasserwirtschaftler über ihr Bauwerk berichten, beeindruckt mich stark. Es hat schon etwas sehr Verführerisches, denke ich, mit Hilfe der Technik die Natur zu bändigen.

Auf der provisorisch für die Arbeiter angebrachten Wendeltreppe steige ich in den elf Meter tiefen Kraftwerksschacht hinunter, in den später die Turbine abgesenkt werden wird. Am Schachtgrund öffnet sich seitlich ein über drei Meter hoher Stollen, in den ich etwa 40 Meter hineingehe.

Am vorläufigen Ende des Ganges arbeiten vier Männer mit einer dröhnenden Bohrmaschine, die sich in den Fels frisst. Gesteinsstaub vernebelt die Luft und Schutt türmt sich auf. Zwei Lampen flimmern in der Dunkelheit. Ab und zu rufen sich die Arbeiter etwas in einer rau klingenden slawischen Sprache zu.

Erich Winner hatte mir gesagt, dass sie mit einem tschechischen Subunternehmer beim Stollenvortrieb zusammenarbeiten, weil der bei der Ausschreibung am preisgünstigsten war. Bald stoppen die Arbeiter den Motor der Maschine und gehen nach draußen.

Ich bin allein im Gang und stelle mir die lastenden Gesteinsmassen über mir vor und den Druck des Wassers hinter dem Staudamm, zu der ja der Gang hinzielt. Und ich stelle mir weiter vor, wie das Wasser bald, wo ich jetzt stehe, vorbeischießen und die Turbine antreiben wird. Wie sie es wohl einrichten, dass sie das Wasser im See anzapfen, ohne beim Durchbruch hinweggespült zu werden? überlege ich. Theoretisch kann ich mir zwar denken, dass sie eine Abdichtung am Einlassstollen bauen, aber wie es praktisch im Detail bewerkstelligt wird, weiß ich nicht. Großartig, dass Menschen ein Bauwerk wie dieses berechnen und lenken können. Wie ich später erfahre, wird der Kraftwerksstollen in einen Triebwasserstollen münden, dessen Einlauf im See ist und je nach Bedarf geöffnet und geschlossen werden kann.

»Hallo! Bitte kommen Sie raus! Wir wollen sprengen!«, ruft jemand in den Stollen und ich gehe eilends zum Ausgang. Dunkel gegen das Tageslicht abgehoben, steht dort Polier Ringo.

»Ich dachte, es sei Mittagspause«, entschuldige ich mich.

Ringo lacht: »Bei uns läuft es immer rund. Mittagspause machen wir halt so zwischendurch.«

Gespannt warte ich auf die Sprengung.

»Es wird nur eine kleine sein«, sagt Ringo. »Wir dürfen den Staudamm ja nicht beschädigen.«

Obwohl die Explosion zehn Meter tief unter der Oberfläche zündet, knallt es gewaltig und das Echo wird von den Felswänden verstärkt zurückgeworfen. Eine Staubfahne kriecht langsam aus dem Turbinenschacht nach oben.

Es ist Nachmittag, als ich die Baustelle verlasse. Na, weit bin ich heute wahrlich noch nicht gekommen! Vom Übernachtungsplatz am Seeufer bis zur Baustelle waren es lediglich zwei Kilometer.

Für mich aber hat sich dieser Tag gelohnt. Wann wird es einem schon geboten, vom Kran durch die Lüfte gehievt zu werden, Turbinenschacht und Stollen im Bau zu sehen, eine Sprengung zu erleben und von Fachleuten in den Talsperrenbau eingeweiht zu werden!

Während ich den 40 Meter hohen Damm entlanggehe, reflektiere ich nochmals, was mir die Ingenieure vom Wasserwirtschaftsamt alles geschildert haben: Schon vor dem Ersten Weltkrieg kam die Idee auf, am Sylvenstein einen Staudamm aufzuschütten. Professor Kreuter von der Technischen Hochschule München stellte sich einen Damm von über 100 Meter Höhe vor, um die Walchen, Dürrach, Isar und den Rissbach, die alle noch ihren natürlichen Lauf hatten, zu einem gewaltigen See anzustauen – ein gigantisches Vorhaben, beflügelt vom enthusiastischen Glauben an das technisch Machbare und ohne die geringste Rücksicht auf die Umwelt. Als man bei Probebohrungen in 25 Meter Tiefe jedoch noch immer keinen Fels erreicht hatte, wurde das Vorhaben zum Glück aufgegeben.

Aber 1954 war es dann so weit. Es gab mindestens fünf verschiedene Vorstellungen über den Umfang des Stauraums – von einem weiträumigen Speicher, der sich bis Wallgau erstreckt hätte, bis zu einer Kleinstvariante, die dann vom Landratsamt aus Kostengründen noch einmal verkleinert und schließlich genehmigt wurde.

Durch Probebohrungen wusste man viel über den lockeren Untergrund. Eiszeitliche Gletscher hatten eine mächtige Geröllrinne angeschwemmt mit zahlreichen Hohlräumen, durch die Grundwasser floss. Auf diesem lockeren Material war schlecht bauen.

Endlich, in 100 Meter Tiefe, stieß man auf Gestein. Das große Problem war nun die Abdichtung dieser tiefen Geröllschicht. Eine neue Technik wurde erprobt. In Abständen von jeweils zwei Metern bohrte man senkrecht in die Tiefe bis an den Felsuntergrund und presste ein Ton-Zement-Gel in die Löcher, insgesamt 40000 Kubikmeter. Für die Mischung dieser großen Menge Aufschlämmung wurde eigens eine Aufbereitungsanlage gebaut.

Nachdem man mit dieser so genannten Dichtungsschürze die gewünschte Festigkeit des Untergrundes erreicht hatte, wurde der Damm aufgeschüttet mit Kiessand, Seekreide, Feinsand und Betonit. Nach jeweils 20 Zentimeter Aufschüttung befuhr eine 12-Tonnen-Walze das Material und verdichtete es.

Am Ende der Bauzeit, im Juni 1959, erreichte eine Hochwasserwelle von 600 Kubikmeter pro Sekunde den Speicherraum. Ähnlich wie jetzt bei der Erhöhung des Damms waren die Arbeiten gerade in dem Moment abgeschlossen, als es zu dem Ereignis kam. Der neue Damm bestand seine erste Bewährungsprobe und der Protestler Todeschini konnte rechtzeitig per Boot aus dem letzten Haus vom alten Fall herausgeholt werden.

Kalkbrenner und Steinesammlerinnen

Auf dem gelben Schild, das die Fluss-Kilometer anzeigt, steht die Zahl 224. Da ein Fluss von der Mündung gemessen wird, muss ich die Fluss-Kilometer von der Gesamtlänge abziehen, um zu wissen, wie viele Kilometer ich von der Quelle zurückgelegt habe. Ich errechne 59 Kilometer. In fünf Tagen ist das wenig, aber die Isar hat eben an ihren Ufern zu viel Sehenswertes zu bieten.

Zwölf Kilometer sind es vom Staudamm bis Lenggries – am Abend könnte ich dort sein. Ich entschließe mich jedoch, nur noch ein kurzes Stück zu gehen, denn nach den intensiven Gesprächen mit den Ingenieuren und Bauarbeitern möchte ich das Erlebnis der Stille und Einsamkeit an einem der letzten naturbelassenen Abschnitte der Isar genießen.

Steinröschen bedecken den Kiesboden wie lilarote Teppiche und strömen zarte Düfte aus. Zwischen den Steinröschen wachsen Mehlprimel, Enzian und Aurikel. Sogar Kohlröschen entdecke ich, eine Orchidee mit schwarz-purpurnen Blüten, die nach Vanille duften. Alles Pflanzen, deren Samen die Isar einst aus dem Gebirge mitbrachte.

Das Nachtlager wähle ich auf den Kiesbänken zwischen Weiden. Da kein Regen zu befürchten ist, baue ich das Zelt nicht auf, entrolle nur einfach Matte und Schlafsack. Köstlich, nach einem Wandertag auf der Erde zu liegen und in den Himmel zu schauen, wie die Wolken vorbeiziehen und dabei phantastische Formen annehmen, zu beobachten, wie der Himmel seine Farben ändert, den ersten Stern blinken zu sehen und dann den Mond, der zwischen dunklen Baumgestalten am Hochufer silbern schimmert.

Emsig spinnt eine Kreuzspinne zwischen dürren Stengeln ihr Netz. Bei der höheren Luftfeuchtigkeit am Abend werden die Fäden elastisch, deshalb ist sie so spät noch am Werk. Amsel und Buchfink singen ihre Abendlieder, eine Maus raschelt im Laub. Angelockt von meinen Brotkrümeln kommt sie dicht heran. Ich sehe ihre Knopfaugen glitzern. Es ist eine Gelbhalsmaus. Nussbraun glänzt ihr schönes Fell, sie hat einen weißen Bauch und eine gelbe Halsbinde.

Vom Rauschen der Baumwipfel eingewiegt, schlafe ich irgendwann ein und gleite am Morgen mit dem heller werdenden Licht sanft in den nächsten Tag hinein. Als ich aufwache und um mich blicke, sehe ich an jeder Grashalmspitze einen Tropfen funkeln. Auch im Netz der Kreuzspinne, der ich gestern Abend beim Spinnen zusah, perlt der Tau und das Morgenlicht spiegelt sich in den Tropfen.

In wenigen Minuten habe ich meinen Rucksack gepackt und wandere weiter am Isarufer entlang. Zahlreiche Fangfäden von Spinnen spannen sich von Baum zu Baum, manchmal fünf Meter weit. Eine großartige Leistung für eine kleine Spinne! Nur mit Hilfe des Windes kann sie die Distanz überwinden. Sie muss abspringen und sich hinübertragen lassen, dabei den Spinnfaden, der aus ihren Hinterleibsdrüsen quillt, hinter sich herziehen. Spinnen können Richtung und Stärke eines Windhauchs abschätzen. Eine bewunderungswürdige Sinnesleistung dieser Tiere, über die man besser nachdenken sollte, bevor man »pfui Spinne« sagt.

In einem Wäldchen entdecke ich Frauenschuh-Orchideen, eine Pflanze neben der anderen. Nie zuvor habe ich so viele dieser seltenen Orchideen an einem Fleck gesehen. Manche sind noch in dunkler Knospe geschlossen, bei anderen leuchten der gelbe Schuh und die dunkelroten Blütenfahnen. Alle sind frisch vom Tau, der in der schräg einfallenden Morgensonne glänzt und glitzert.

Bald muss ich das Isarufer verlassen, denn der Fluss stößt an eine Felswand und lässt mir keinen Raum zum Gehen. Auf dem Hochufer verläuft die Autostraße, für Radler hat man einen asphaltierten Weg von Fall bis Lenggries angelegt, aber für einen Wanderer ist diese Strecke nicht erfreulich. Gern würde ich auf das linke Ufer der Isar wechseln, dort breiten sich Kiesflächen aus. Doch Brücken gibt es bis Lenggries keine und der Wasserstand ist zum Durchwaten zu hoch.

Das Isartal dehnt sich nun weit. Wiesen, Weiden, Gehöfte und Orte wie Winkel, Fleck, Wies und Almbach reihen sich aneinander. Die Gemeinde Lenggries zieht sich kilometerweit beidseits der Isar hin. Es leben hier zwar kaum 10000 Menschen, aber mit 50 Ortsteilen – auch Vorderriss gehört dazu – ist Lenggries die größte flächendeckende Gemeinde Deutschlands. Die Kiesbänke der Isar gaben den Namen; aus langem Gries wurde Lenggries.

Als ich durch den Ort Winkel wandere, erinnere ich mich an Todeschini, den letzten Bewohner vom alten Fall. In Winkel soll er ja ein Grundstück erhalten haben. Wie es ihm wohl ergangen sein mag? Er wird nicht mehr leben; schließlich war er damals schon Rentner und inzwischen sind mehr als 40 Jahre vergangen, aber vielleicht können mir seine Angehörigen Auskunft geben?

»Da suchen Sie umsonst, von denen ist niemand mehr da«, sagt die Wirtin im Gasthaus »Gassler«.

»Wohin sind sie denn gezogen?«

»Gestorben sind sie. Der alte Todeschini und ein Sohn sind schon lange tot, den anderen Sohn haben sie eingesperrt, der hat allerlei angestellt. Der hatte einen Campingplatz gehabt. Das war ein ganz Wilder, alleweil in der Gegend rumgeschossen hat der. Seine Frau hat sich vergiftet, eine Enkelin vom alten Todeschini lebt noch, aber wo, das wissen wir nicht. Mit sechzehn Jahr hat die schon ein Kind gekriegt. Sie war ja eine ganz hübsche, wirklich fesch, ja, das muss man sagen.«

»Was wissen Sie noch über die Familie?«

»Wir wissen nichts. Die waren immer nur für sich. Die waren nicht von hier und sind unter sich geblieben.«

Die Gegend um Lenggries ist altes Siedlungsland. Im Mittelalter rodeten Bauern das bis dahin unwirtliche Gebiet. Damals lebten in den dichten Wäldern noch Bären, Luchse und Wölfe – für uns heute gar nicht mehr vorstellbar. Die Bauern standen unter dem Schutz der Ritter von Hohenburg, die auf einer Anhöhe ihre Burg hatten. Sie ist schon längst einem barocken Neubau gewichen. Am Berghang, in der Nähe des neuen Schlosses, steht die Dionysius-Kapelle, ein schlichter Bau von 1693.

Das gerodete Land teilte man in Parzellen. Noch heute begrenzen Baumreihen und Hecken senkrecht zur Talrichtung diese alten, bis in die Berge hinaufreichenden Rodungsgebiete. Der Ackerbau brachte im rauen Klima nur ungewisse Erträge, deshalb setzten die Bauern eher auf Viehhaltung. Andere verdienten ihren Lebensunterhalt als Flößer, Köhler und Kalkbrenner.

Typisch für den Isarwinkel sind die Einfirsthöfe, die Wohnhaus, Stall und Scheune unter einem Dach vereinigen. Im Winter sehr praktisch, denn man braucht dann nicht aus dem Haus in Kälte und Schnee hinaus zu gehen, um das Vieh zu füttern. An drei Seiten werden die Gebäude von einem Altan, einem überdachten Balkon, umzogen. Windbretter verkleiden den Giebel an der Wetterseite, und ganz ursprüngliche Häuser sind noch immer mit Lärchenschindeln gedeckt.

Früher reisten Isarwinkler mit dem Floß nach München – heute kommen Urlauber von nah und fern in die Gemeinde am Fuße des Braunecks und der Benediktenwand. Mit Wanderwegen, Seilbahnen und Skiliften ist dieses Gebiet seit Jahrzehnten erschlossen. Obwohl sich Lenggries der Neuzeit angepasst hat und den Bedürfnissen der Touristen und Urlauber entgegenkommt, besitzt es noch immer das Flair eines Gebirgsdorfes. Noch gibt es prächtige Bauernhöfe mit dunklen Holzbalken, blumengeschmückten Fenstern, farbigen Holzläden und grün gestrichenen Bänken neben der Haustür.

Die Pfarrkirche von Lenggries ist ein stattlicher Barockbau von 1721 und dem heiligen Jakob geweiht, dem Schutzpatron der Pilger. Nischenartige, durch Doppelpilaster gerahmte Kapellen fügen sich in den Kirchenraum ein. Das Tonnengewölbe ist durch Stuck in Felder und Medaillons geteilt und stellt das Leben des heiligen Jakob dar. Der Flügelaltar zeigt sein Martyrium – er wurde im Jahr 44 in Jerusalem enthauptet. Nach der Kreuzigung von Jesus war Jakob der erste Märtyrer des Christentums. Der unbekannte Maler ließ künstlerische Freiheit walten und verlegte die Szene an die Isar. Dieses Altarbild aus dem Jahr 1480 ist somit eines der ältesten Bilder des grünen Flusses.

Damals war sie noch die Reißende, trieb mit ihrer Kraft Wassermühlen und Sägewerke an. Daneben konnte man die Isar noch auf ganz andere Weise nutzen: Mit dem Wachsen der Städte im 18. Jahrhundert war der »Appetit« der Baumeister auf Kalk unersättlich. Da kamen die Kiesel der Isar gerade recht, die in zahlreichen Kalköfen zwischen Mittenwald und Tölz zu hochwertigem Weißkalk gebrannt wurden. Über 900 Flöße pro Jahr waren nötig, um die großen Mengen Kalk nach München zu transportieren. Heute gibt es keine Kalkbrennerei mehr. Der letzte Lenggrieser Kalkofen hat 1958 aufgehört zu rauchen.

Zuerst sehe ich einen weißen Kegel, der mich wegen seiner Form und Farbe an einen Schopftintling erinnert, einen Pilz, der im Herbst häufig am Wegrand und auf Wiesen wächst. Mit sechs Meter Höhe wäre er allerdings ein Riesenexemplar. Dieser auffällige

Kegel ist der Ofen einer Kalkbrennerei, der als begehbares und erlebbares Kulturdenkmal von der Gemeinde restauriert und so wie damals eingerichtet wurde.

Im Feuerraum schichtete man 20 Kubikmeter Isarsteine kunstvoll auf und heizte ein – mit Holz. Fünf Tage brannte das Feuer ununterbrochen unter ständiger Aufsicht der Kalkbrenner. Eine arg Schweiß treibende und anstrengende Arbeit für die Männer. Im Vorraum waren Holzpritschen mit Stroh, für diejenigen, die gerade nicht mit Wachen dran waren.

Die Unmengen Holz, die damals verfeuert wurden, lichteten die Wälder um Lenggries. Schon im 15. Jahrhundert nahm der Kahlschlag bedenkliche Ausmaße an, so dass ein amtlicher Erlass die Anzahl der Kalköfen begrenzte.

Die bei 1000 Grad Celsius gebrannten Steine wurden nach dem Auskühlen in hölzernen Wannen mit Wasser übergossen – gelöscht. Fertig war der Kalk. Außer beim Bau verwendete man ihn auch zum Gerben, Färben, als Dünger und Heilmittel und zum Desinfizieren. Heute hat Industrieware den handwerklich hergestellten Kalk verdrängt. Auch fehlt wegen des Sylvensteinstausees der Nachschub an Steinen.

Nicht jeder Stein war geeignet – es musste Kalkgestein aus dem Karwendel sein. Die »Bachkugeln« wurden von »Stoaklauberinnen«, den Steinesammlerinnen, im Isarbett zusammengetragen. Dies war ausschließlich Frauenarbeit, allerdings eine besonders harte. Bei Wind und Wetter, bei eisiger Kälte und bei glühender Hitze mussten die Frauen auf den schattenlosen Kiesflächen Kalksteine suchen. Über den Röcken trugen sie weite Hosen von heller Farbe und wirkten auf den grellweißen Kiesbänken wie umherwandelnde Gespenster. Das Gemälde »Die Kalksteinsammlerinnen« von Joseph Wenglein aus dem Jahr 1883 vermittelt mir jedenfalls diesen Eindruck. Kein Sonnenbrand, keine Kniebeschwerden durften ihnen etwas anhaben. Sie bückten sich nach Steinen, knieten im Geröll, schichteten die herausgeklaubten Steine zu Haufen und luden die Ausbeute in Schiebkarren, die so genannten »Radltruhen«. Bei fleißigem Sammeln konnte eine Arbeiterin vier Fuhren am Tag zum Kalkofen karren. Der Lohn für die Mühen war mager, doch war dieser Verdienst für die Frauen aus armen Familien lebensnotwendig.

Während den Stoaklauberinnen der Sinn gewiss nicht danach stand, die Muster, Formen und Farben der Steine zu bewundern, freue ich mich an der Vielfalt der Isarkiesel. Da gibt es Steine in sanften Pastelltönen, andere wieder sind schwarz, rot, grün, braun oder gescheckt. Viele glitzern kristallin und in einigen sind rote Granate eingeschlossen. Wer Glück hat, findet den seltenen Serpentinit, ein dunkelgrünes, fast schwarzes Gestein aus der Frühzeit der Erde, als alle heutigen Kontinente in einer einzigen Landmasse vereinigt waren. Auch die hellgrüne Nephrit-Jade stammt aus dieser Zeit, dem Paläozoikum. Jünger ist der ziegelrote Radiolarit, er wurde im Zeitabschnitt des Jura geboren.

Fast alle Steine haben wohlgeformte Rundungen, sind makellos glatt geschliffen, die schönsten fühlen sich an wie Seide. Ich behalte sie als Schmeichelsteine in der Hand. Mich fasziniert ihre verborgene Schönheit. Jeder Stein hat seine eigene Geschichte. Er trägt sie in sich, und wer die Zeichen zu lesen versteht, der erfährt, wann das Leben des Steines begann, wie er entstand und wo er herkommt, die ganze Geschichte eines äonenlangen Lebens.

Wenn die Steine so alt sind, wie kommen sie dann in die Isar, die ihren Lauf erst nach der Eiszeit begann? Nur die Kalksteine, auf die es die Stoaklauberinnen abgesehen hatten, sind der Isar anzurechnen. Die bringt sie von ihrer Quelle im Karwendel mit. Es ist Gesteinsschutt, den der Frost vom Felsen absprengt und den sie in ihrem Bett rund rollert.

Kristalline Steine sucht man vergeblich in ihrem Quellgebiet, die gibt es nur im Ötztal und Zillertal, den Zentralalpen. Sie sind aus dem glutflüssigen Magma im Erdinneren geboren. Aber wie gerieten diese Gesteine ins Flussbett der Isar, wenn doch das Inntal als tiefe Senke dazwischen liegt? Die Antwort liefert die Eiszeit: Die mächtigen Gletscher füllten das Tal aus und funktionierten wie ein Förderband. Fortwährend warfen sie Geröll über den Alpenkamm, wo es vom Isar-Loisach-Gletscher aufgefangen und weitertransportiert wurde.

Aus dem Eisstromnetz ragten nur die höchsten Gipfel eisfrei heraus. Die im Eis ertrunkenen Alpen mögen ähnlich ausgesehen haben wie die Gebirge Grönlands heute. Der Höhepunkt dieser letzten Eiszeit war vor 20000 Jahren. Es lebten bereits Menschen, die im eisfreien Tundrengebiet jagend und sammelnd herumzogen. Wenn ein Ausflug in die Vergangenheit möglich wäre, würde ich mir diese Zeit aussuchen, auch oder gerade wegen der harten Lebensbedingungen und weil die Menschen die Erde damals noch nicht verändern konnten.

Leonhardi-Ritt und Almfest

Blomberg und Sulzkopf geben einen weiten Talgrund frei, ein waldumsäumtes, wiesengrünes Bauernland, gezeichnet von weich schwingenden Linien.

Obwohl ich ständig nach besonders schönen Steinen im Isarkies suche, komme ich ein gutes Stück voran. Über Lenggries wandere ich hinaus und erreiche am Abend Bad Tölz. Einst kreuzten hier zwei wichtige Handelswege: die Salzstraße von Salzburg nach Augsburg und die Wasserstraße, auf der die Flöße von Mittenwald bis Wien fuhren. Menschen siedelten sich an, Waren wurden getauscht und bald wuchs der Ort zu einem wichtigen Handelsplatz heran. Schon 1331 erhielt Tölz von Kaiser Ludwig dem Bayern Marktrechte mit eigenem Magistrat und Gericht. Handwerk, Handel und Gewerbe blühten auf.

Aber immer wieder wurden die wohlhabenden Tölzer Bürger auch von schlimmen Schicksalsschlägen heimgesucht. In der Nacht zum 5. Mai 1453 brach in der unteren Marktstraße im Anwesen Preßl ein Brand aus, der als rasender Feuersturm die aus Holz gebauten Häuser einschließlich der Pfarrkirche und der Tölzer Burg in weniger als zwei Stunden in Asche legte.

Fast 200 Jahre später, im Jahr 1632, war es der Dreißigjährige Krieg, der schlimme Verwüstungen über Stadt und Land brachte. Die schwedischen Truppen zogen marodierend umher und schleppten zudem noch die Pest ein, an der fast die Hälfte der Bevölkerung starb. Tölz erholte sich nur schwer von diesem Niedergang.

Später, im Spanischen Erbfolgekrieg, war Tölz der Mittelpunkt des Aufstands der Oberländer Bauern, der in der Sendlinger Mordweihnacht im Jahr 1705 sein tragisches Ende fand. Das Verhängnis begann 1680 mit dem Regierungsantritt des Kurfürsten Max Emanuel. Für den jungen Kurfürsten, ehrgeizig und tatendurstig, schien am Beginn alles gut zu laufen, er siegte im Kampf gegen die Türken vor Wien und war der gefeierte Held. Tollkühn war er an der Spitze seiner Soldaten gegen den Feind gestürmt; wegen seines Umhanges wurde er der »blaue Ritter« genannt.

Tausende türkische Kriegsgefangene kamen als Arbeitskräfte nach Bayern und mussten unter anderem die Nymphenburger Kanäle bauen. Wenn sie zum katholischen Glauben konvertierten, konnten sie heiraten und wurden erstaunlich schnell integriert. So werden wohl einige urbayrische Familien einen Türken im Stammbaum haben.

Als sich aber Max Emanuel mit Frankreich gegen Österreich verbündete, wendete sich sein Schicksal und Prinz Eugen von Savoyen, kaiserlicher Feldherr der österreichischen Habsburger, errang einen Sieg nach dem anderen über ihn. Die verlorenen Schlachten kosteten den Kurfürsten Max Emanuel Heer und Land. Über ihn wurde die Reichsacht verhängt und er flüchtete ins Exil nach Frankreich, wo er bequem als Staatspensionär lebte, bis er 1715 nach München zurückkehren konnte.

Für Bayern jedoch begann eine dunkle Zeit. Die Bevölkerung wurde von der rücksichtslosen Besatzung, zu der außer Österreichern auch ungarische Husaren, Kroaten, Pantschuren und andere im Balkan rekrutierte Soldaten gehörten, ausgesogen und verfolgt. Keiner war mehr sicher vor Plünderung, Mord und Brandschatzung. Junge Männer wurden zwangsrekrutiert und mussten unter österreichischer Fahne in der Armee des verhassten Prinzen Eugen kämpfen.

Diese maßlosen Schikanen lösten den Aufstand der Bayern gegen die österreichischen Besatzer aus. Ein Aufruf des Kurfürsten, er sei zurückgekehrt und werde die Aufständischen anführen, ließ auch Tölzer Bürger und Bauern des Isarwinkels zu den Waffen greifen und nach München marschieren. Die Stunde schien günstig an jenem 24. Dezember 1705. Lediglich ein paar österreichische Soldaten seien in der Hauptstadt, hieß es. Aber das Ganze war eine Falle und der Aufruf gefälscht. Max Emanuel weilte noch immer in Frankreich und dachte nicht im Traum daran, sich mit seinen aufständischen Landeskindern zu verbünden.

Die Katastrophe geschah bei Sendling, wenige Kilometer vor München. Die schlecht ausgerüsteten und nicht kriegserfahrenen Bauern und Bürger wurden vom regulären österreichischen Militär umzingelt, warfen sich auf die Knie und legten die Waffen nieder, ohne überhaupt gekämpft zu haben. Aber die Kapitulation rettete nicht ihr Leben. Das Massaker begann. 3000 wehrlose Menschen wurden erbarmungslos getötet, nur wenige entkamen der Vernichtung.

Der einstige Glanz der Marktstadt Tölz war verblasst, der Niedergang schien unaufhaltsam. Fast symbolisch war es, als in der Gewitternacht des 20. Juli 1770 das gotische Schloss der Wittelsbacher Herzöge am Tölzer Rehgraben, von Regenfluten unterspült, jäh in sich zusammenstürzte.

Da kam es einem Wunder gleich, als am Sauerberg heilkräftige Jodquellen entdeckt wurden. Eher aus Zufall fand der Knecht und Drechslergeselle Kaspar Riesch im Jahr 1845 die Quelle und beobachtete, dass krankes Vieh gesundete, nachdem es das Wasser getrunken hatte. Als er selber einmal krank war, riskierte er einen Schluck. Zwar schmeckte es ihm recht scheußlich, aber er wurde gesund, so jedenfalls erzählt man sich.

Elf Jahre später fand sich ein Investor, der Freiburger Verleger Karl Raphael Herder, der sein Geld im Kurbetrieb anlegte, und nach gut 50 Jahren bekam Tölz den Status eines Kurortes und darf offiziell das Prädikat »Bad« vor seinen Ortsnamen setzen.

Die alte Marktstraße, die steil den Berg hinaufführt, beweist den wieder errungenen Wohlstand der Tölzer Bürger. Die Architektur zeigt barocken Charakter, Häuser mit vorgezogenen, gestaffelten Giebeldächern, kunstvollen Erkern, Schmucktürmchen und farbenfroher Lüftlmalerei säumen die Straße. Diese prachtvollen Bürgerhäuser wären unwiederbringlich verloren gewesen, hätte sie nicht der Architekt Gabriel von Seidl um 1900 vor der grassierenden Modernisierungswelle gerettet.

Längst ist die Tölzer Marktstraße Fußgängerzone und ich kann ungestört die einzelnen Häuser in Ruhe bewundern. Jedes ist in seiner Art ein Prachtstück und Ausdruck für Gewerbefleiß und Besitzerstolz. Dann durchstreife ich das Mühlfeldviertel der Stadt. Hier ist es still, dörflich und beschaulich und ich finde die für mich passende Unterkunft im Gasthof Zantl.

Der Wirt, Sebastian Zantl, erzählt mir, das Haus werde seit Jahrhunderten von seiner Familie geführt. Einer seiner Vorfahren stamme aus Zant bei Eichstätt und habe 1773 eine Gastwirtstochter geheiratet. Seitdem trägt der Gasthof den Namen des Zugereisten Zantl aus Zant. Die Spezialität vom Zantl-Wirt ist Vollwertkost, naturnah und auf die Jahreszeiten bezogen. Er empfiehlt mir gefüllten Mangold.

Nach dem Essen besichtige ich die Mühlfeldkirche »Maria Hilf«, eine Rokoko-Kirche, vom Wessobrunner Meister Josef Schmuzer im Jahr 1737 erbaut. Es ist eine Wallfahrtskirche. Das Fresko im Chorgewölbe zeigt die Prozession der Tölzer Einwohner, die sie als Dank für die Befreiung von der Pest im Jahr 1634 begingen. Dieses Deckengemälde schuf Matthäus Günther, von dem auch das Altarbild und die Fresken in der Mittenwalder St.-Peter-und-Paul-Kirche stammen. Die Mittenwalder Kirche wurde übrigens auch von Schmuzer erbaut, nur ein Jahr nach Einweihung der Tölzer Wallfahrtskirche.

»Am 6. November müssen Sie wiederkommen«, verabschiedet mich der Zantl-Wirt, »wenn bei uns Leonhardi-Ritt ist.«

Einige Monate später erinnere ich mich an die Aufforderung des Zantl-Wirts und bin wieder in Bad Tölz. Ich will das weit über den Landkreis hinaus berühmte Spektakel nicht versäumen. Die Einwohner und die zahlreichen Gäste haben Glück, denn das Wetter spielt mit. Obwohl Anfang November, ist es warm und sonnig.

Pünktlich um neun Uhr in der Früh hebt am Wallfahrtstag das Geläut der Tölzer Kirchen an. Dicht gedrängte Reihen von Schaulustigen säumen die Straßen und ich muss mich durchzwängen, um den Umzug zu sehen. Das Stampfen der Hufe, das Wiehern der Rösser, das Knirschen der eisenbereiften Räder auf den Pflastersteinen, Peitschenknall, schmetternde Fanfaren, Blaskapellen, Trommeln und das laute Beten der Mädchen und Frauen vermischen sich zu einem einzigartigen Klanggemälde.

Der Wallfahrtszug beginnt am linken Isarufer im so genannten Badeteil der Stadt, zieht über die Brücke, die Marktstraße hinauf zum Kalvarienberg. Mit Ross und Wagen fahren die Bauern zur Leonhardi-Kapelle, um dort Segen und Fürsprache des heiligen Leonhard zu erbitten.

Nicht allein die Umzugsteilnehmer, auch das Publikum trägt historische Trachten und viele Mädchen haben ihre Haare nach traditioneller Sitte kunstvoll geflochten. Alles ist geschmückt, selbst in die Schweife der Rösser sind Blumen gebunden. Glänzend gestriegelt und in Prunkgeschirre gespannt, sind Pferde die Hauptakteure, denn besonders sie sollen mit Hilfe des Segens vor Krankheiten geschützt werden.

Es ist schon über 300 Jahre her, da wütete hier eine tödliche Viehseuche. Seitdem ziehen die Bauern Jahr für Jahr mit ihren Tieren auf den Kalvarienberg. Früher war das ein Riesenspektakel, bei dem sich die Bauernburschen auf die ungesattelten Rösser schwangen und dreimal um die Kapelle herumritten. Nicht selten kamen dabei Tier und Reiter zu Schaden. Das wilde Geschehen ähnelte eher einem heidnischen Kult als einem christlichen Brauch. Tatsächlich wurde schon in vorchristlicher Zeit auf dem heutigen Kalvarienberg ein heiliger Baum von den Kelten verehrt.

Der Tölzer Pfarrer Josef Pfaffenberger war schockiert und ordnete 1856 eine würdige Wallfahrt an, die bis heute genau nach seinen Anweisungen gesittet verläuft. Sind die Tiere gesegnet, werden sie zur Mühlfeldkirche geführt und erhalten vom dortigen Pfarrer den zweiten Segen. So ist es Brauch. Wenn die Goaßlschnalzer – sie beherrschen die Kunstfertigkeit, mit einer mehr als drei Meter langen Peitsche zu knallen – mitten auf der Marktstraße ihre Peitschen durch die Luft schwingen, kündigen sie den weltlichen Teil der Feier an. Nun wird getrunken, gegessen, getanzt und gelacht.

Der heilige Leonhard, wundertätiger Schutzpatron in Stall und Hof, hatte ursprünglich mit dem Vieh gar nichts im Sinn. Leonhard war bis zu seinem Tod im Jahr 559 Abt in Noblac im heutigen Frankreich, gewesen. Seine Lebensaufgabe war die Befreiung von Gefangenen. Für seine Befreiungsaktionen wurde er sehr verehrt und auf Abbildungen mit gesprengten Ketten dargestellt. Für die bayrischen Bauern schien es sich eindeutig um Viehketten zu handeln und so erklärten sie St. Leonhard zum Viehheiligen. Im bayrischen Götterhimmel nimmt er eine hochrangige Stelle ein und sitzt als Fürbitter neben Maria.

Der Tölzer Magistrat war schon immer weitsichtig und unterstützte zukunftsweisende Entwicklungen. Bereits Ende des vorletzten Jahrhunderts, am 9. Oktober 1895, kaufte der Magistrat von einem Müller für 9000 Mark die uralte Sägemühle an der Isar, riss diese nieder und baute an ihrer Stelle eine Turbinenanlage. Es dauerte nicht lange und Kohlefadenlampen beleuchteten die Tölzer Marktstraße. Nach und nach hielt das elektrische Licht auch Einzug in die Wohnstuben der Bürger.

Schließlich konnte das kleine Kraftwerk bei der ehemaligen Sägemühle den Bedarf nicht mehr erfüllen. Dem Magistrat stellte sich die Frage: Sollte er auf die zentrale Stromversorgung der Bayernwerke setzen oder ein größeres, eigenes Kraftwerk bauen? Bei dem einen war man vom Preisdiktat der Bayernwerke abhängig, das andere bedeutete hohe Investitionen.

Im Jahr 1956 fiel die Entscheidung und schon im November desselben Jahres war Baubeginn. Knapp zwei Jahre später, im Mai 1958, ging das Tölzer Kraftwerk in Betrieb. Damit für die Tölzer Bürger ausreichend Strom aus den Steckdosen kommt, muss sich die Isar wieder anstauen lassen – hier schon zum dritten Mal.

Jetzt stehe ich an der Staumauer, einem Betonungetüm aus den fünfziger Jahren, und blicke über den künstlichen See. Allerlei Wasservögel, vor allem Enten, Schwäne, Blesshühner und Gänsesäger, haben den See entdeckt und tummeln sich im Wasser.

Den Tölzer Stadtwerken bereitet der Stausee aber auch Probleme, denn die Isar verliert im See wieder einmal ihr Geschiebe, wie schon im Krüner-Stausee und im Sylvensteinsee. Neuerdings setzen die Stadtwerker auf Spülungen: Bei Hochwasser wird das Wehr geöffnet und die Fluten reißen abgelagertes Material mit sich fort, zum Vorteil für die Isar, die so einen Teil ihres Gerölls wieder zurückbekommt.

Noch wirksamer werden die Spülungen durch eine Triftrinne im Seegrund. Zum Baggern dieser 900 Meter langen, bis drei Meter tiefen und einen Meter breiten Rinne bauten die Stadtwerker auf die Erfahrungen der Hamburger und ließen von dort ein Saugbaggerschiff kommen. Mit dem ausgebaggerten Kies werden Vogelinseln aufgeschüttet. 1991 probierte man die erste Spülung, begleitet vom

Messprogramm der Technischen Universität München. Die Ergebnisse waren so positiv, dass künftige Hochwasser für derartige Spülungen genutzt werden.

Nachdem die Isar im Kraftwerk durch Turbinen gejagt wird, kann sie beim 199. Flusskilometer, 84 Kilometer von ihrer Quelle entfernt, vorerst ungehindert weiterfließen.

Vor mir liegt jetzt eine Strecke von 25 Kilometern am linken Isarufer entlang bis Wolfratshausen. Diesmal werde ich nicht draußen übernachten, da die Isarauen unter Naturschutz stehen und Zelten nicht erlaubt ist. Außerdem wäre es mir zu gefährlich, denn das Gebiet ist von Parkplätzen aus für jedermann leicht erreichbar.

Ich folge einem gelb markierten Weg, den der Isartalverein angelegt hat. Der schmale Pfad schlängelt sich durch dunklen Hangwald und nähert sich nach wenigen Kilometern wieder der Isar. Sonniges Kiesufer verlockt mich zu einer ersten Rast. Angeschwemmtes Holz, Steine, Stauden und Weiden lassen am lichten Ufer ein malerisches Bild entstehen und die Isar rauscht ihre frischen Lieder dazu.

Auf einer Kiesbank mitten im Fluss entdecke ich einen storchengroßen schwarzen Vogel und glaube im ersten Moment an ein Trugbild. Hastig greife ich nach dem Fernglas. Es stimmt – ein Schwarzstorch an der Isar, mitten in dicht besiedelter Landschaft! Wie kann das sein? Die wenigen Schwarzstörche, die es noch gibt, sind vor dem Lärm unserer Zeit in einsame Wälder geflohen. Von Vogelschützern erfahre ich später, dass diese seltenen Vögel vermutlich sogar an der Isar brüten.

Der Storch stakst langbeinig über die Kiesel, sein Gefieder schillert metallisch schwarzgrün, nur der Unterbauch ist weiß. Mit rotem Schnabel speert er ins Wasser und schnappt sich ein paar Fischlein. Dann breitet er seine Schwingen aus und segelt davon.

Der Pfad ist nicht auf der gesamten Strecke markiert. Manchmal muss ich mich durchs Ufergebüsch kämpfen, dann führt wieder ein gepflegter Kiesweg direkt an der Isar entlang. Am Ufer wuchert Asiatisches Springkraut, eine grüne Mauer von zwei Meter Höhe. Fünf Zentimeter groß sind die Blüten und prächtig anzuschauen mit ihren rotvioletten Kelchen. Pelzige Hummeln zwängen sich brummend hinein. Bei Naturschützern aber ist die prunkvolle Pflanze ganz und gar nicht beliebt, denn sie ist kein Mitglied der heimischen Flora. Dieser Fremdling aus Asien verdrängt mit seinem aggressiven Wachstum einheimische Pflanzen.

Es stimmt – auch unter Pflanzen herrscht ein harter Verdrängungskampf. Für uns Menschen scheint er nur deshalb harmlos, weil er lautlos ist und langsam abläuft, dennoch ist er ebenso gewalttätig wie zwischen tierischen oder menschlichen Gegnern. Pflanzen wenden sogar chemische Substanzen an, um Konkurrenten zu vernichten.

Vor mehr als hundert Jahren wurde die asiatische Pflanze bei uns angesiedelt, aber erst seit die Landschaft mit Stickstoff überdüngt ist, breitet sie sich massenhaft aus. Es gibt Gewässer in Mitteldeutschland, an deren Ufer nur noch Springkraut wächst. Auch an der Isar verdrängt der asiatische Einwanderer langsam das einheimische gelb blühende Große Springkraut.

Tiere und Pflanzen in neuen Gebieten anzusiedeln ist eigentlich verboten. Berüchtigt ist das Beispiel der in Australien eingebürgerten Kaninchen, die zur Plage wurden. Oft haben die ausgesetzten Arten keine oder weniger Feinde als in ihren Herkunftsländern, vermehren sich ungehindert und werden schließlich zur großen Gefahr für die einheimische Artenvielfalt.

Es ist verantwortungslos, Lebewesen unbedacht in einem neuen Lebensraum auszusetzen, dieser Meinung bin auch ich, aber das Gerede von einheimischen und fremden Arten, von Arterhaltung und Reinheit der Arten widerstrebt mir und ich kann nicht einsehen, warum das einheimische Springkraut geschützt und das asiatische ausgerissen gehört. Doch freue ich mich, als ich neben vielen purpurfarbenen auch ein paar gelbe Blüten sehe. Ich denke, die Vielfalt der Arten an der Isar ist noch lange nicht bedroht.

Der markierte Pfad führt einen bewaldeten Höhenzug hinauf und wieder erlebe ich, wie wohltuend die Veränderung der Perspektive ist. Erst durch das Wechselspiel von Nähe und Ferne ist ein wirkliches Erkennen möglich. Tief unten rauscht die Isar und umspült Kiesflächen. Sie ist dort ganz für sich allein, keine Siedlungen bedrängen sie und keine Straßen. Gegenüber erhebt sich ebenfalls ein bewaldeter Bergkamm. Ein Kirchturm ragt zwischen den Bäumen hervor und ich bekomme Lust, auch das rechte Ufer mit den Siedlungen auf der Hochfläche kennen zu lernen.

Zwei Kilometer südlich vor Wolfratshausen erhält die Isar durch den Loisachkanal einen Teil ihres Wassers zurück, das in den Walchensee entführt worden war. Ich folge ein Stück diesem Kanal und erreiche den Ort Gelting, wo ich ein Schild mit der Aufschrift »Almfest« entdecke.

Na, hier gibt's doch gar keine Almen mehr, wundere ich mich. Ich blicke auf das Datum und stelle erfreut fest – das ist ja heute. Ohne zu zögern folge ich dem Wink des Zufalls, denn ich bin neugierig auf das Almfest ohne Almen.

Die schmalen Gärten vor den Häusern des Ortes sind ordentlich gepflegt, der Rasen ist geschoren und einheitlich grün wie Teppichboden. Blumen sind streng in Rabatten geordnet und an weiß verputzten Häusern hängen Wagenräder und Viehgeschirre. Nur am Ortsrand sehe ich noch einen echten Bauerngarten, schwelgerisch gefüllt mit Blumen und Gemüse – alles bunt durcheinander.

Ich schlendere am Waldrand entlang und gelange auf eine Wiese. Dort stehen Tische und Bänke wie in einem Biergarten, auch eine Tanzfläche ist aufgebaut, aber kein Mensch zu sehen. Schon will ich weitergehen, da höre ich von fern Blasmusik. Ein Umzug nähert sich auf der Dorfstraße, alle Bewohner Geltings scheinen herbeizuströmen. Männer, Frauen und Kinder tragen ihre Trachten und machen fröhlich-feierliche Gesichter. Die Leute verteilen sich an den Tischen, Grillfeuer werden entzündet und Bier fließt in Maßkrüge. Die Musiker nehmen einen kräftigen Schluck, dann wird aufgespielt zum Tanz. Am Anfang trauen sich nur die Kinder auf die Tanzfläche. Bei den Erwachsenen braucht es ein paar Biere, danach drehen auch sie sich zur Musik. Meine Tischnachbarn stammen aus Ungarn und nehmen mich zwanglos in ihre fröhliche Runde auf. Sie gehörten zu den Ersten, die nach dem Krieg eine neue Heimat im Nachbarort Geretsried fanden. Ihre Herkunft spürt man noch heute an ihrer überströmenden Gastfreundschaft. Sie lassen nicht locker, bis sie mich überredet haben, nach dem Fest bei ihnen zu Hause ihren selbst gekelterten Wein zu probieren. Er ist so gut, der Wein, dass es nicht beim Probieren bleibt. Es ist sehr spät geworden und meine Gastgeber laden mich ein, bei ihnen zu übernachten.

Auf dem Waldpfad am Hochufer der Isar war ich heute an Geretsried vorbeigewandert, denn ich konnte mir nicht vorstellen, in dieser neuen Stadt etwas für mich Interessantes zu entdecken. Was mir jedoch meine gastfreundlichen Bekannten über die Geschichte der Stadt erzählen, hat mich dann doch fasziniert:

Im frühen Mittelalter hatten Bauern einige Hektar Wald gerodet. Anfangs lebten nicht mehr als zwanzig Menschen hier, eingeschlossen von Bäumen und abgeschieden von der übrigen Welt. Erst 1938, als Bayern auf Befehl der Reichsregierung ein großes Areal abtreten musste, änderte sich das. Eine Schokoladenfabrik solle gebaut werden, erklärte man der Bevölkerung.

Insgeheim wunderten sich die Einheimischen: Braucht man zur Herstellung von Schokolade getarnte Betonbunker, Kohlekraftwerke, Starkstrom und Barackenlager? Niemand wagte es, seine

Fragen laut zu stellen, denn das KZ Dachau war nicht weit. »Hüte deine Zunge, sonst kommst du nach ›Auchda‹!«, warnte man Unvorsichtige. Die »Schokolade« war Munition für den Krieg, die Arbeiter waren Gefangene aus dem KZ Dachau und verschleppte Ostarbeiter, die in der geheimen Rüstungsfabrik schuften mussten.

Später sprengten die Amerikaner die gesamten Anlagen und transportierten ab, was ihnen brauchbar erschien. Zurück blieb ein Chaos: zerhackter Wald mit geborstenen Betonplatten, demontierte Fabriken und zerstörte Kraftwerke. Das verwüstete Gebiet wies man Flüchtlingen aus dem Osten als Siedlungsgebiet zu. Die Baracken quollen über von Menschen, die ohne Strom und Heizung um ihr Überleben kämpften. Der Anfang war unendlich schwer, lange blieb jegliche Hilfe und Unterstützung von staatlicher Seite aus. Noch 1948 hausten die meisten in Notunterkünften. Doch die Vertriebenen aus dem Osten schafften das fast Unmögliche – sie räumten den Trümmerhaufen weg und bauten sich eine neue Heimat. Und aus den bunt zusammengewürfelten Menschen verschiedener Herkunft entstand in wenigen Jahren eine gut funktionierende Gemeinde. Mit 23000 Einwohnern ist Geretsried die größte Isarstadt südlich von München und ein Zentrum für Gewerbe und Handel, für feinmechanische und elektronische Industrie.

Eingezwängt zwischen Isar und der Bundesstraße ist der Ort sechs Kilometer lang, aber stellenweise nur 500 Meter breit. Am südlichen Stadtrand hören die Wälder plötzlich auf, ohne Übergang beginnt eine völlig andere Welt. Breite Asphaltstraßen führen an mächtigen Industrieanlagen aus Stahl, Beton und Glas vorbei hinein in die Stadt mit Einkaufszentrum, Sportstadion, Hallenbad, Schulen und mehrstöckigen Wohnblöcken. Eine moderne Stadt ist entstanden, aber der schwere Anfang blieb unvergessen. Als Spätaussiedler in die Bundesrepublik kamen, erklärte sich die Gemeinde Geretsried solidarisch und nahm 6000 von ihnen auf.

Isar-Ranger und Isar-Indianer

Vor mir liegt die Isar, eingebettet in der sanften Hügellandschaft des Voralpenlandes. Sie formt in anmutiger Schönheit ihre Wildflusslandschaft, die Ascholdinger und Pupplinger Au. Die Dörfer liegen weit oberhalb auf dem Hochufer: Hechenberg, Bairawies, Tattenkofen, Peretshofen, Ascholding. Ihre Namen klingen nach alter Zeit.

Nach dem Abschied von meinen Geretsrieder Freunden war ich mit dem Bus nach Bad Tölz zurückgefahren und wandere nun wiederum Richtung Wolfratshausen, diesmal auf der anderen Seite, weil ich die Dörfer auf dem rechten Isarhochufer besichtigen will.

Wald, Moore, saftige Weiden und Wiesen, ab und zu ein Einödhof oder ein Dorf – still ist es und einsam. Das Leben fließt hier noch im Rhythmus der Jahreszeiten, im Wechsel von Tag und Nacht, von Arbeit und Schlaf. Verführerisch diese Ruhe – so möchte man leben. Die moderne Zivilisation einfach abstreifen wie eine zu eng gewordene Haut, sich zurücksinken lassen in die heile Welt, in diese Idylle.

Tatsächlich haben großstadtmüde Menschen hier einen Zufluchtsort gefunden oder zumindest einen Zweitwohnsitz bezogen, ohne zu bedenken, dass das bäuerliche Leben immer auch geprägt war von Not und Armut, zäher Arbeit und harten Entbehrungen. Und so brachten anspruchsvolle Stadtmenschen gerade dasjenige mit, was ihnen in der Stadt missfallen hatte: Straßen wurden gebaut und verbreitert, die weltabgeschiedenen Dörfer ans Verkehrsnetz angebunden und elektrifiziert. Wald musste gerodet werden, um Platz zu machen für neue Häuser. Ein ungestümer Grundstückshandel drohte die Ortschaften zu sprengen und ihren dörflichen

Charakter zu zerstören. Inzwischen wurde das unkontrollierte Bauen durch Auflagen beschränkt.

Mir haben es Dorfkirchen angetan. Gern trete ich ein und lasse ihre Atmosphäre auf mich wirken. Aber durch nichts war ich darauf vorbereitet, was mir die Peretshofener Kirche bieten würde.

Ich drücke auf die Klinke und freue mich, dass sich die Tür öffnen lässt. Nach einem ersten Schritt ins Innere ist die Überraschung vollkommen. Die Wände sind über und über mit leuchtenden Bildern bedeckt – gotische Fresken, die fast vollständig erhalten sind. Sie stammen von 1430 und waren jahrelang unterm Putz verborgen. Erst 1963 wurden sie zufällig entdeckt und freigelegt.

Staunend sitze ich in der Kirche und betrachte die Bilder mit ihren strahlenden Farben. Der Freskenzyklus erzählt Episoden aus dem Leben Mariä. Ergreifend ist dargestellt, wie sie als junges Mädchen mit Josef vermählt wird. Zum Zeichen seiner Erwählung trägt Josef den Stab, der, o Wunder, Blätter getrieben hat. In seiner rechten Hand hält er den Ring, den er Maria auf den Finger stecken will.

Lange bleibe ich in der Kirche und erfreue mich an den prachtvollen Wandmalereien.

Kurz vor Ascholding erhebt sich ein Hügel. Auf der gleichmäßig gerundeten Kuppe steht eine Kapelle aus dem Jahr 1530, die dem heiligen Georg geweiht ist. Wald umschließt die Kapelle von drei Seiten. Den Schlüssel muss ich in Ascholding holen, bevor ich die Kapelle von innen sehen kann. Früher stand sie immer und für alle offen – aber das war, als man noch keine Kirchendiebstähle befürchten musste.

Es wird erzählt, dass sich einst ein Schimmel in die Kapelle verirrt habe. Ein Windstoß schlug die Tür zu und da tagelang kein Mensch vorbeikam, musste das Tier sterben. Vielleicht verweist diese Geschichte in eine ferne Vergangenheit, als die Kelten auf dem heiligen Kultplatz Pferde opferten? Auch der Name Georgi-Kapelle ist ein Hinweis, dass hier die alten Götter besonders hartnäckig verehrt wurden. Der heilige Georg, bekannt als Drachentöter, sollte die von der christlichen Religion dämonisierten Götter der früheren Religion bekämpfen und besiegen.

»Geht hintereinander und schaut, wo ihr hintretet. Hier gibt's eine Menge Kreuzottern«, sagt Bernhard März zur Kinderschar.

»Ich geh hinter dir!«, ruft schnell ein Mädchen mit blonden Zöpfen.

»Wozu müssen Kreuzottern eigentlich leben?«, murmelt ein sommersprossiger Junge missmutig.

Bernhard März hat die Frage gehört, schart die Kinder um sich und erzählt, welche Rolle Schlangen in der Natur spielen.

Bernhard März ist Isar-Ranger. »Ranger« werden die Wächter im Dienst der Natur nach amerikanischem Vorbild genannt. An der Isar ist diese Aufgabe besonders schwierig, denn seit langem schon sind Ascholdinger und Pupplinger Au das Erholungsgebiet an der Isar. An sonnigen Tagen strömen Menschen aus Dörfern und Städten, vor allem aus München, zu den Kiesbänken am Fluss.

Naturschutz und Naherholung unter einen Hut zu bringen – diesen gordischen Knoten zu lösen haben Bernhard März und Franz Heilinglechner sich zur Aufgabe gemacht. Überwachung ist dringend nötig, brüten doch gerade auf den Kiesflächen seltene Vogelarten, und in der Au wachsen Orchideen und andere wertvolle Pflanzen.

»Bleibt ihr schön auf dem Weg, sonst macht ihr die Blumen kaputt«, ermahnt Bernhard die Kinder. Im Ferienprogramm war die Führung mit den Isar-Rangern ausgeschrieben und 16 erwartungsvolle Kinder versammeln sich in Ascholding bei der Sägemühle. Sie werden nicht enttäuscht. Es ist abenteuerlich, durchs Dickicht zu streifen, auf Baumstämmen über Bäche zu balancieren, Steine übers Wasser hüpfen zu lassen. Auch nasse Füße und sich an Brennnesseln zu verbrennen gehören für einige zum Natur-live-Erlebnis. Und ganz nebenbei erfahren die Kinder etwas über Pflanzen, Tiere und Naturschutz. Mit glänzenden Augen, als kämen sie von einer gefährlichen Expedition zurück, werden sie von ihren Eltern am Treffpunkt wieder in Empfang genommen.

»Die Aufklärung ist unsere Aufgabe, nicht die Bestrafung«, erklärt mir Isar-Ranger Franz Heilinglechner, als sich alle Kinder verabschiedet haben.

»Wir wollen niemand aus dem Naturschutzgebiet vertreiben, es jedoch in seiner einmaligen Schönheit erhalten«, ergänzt Bernhard März.

Ganz ohne Strafen geht es natürlich doch nicht. Die dürfen die Isar-Ranger aber nicht selbst verhängen; die Bußbescheide werden vom Landratsamt verschickt.

»Mutwillig Schaden richten die wenigsten an, meistens handeln die Menschen unüberlegt. Wenn man ruhig mit ihnen spricht und sie aufklärt, dann lassen sie mit sich reden und befolgen die Anordnungen«, sagt Bernhard.

»Zum Beispiel das Grillen«, wirft Franz ein. »Grillen ist bei uns im Sommer ein Volkssport und wer keinen Garten hat, veranstaltet ein Grillfest an der Isar. Das darf er aber natürlich nicht in einem Naturschutzgebiet.«

»Wie schafft ihr es, das 36 Kilometer lange Gebiet zu überwachen?«, frage ich.

»Wir haben es aufgeteilt und sind jeden Tag unterwegs«, antwortet Franz.

»Reichen da wirklich zwei Leute aus?«

»Das Gelände muss ja nicht total überwacht werden«, beruhigt mich Bernhard. »Wir wissen die Stellen, die besonders gefährdet sind, dort passen wir dann verstärkt auf. Aber das ist nicht unsere einzige Aufgabe, wir haben noch viel mehr zu tun.«

»Was denn?«

»Wege begehbar machen, wuchernde Vegetation ausschneiden, Trampelpfade absperren, Wiesen mähen, damit sie nicht verholzen und Orchideen wachsen können, Vogelinseln bewachen und Brutstellen schützen«, zählt Bernhard auf.

»Unrat wegräumen, wie zum Beispiel kaputte Schlauchboote, Fahrräder, Flaschen, was halt so liegen bleibt oder angeschwemmt wird«, ergänzt Franz.

»Wir kümmern uns eben um alles. Auch wenn wir sehen, dass Totholz im Fluss liegt und für Wassersportler gefährlich werden könnte«, fügt Bernhard hinzu.

Eine Uniform tragen die Naturschutzwächter nicht. Ein kleines Schild auf Hemd und Kappe weist sie als Isar-Ranger aus. Nur bei ganz Starrsinnigen müssen sie ihren Dienstausweis zeigen.

»Leider werden die Kiesflächen in der Pupplinger Au immer weniger. Sie verbuschen mehr und mehr«, beklagt Franz.

»Früher waren es urtümliche Wildflusslandschaften mit einem Wechselspiel aus Abtragung und Anlandung des Geschiebes. Die Schwankungen in der Wasserführung waren enorm. Die Isar war ein Katastrophengebiet, an das sich bestimmte Pflanzen und Tiere angepasst hatten. Fehlen die Katastrophen, verschwinden auch diese speziell angepassten Lebewesen«, erklärt Bernhard.

»Die großen Hochwasser mit ihrer gewaltigen Kiesfracht und den Überschwemmungen bleiben aus, seit es die Stauseen gibt«, führt Franz den Gedanken weiter. »Deshalb nimmt von Jahr zu Jahr der Bewuchs drastisch zu.«

Aber noch ist die Pupplinger Au für jeden Naturfreund ein Erlebnis und ich genieße das Wandern in diesem Gebiet ganz besonders. Die

Wasseradern sind weit verzweigt, teilen sich, treffen wieder aufeinander, bilden Inseln. Heftige Strömung umspielt die Kiesbänke, wirft Wellen auf und dreht Strudel. Angeschwemmtes Holz ist weiß gebleicht, Wurzeln liegen wie Skulpturen im Wasser. Am Ufer wachsen Tamarisken, eigentlich Gewächse der Wüste. Ihre Blätter sind auf Schuppengröße reduziert, damit sie wenig Flüssigkeit verdunsten. Werden sie bei Überschwemmungen mit Kies überschüttet, bohren sich die biegsamen Zweige durchs Geröll dem Licht entgegen. Weiter vom Fluss entfernt stehen Kiefern, Fichten und Grauerlen, vereinzelt auch Sanddorn. Dicht ist der Boden mit Pfeifengras und Schneeheide bedeckt. Bäche durchziehen diese Heidelandschaft und Wacholder spiegelt sich im klaren Wasser. Nebel steigt vom Fluss auf und verschlingt die Ferne. Schwarze Steinblöcke erscheinen im fahlen Morgenlicht wie die Rücken riesiger Urzeittiere. Zwei weiße Tiere, von Nebelschleiern halb verhüllt, wiegen sich wie verzaubert im Wasser. Es sind Schwäne. Glitzernde Wasserperlen rollen über ihr Gefieder. Die Sonne erreicht nun den Fluss – und es sieht aus, als würde er goldenes Gewölk ausatmen.

Ein seltsamer Anblick! Ich biege die Zweige einer Weide beiseite und blicke verwundert hinüber zum anderen Ufer der Isar in der Ascholdinger Au, wohin mich Bernhard März, der Isar-Ranger, geführt hat.

Was ist das nur? Auf der Kiesfläche erheben sich Steinkegel, einer neben dem anderen. 27 Kegel zähle ich. Sie sind hoch, mindestens zwei Meter. Durch Anschwemmung der Isar kann so etwas nicht entstehen, undenkbar. Wer aber macht sich die Mühe, schwere Steine zu sammeln und aufzuschichten?

Ein wenig erinnern mich die Kegel an das Gemälde von den »Kalksteinsammlerinnen«, aber deren Steinhaufen waren klein und unordentlich. Diese Kegel dort drüben am Isarstrand aber sind sorgfältig zusammengefügt. Offensichtlich ist hier jemand nach

Am Ursprung der Isar

Die schroffen Felswände des Karwendelgebirges

Isartal bei Mittenwald

Die Gämse, ein Kletterkünstler

Ein wachsames Murmeltier

Die Autorin bei einer Bootsfahrt im Winter

Ein Falter aus der Familie der Widderchen

»Neues« Wasser für das Isarbett

Der Sylvensteinstausee

Hüttenwirt Toni Gaugg, ein Original

Gemütlicher Biergarten in Vorderriss

Geigenbau-Museum in Mittenwald

Peretshofener Kirche mit gotischen Fassaden

Die Isar, noch ungezähmt

Ein Paradies für Wildwasser-Liebhaber

Floßbau wie in alten Zeiten

Flößergasse im Mühltal

Fischerkähne auf der unteren Isar

Erdkrötenpaar im Altwasser der Pupplinger Au

Blick ins Isartal bei Schäftlarn

Wintermorgen im Hinterautal

Frostiger Morgen bei Lenggries

Schilfwildnis am unteren Flusslauf

Wasserrad der alten Hafnermühle

Isar nahe der Mündung der Donau

Land unter im Mündungsgebiet

Plan vorgegangen. Hat hier ein Künstler ein Kunstwerk der sogenannten »Land-Art« geschaffen, eine Kunstrichtung, die sich in Natur und Geschichte eines Ortes einfühlen will? Die Land-Art-Künstler leihen sich Gegenstände der Natur aus, gestalten sie zu Objekten oder ordnen sie so ungewöhnlich an, dass sie zu einem neuen Element in der Landschaft werden. Meist fotografiert der Künstler seine Land-Art-Werke und überlässt sie dann dem Prozess des natürlichen Zerfalls.

Je länger ich die Steinkegel betrachte, umso stärker spüre ich ihre Wirkung. Es ist nicht wichtig zu wissen, wer diese Kegel aufgetürmt hat, warum und was er sich dabei gedacht hat. Wie jedes Kunstwerk sprechen diese steinernen Zeugnisse für sich selbst. Für mich sind sie ein Zeichen zum Innehalten. Sie regen an nachzudenken, nachzufühlen, was Bewegung und Ruhe ist, Fließen und Verharren, Entstehen und Vergehen.

Die steinernen Kegel wecken bei mir auch Assoziationen an Markierungen im Gebirge. In allen Bergen der Welt ist es üblich, Steinmänner zu bauen, und bei vielen Völkern und Kulturen sind Steinanhäufungen heilige Plätze, wie etwa die Mani-Mauern und Tschorten in Nepal. Steinpyramiden rühren an unsere archaischen Gefühle, wecken mystische Empfindungen.

»Der Karl-Heinz hat sie gebaut«, erzählt mir Bernhard, der mich still beobachtet hat und nun zufrieden lächelt, weil die steinernen Kunstwerke ihre Wirkung auf mich nicht verfehlt haben.

»Möglich, dass Karl-Heinz ein Künstler ist«, fährt er fort, »auf jeden Fall aber ist er ein Lebenskünstler. Monatelang hat er an der Isar als Obdachloser gehaust. Dann fing er an, diese Pyramiden zu bauen.«

»Warum? Was wollte er damit bezwecken?«, frage ich.

»Genau weiß ich das auch nicht. Ich denk mir, er wollte irgendwas tun, sich beschäftigen, etwas schaffen. Ich weiß nicht viel von ihm. Lange habe ich vergeblich nach ihm Ausschau gehalten, habe nur gemerkt, dass da einer sein muss, der an der Isar lebt. Der Karl-Heinz war immer sehr vorsichtig, hat sich versteckt und keine Abfälle hinterlassen. Als er dann mit seiner Steinkunst angefangen hat, bekam er viel Beifall. Den Leuten gefiel, was er baute, und das hat ihm gut getan. Er hat gemerkt, er kann was, und das findet Anerkennung.«

»Was ist aus ihm geworden?«

»Er lebt in einem Wohnheim der Lebenshilfe, hat dort wohl auch eine Aufgabe bekommen und scheint sein Leben jetzt besser im Griff zu haben. Vor allem wegen seiner Arbeit mit den Steinen, denke ich mir. Das hat ihm gewiss viel geholfen.«

Mit einem anderen Original, dem Isar-Sepp, macht Bernhard März mich persönlich bekannt.

»Die Pupplinger Au ist ja das Stammgebiet der Nudisten«, erklärt mir der Ranger. »Das Nacktbaden an der Isar hat eine lange Tradition. Seit Jahrzehnten kommen die Leute Sommer für Sommer in die Pupplinger Au, richtige Isar-Fans sind das und alles große Naturliebhaber. Die wollen, dass die Natur erhalten bleibt.«

»Gab es denn keine Probleme mit ihnen, als die Au Naturschutzgebiet wurde und niemand mehr die Kiesinseln betreten durfte, um die Brutvögel nicht zu stören?«, frage ich skeptisch.

»Im Gegenteil! Die Nudisten waren und sind unsere besten Helfer. Die halten Ordnung, haben ihre Augen überall und passen mit auf. Wenn jemand rüber ist zu einer Vogelinsel, dann sind die Nackerten aufgestanden und haben durch die Finger gepfiffen. Das hat seine Wirkung nie verfehlt.«

»Das stell ich mir lustig vor.«

»Aber es hat geholfen! Zwar lächelt man ein bisschen drüber, aber ohne die Hilfe der Nacktbader hätten wir nicht so viel erreicht.

Das wird sogar von staatlicher Seite ernst genommen. Immerhin hat einer von denen, der Isar-Sepp, die bayrische Umweltschutz-Medaille bekommen.«

»Den würde ich gern kennen lernen.«

»Kein Problem! Den Isar-Sepp finden wir, der ist jeden Tag hier«, antwortet der Ranger.

Bevor wir Sepp treffen, lesen wir seine Nachricht. An einem Buchenstamm hängt ein Plakat: »Ramadama! Der Isar-Sepp bittet alle Freunde der Pupplinger Au, beim heurigen Ramadama wieder mitzuhelfen. Treffpunkt beim Aujäger.« Ramadama ist die bayrische Bezeichnung für Aufräumen, in diesem konkreten Fall, die Isar von Unrat zu säubern.

Nach dem Isar-Sepp brauchen wir nicht lange zu suchen, denn Bernhard kennt seinen Stammplatz am Kiesufer hinter einem angeschwemmten Baumstamm. Sepp ist kaffeebraun, seine Haut ist wie gegerbt. Die Sonne hat ihm in all den Jahrzehnten ihre Zeichen unauslöschlich eingebrannt.

Ein Naturbursch sei er schon immer gewesen, sagt Sepp und seine hellblauen Augen ruhen forschend auf mir. Ja, er stamme aus der Gegend und sei schon seit über 70 Jahren ein Liebhaber der Isar. Sie habe ihn frisch und gesund erhalten. Er lacht und streicht sich mit der Hand über den Kopf, auf dem die Haare einen weißen Flaum bilden. Die Pupplinger Au sei die schönste Gegend in ganz Bayern, er könne das beurteilen, sei er doch einigermaßen herumgekommen. Nach der Schlosserlehre war er im Arbeitsdienst, dann bei den Gebirgsjägern und schließlich als Schlosser in Schäftlarn und im Mühltal. Als Rentner habe er endlich wieder Zeit für die Natur. Die Isar sei sein liebstes Kind, deswegen organisiere er regelmäßig diese Säuberungsaktionen. »Kommst du auch zu unserem Ramadama?«, fragt er mich mit einer Betonung, die keinen Widerspruch duldet. »Es gibt auch Weißwürscht nach der Arbeit.«

Die Isar hat seit jeher Menschen angezogen, die sich in der Zivilisation nicht richtig daheim fühlen. Menschen, die mit und in der Natur leben wollen, wenigstens zeitweise, wie der Isar-Indianer Hans Rehm. Im Winterhalbjahr wohnt er bei seinem Bruder in München, jedoch jeden Sommer, sechs bis sieben Monate lang, kampiert er in einem Tipi, seinem selbstgefertigten Indianerzelt, an der Isar.

Hans Rehm lebt nach seiner eigenen Philosophie, die er mir so erklärt: »Der Isar-Indianer fügt sich in die Natur ein, passt sich dem Fluss an. Er verändert nichts und lässt nichts zurück, außer seiner Fußspur.« Diese sanfte Art im Umgang mit der Natur verbindet den bald Sechzigjährigen mit den amerikanischen Ureinwohnern.

»Zum Kampieren such ich mir einen Platz mit Holz und Wasser in der Nähe, aber das reicht nicht, auch die Atmosphäre muss stimmen. Ich spür das ganz einfach.«

So ein Fleckchen zu finden fällt ihm allerdings immer schwerer. Entweder der Fluss ist verbaut oder wo er noch seine ursprüngliche Schönheit bewahrt hat, steht er unter Naturschutz. Zelten ist dann sowieso nicht erlaubt, auch nicht in einem Tipi. Hans Rehm fühlt sich wie ein Indianer – vom eigenen Land vertrieben.

»Die Natur braucht Schutz, das ist schon klar! Da bin ich der Erste, der dafür ist, wo doch die ganzen Ausflügler aus der Stadt an die Isar kommen und die Umwelt wie einen Müllhaufen zurücklassen. Aber das Verbot sollte nicht pauschal gelten.«

Da die Behörden aber auch bei einem Isar-Indianer keine Ausnahmen machen, stellt er sein Tipi auf Privatgrund.

»Dort ist leider nicht die richtige Stimmung wie in der Wildnis, aber ich bin trotzdem froh, dass ich einen Platz gefunden hab, wo mich niemand wegjagen kann.«

Wenn der Isar-Indianer nicht mit seinem selbst gebauten Kanu auf dem Fluss paddelt, fertigt er Kleidung aus Hirschleder: Mokassins, Hemden und Hosen. Maßgeschneidert, betont er stolz. Wie man Leder zuschneidet und näht, hat er sich selbst beigebracht, in Büchern nachgelesen und einfach ausprobiert. Ein gewisses Talent für Entwürfe und Konstruktionen bringt Hans Rehm aus seinem ursprünglichen Beruf mit. Er hat Architektur studiert und in einem Architektenbüro gearbeitet. Für ihn ist der Weg vom Architekten zum Isar-Indianer kein Bruch.

»Ich hab mich schon immer für die Indianer und ihre Lebensweise interessiert. Und wie ich meinen Job verloren hab, hat sich meine neue Art zu leben ganz selbstverständlich in dieser Richtung entwickelt.«

Einen anderen Hans lerne ich später auf den Kiesflächen mitten in München bei der Ludwigsbrücke kennen. Er liegt ausgestreckt auf den Kieseln, neben sich sein Weibi, ein Rottweiler-Schäferhund. Hans mag knapp über dreißig Jahre alt sein. Die Haare sind kurz geschoren und am Kinn kräuselt sich ein rotblonder Bart. Hans hat ein jungenhaft frisches Gesicht und blaue Augen, mit denen er mich offen, ja zutraulich kindlich anblickt. Er trägt eine derbe Drillichhose, die er über den runden, rosa Waden aufgekrempelt hat. Hans wirkt unkompliziert und gutmütig, wie ein gesunder Bauernbursch, aber am bloßen Oberkörper sehe ich eine lange Narbe und bei seinem Bündel liegt eine Schnapsflasche. Hans ist ein Vagabund, ein Obdachloser, ein Herumtreiber ohne Wohnsitz. Irgendwann in seinem Leben musste etwas geschehen sein, das ihn herausgeschleudert hat aus einer normalen Lebensbahn.

Hans macht das Erzählen Spaß. Er plaudert, malt Geschichten, dichtet Storys. Ich unterbreche kaum seinen Erzählfluss, höre gebannt zu, wie er seinen bunten Lebensfaden spinnt. Nur, wie es zum Bruch kam, erfahre ich nicht. Hans meint, er sei immer ein Außenseiter gewesen, einer, der sich schon als Junge in der Natur herumgetrieben habe. Deswegen fühle er sich auch an der Isar so wohl, sie sei zu seinem Zuhause geworden. Einmal habe er ein ganzes Jahr draußen an der Isar verbracht, nicht hier in der Stadt, sondern im Gebirge. Als es kalt wurde, habe er sich einschneien lassen wie ein Murmeltier.

Ortswechsel. Im vorigen Mai bei einem Konzert in Stegen am Ammersee erlebte ich den ultimativen Isar-Indianer. Am Kopf trug er drei Federn der Adlerin, ein Lederhemd und Indianerschmuck und über der schwarzen Legginghose den Lendenschurz. Willy Michl, der bayrische Indianer, ist ein Gesamtkunstwerk, das alle Beschreibungen sprengt.

In München geboren, verließ er die Schule ein Jahr vor dem Abschluss und verbrachte den Sommer auf den Kiesbänken an der Isar. Tag für Tag lag er auf den Kieseln, betrachtete die Weiden und den flimmernden Fluss, hörte den brausenden Gesang des Wassers, war ganz für sich in diesen Tagen, dachte nach über sein Leben und seinen Weg. Es brannte die Sonne auf den Kies und in seine Träume. In diesen Erlebnissen wurzelt sein Lied »Isarflimmern«. Manchmal schlief er nachts am Fluss, hatte die Zeit vergessen. Sie schien stehen geblieben zu sein. Er fühlte sich frei und war doch voller Furcht, was nun werden sollte in der Zukunft seines Seins. Er wurde Blues-Barde, einer der ganz großen Liedermacher. Auf der Straße des Rock' n' Roll erlebte er berauschende Erfolge und bittere Niederlagen. Die Plattenindustrie ächtete den unabhängigen Barden, aber seine Fans feierten ihn. Als Junge mit neun Jahren war Willy Michl zum ersten Mal in den Alpen gewesen. Sein Vater hatte ihn gelehrt, wie man sich in den Bergen bewegt und wie man dort überleben kann. Willy sah die Felsen, vernahm deren Klang und atmete den Geruch des Gesteins tief in sich hinein. Seitdem zog es ihn immer wieder ins Gebirge, dorthin, wo die Welt ihr Geheimnis offenbart, wo die Wirklichkeit mehr ist als das äußerlich Sichtbare.

Schließlich wurde Willy Michl Pächter der Knorrhütte am Brunntalkopf. Aber bald schon missfiel dem Alpenverein sein indianischer Führungsstil, und als Willy dem Alpenverein vorwarf, dieser vermarkte die Natur, und er zuletzt gar die Geschäftemacherei hinter der naturschützerischen Fassade aufdeckte, wurde ihm seine Hütte zur Strafe wieder weggenommen. Aber Willy Michl ließ sich nie unterkriegen und Niederlagen spornten ihn an. Er schrieb in seiner Autobiographie »Traumwanderer«: »Ich habe in meinem Leben gelernt, die Geschehnisse und Abläufe so zu nehmen, wie sie sind, aber niemals, so lange mein Herz schlägt, werde ich aufhören, für das Gute im Menschen zu kämpfen. Ich liebe die Jahreszeiten, den Schnee, den Wind und den Regen. Ich liebe das Licht blauer Sonnentage – und ich fürchte die Nacht nicht mehr. Ich bin ein Krieger meiner Lieder und liebe den Sound meines Daseins und die Musik.«

Willy Michl hatte Schwarzfell, seinen Rottweiler, mit auf die Bühne gebracht. Der Hund lag still, zuckte auch nicht mit den Ohrspitzen, wenn der Sänger kräftig in die Saiten der Gitarre griff und, gemäß seinem indianischen Namen »Sound of Thunder«, seine Stimme dröhnen ließ. Schwarzfell drehte erst dann den Kopf zur Seite, als ihm Rauch von glimmendem Wacholder und Salbei in die Nase stieg. Willys Neffe Sami, der sich »Grünfeder Graufeder« nennt, hatte die Bündel entzündet und schwenkte sie eifrig.

Vom duftenden Qualm motiviert, zog Willy vor dem gemalten Hintergrund des Alpenpanoramas seine Ein-Mann-Show ab. Er spielte, sang, erzählte und las aus seinem Buch vor, und das Publikum im voll besetzten Saal lauschte gebannt. Nach dem offiziellen Ende des Konzerts verabschiedete Willy die Zuhörer – und spielte dann noch stundenlang weiter, einfach so für sich und für diejenigen, die noch geblieben waren. Und alle konnten es spüren: Wakan Tanka, in der Sprache der Lakota-Indianer »das große Geheimnis«, das Willy Michl beschwor, schwebte durch den Raum.

Flöße in alter und neuer Zeit

Frühmorgens verabschiede ich mich in Ascholding von Bernhard, dem Isar-Ranger, und seinen Eltern, die mir ihr Gästezimmer zum Übernachten angeboten hatten. Mein Ziel heute ist Wolfratshausen.

Eingebettet zwischen steilem Berghang und dem Zusammenfluss von Isar und Loisach liegt der Ort, der bereits 1003 in einer Urkunde von Kaiser Heinrich II. als Wolveradeshusum erwähnt wird. Unter dem Schutz der Grafen von Dießen, die 1103 eine Burg auf dem Hang über der Loisach bauten, konnte sich die Siedlung entwickeln. Die Burg ist längst verschwunden, nur ein Gedenkstein erinnert an die stolze Trutzfeste. Wolfratshausen aber wuchs zu einer großen Ortschaft mit heute über 16000 Einwohnern heran. Den Beginn ihres Wohlstandes aber verdankten die Wolfratshausener dem Handel und der Flößerei.

Einst hatte ein Rom-Pilger das Pech, nach Wolfratshausen zu kommen. Wegen seiner Frömmigkeit fiel er den Bürgern auf und er wurde bezichtigt, Böses im Schilde zu führen – vielleicht hatte man es auch auf sein Geld abgesehen. Jedenfalls erlitt Pilger Nantwein das Martyrium auf einem brennenden Holzstoß. Das war im Jahr 1286.

Bald nach seinem Tod ereigneten sich die ersten Wunder. Blinde, die mit seinen verkohlten Knochen in Berührung kamen, wurden sehend und die Wolfratshausener erkannten, dass sie einen Unschuldigen hingerichtet hatten. Schnell bauten sie eine Kapelle und erklärten den Gemarterten zum Heiligen. Aus seiner Hirnschale gestaltete man einen Kelch und reichte ihn, mit Wein gefüllt, den Gläubigen. Heute ist ein Ortsteil nach Nantwein benannt und aus der schlichten Kapelle wurde eine ansehnliche Kirche.

Für die Nacht habe ich mich im Humplbräu am Obermarkt einquartiert, gleich neben der Andreas-Kirche. Eigentlich wollte ich nur eine kurze Rast machen und mich dann weiter umschauen in Wolfratshausen. Aber die flott mit Kniebundhosen und Trachtenbluse bekleidete Kellnerin, deren Haare karottenrot leuchten, gibt mir eine Chronik des Hauses zu lesen und da weiß ich, dass ich hier richtig bin.

Schon im 15. Jahrhundert wurde im Humplbräu Bier gebraut. Doch die Geschichte des Hauses ist wechselvoll. 1619 brannte es ab, zusammen mit der Andreas-Kirche. Wieder aufgebaut, zerstörten es schwedische Truppen im Dreißigjährigen Krieg. Hans Humpl, der damalige Wirt, überlebte und begann mutig von neuem. Seitdem steht das Anwesen und ist eines der ältesten in Wolfratshausen. Im Besitz der Familie Fagner ist das Humpl-Bräu seit über neunzig Jahren und die fünfte Generation wächst bereits heran.

Ich frage Otmar Fagner, den Wirt, ob es noch Flößer in Wolfratshausen gibt.

»Ja, freilich! Gehen Sie zum Seitner Josef, da sind Sie richtig. Unten an der Loisach, schon in der Früh bauen sie ihre Flöße zusammen.«

Jahrhundertelang prägte die Flößerei das Leben der Menschen in den Isargemeinden. Mittenwalder und Lenggrieser Flößer waren berühmt für ihren Mut. Auf ihrer Strecke war die Isar besonders wild; auch von Wolfratshausen bis München erforderte es Kraft und Geschick, die schwer beladenen, 18 Meter langen und fast sieben Meter breiten Flöße auf dem grün schäumenden Fluss durch Stromschnellen und gischtende Strudel, zwischen Kiesbänken hindurch, an Felsblöcken und quer liegenden Bäumen vorbei heil durchzubringen. Oft genug verlangte die unberechenbare Isar Menschenopfer. Votivtafeln in Kirchen und Kapellen berichten von der wundersamen Errettung Überlebender.

Schon zur Zeit der Römer wurden Fähr- und Floßfahrten von den Bewohnern des Isarwinkels unternommen, so dass man auf eine mindestens zweitausendjährige Vergangenheit zurückblicken kann. Aber erst im 15. Jahrhundert kam die Flößerei richtig in Schwung, wurde sie zum Hauptbroterwerb der Bewohner an der Isar. 1496 waren es bereits über 3000 Flöße, die isarabwärts schwammen. Das Holz für den Dachstuhl der Frauenkirche in München kam auf den Isarwellen angeschaukelt. Auf dem Höhepunkt der Isarflößerei zwischen 1860 und 1876 kamen jährlich über 8000 Flöße nach München, im Jahr 1864 gar unglaubliche 11145 Flöße.

Die Isar war die wichtigste Handelsstraße, sicher vor Überfällen und fast auf ihrem gesamten Lauf flößbar. Von Scharnitz ging es bis zur Mündung und dann auf der Donau weiter bis Wien und Budapest. Am Ziel wurden die Holzstämme des Floßes verkauft. Die Flößer mussten den weiten Weg zurück zu Fuß gehen. Nur wenn sie Glück hatten, nahm ein Fuhrwerk sie ein Stück des Weges mit.

Transportiert wurden neben Holz Baumaterialien aller Art: Kalk, Steine, Kies, aber auch Webwaren, Nahrungsmittel, Salz, Wein und Bier, fest in Ballen verschnürt oder in Fässer gefüllt. Alles, was handelbar war, trug die Isar flussabwärts. An jeder Landestelle wurden ein Teil der Fracht gelöscht und neue Waren aufgeladen.

Die Flößer waren eine »bsondre Rass«, heißt es. Schon ihre Kleidung ließ die Männer ungewöhnlich erscheinen: kegelförmiger Hut, Lederstiefel bis zur Hüfte und in der Hand ihr Arbeitsgerät, den Flößerhaken, ein langer Stock mit zwei Spitzen, die eine sichelförmig gebogen, die andere gerade wie ein Dorn.

Flößer waren besonders wagemutige Menschen. Sie kamen aus der dörflichen Enge heraus, sahen und erlebten mehr als ihre Mitbürger. An den Stammtischen erzählten sie sich dann spannende Geschichten voller Gefahren und Abenteuer. Flößer galten als trinkfest und waren derben Späßen zugeneigt. Untereinander hielten sie zusammen, Außenstehenden gegenüber aber waren sie schweigsam, was sie noch geheimnisvoller erscheinen ließ.

Als ich mich im Morgengrauen der Floßlände nähere, höre ich von weitem rhythmische Hammerschläge. So früh schon sind die Flößer dabei, die Baumstämme zu einem Floß zusammenzuzimmern. Drei Männer balancieren auf schwimmenden, glitschigen Stämmen, während ein Helfer weitere Stämme vom Ufer über eine Holzrampe ins Wasser gleiten lässt. Gerade fällt wieder ein 18 Meter langer Stamm herab. Als er aufschlägt, spritzt eine viele Meter hohe Gischtwoge auf. Schnell ist der Stamm mit dem Flößerhaken beidseits gezogen. So wächst das Floß Stamm um Stamm auf eine Breite von vorgeschriebenen 6,80 Meter.

»Wir haben die gleichen Werkzeuge wie früher und wir bauen unsere Flöße original zusammen, da hat sich nichts geändert«, sagt Josef Seitner stolz. Er stammt aus einer alteingesessenen Flößerfamilie, ist mit Isarwasser gewaschen, wie man hier sagt.

»Schon als Bub von zwölf Jahr bin ich immer mit dabei gewesen, hab damals sogar schon das Ruder führen dürfen.«

»Wirklich? War das nicht zu schwer für einen Zwölfjährigen?«

»Überhaupt nicht! Ich war am hinteren Ruder, da musst du nur auspendeln. Vorn ist das Steuer, da steht der Ferg, das war mein Vater. Er ist leider zu früh gestorben, jetzt bin ich der Ferg.«

»Was hat sich geändert zu früher?«

»Viel und wenig zugleich. Das Floß ist gleich geblieben und auch die Arbeit ist dieselbe. Der Ferg, also der Floßführer, muss das Wasser lesen können, wie wir sagen, erspüren, wie der Fluss läuft, wo Kiesbänke oder große Steine unterm Wasser sind. Na ja, die Isar ist heute nicht mehr so wild, wie's mein Großvater noch erlebt hat. Dafür haben wir neue Probleme bekommen. Heute sind uns die Stauseen und Ableitungen der Kraftwerke im Weg und die Schleusen. Damit wir überhaupt durchkommen, gibt es die Schleusenrutschen – sieben sind es bis München. Der größte Unterschied zu früher aber ist die Ladung. Heute transportieren wir nur noch Leute, die zur Gaudi die Isar runterfahren.«

»Was sind das für Leute?«

»Ganz verschiedene. Zum Beispiel Kegelklubs, Vereine, Firmen, Stammtischrunden oder auch Familien, die was Besonderes feiern, eine goldene Hochzeit vielleicht oder einen hohen Geburtstag.«

»Wie ist das mit dem Schleusenrutschen?«

»Eine riesige Gaudi ist das! Die Floßgasse im Mühltal ist mit 360 Meter sogar die längste der Welt. Das Floß braust mit 40 Stundenkilometer runter und die Fahrgäste schreien wie auf dem Jahrmarkt. Wenn das Floß wieder eintaucht in die Isar, brandet das Wasser hoch auf und überschüttet die Leute, die vorn sitzen. Aber genau das gefällt ihnen.«

Die Fahrt von Wolfratshausen bis München ist 25 Kilometer lang. Das Floß gleitet durch ein von Gletschern geprägtes Tal. Vom Fluss aus sieht man die Urlandschaft der Pupplinger Au, das breite Delta beim Zusammenfluss von Isar und Loisach, weiße Abhänge unterhalb von Icking, Nagelfluhfelsen aus der Eiszeit mitten im Flussbett, Burgen und Kirchen auf den Höhen und Mischwälder in vielerlei Grüntönen.

Acht bis zehn Stundenkilometer ist die Fließgeschwindigkeit auf der freien Isar. Im Isarkanal vor dem Kraftwerk Mühltal stockt das Wasser allerdings und wird träge, dafür bringen die Floßrutschen wieder Abenteuer ins Geschehen. Nach ungefähr sechs Stunden mit Brotzeit und Mittagsrast endet die Fahrt in Maria Einsiedel bei Thalkirchen, der letzten übrig gebliebenen Floßlände Münchens. Dort wird das Floß in Windeseile zerlegt, die Stämme werden auf Lastwagen verladen und nach Wolfratshausen zurückgebracht für die nächste Wasserfahrt. Erst am Ende der Saison wandern die Stämme in ein Münchner Sägewerk. Rund tausend Mal pro Sommer fahren die Flöße auf der Isar. Dieses Geschäft teilen sich drei Floßmeister. Neben Josef Seitner sind das sein Cousin Franz Seitner und Sebastian Angermeier.

Flößer hatten es noch nie leicht mit ihrem Beruf. Neu für Josef Seitner sind allerdings Probleme mit einem missgünstigen Nachbarn. Der fühlte sich durch den Floßbau in seiner Ruhe gestört und ging vor Gericht.

»Weil wir ab sieben in der Früh unsere Flöße bauen, hat er einen Prozess gegen uns begonnen. Dabei bauen wir sie schon immer hier an der Lände und als er einzog, wusste er, dass der Floßbau Lärm macht. Dieser Streithansel ist zwar der einzige, der sich aufregt, aber das reicht, um uns das Leben schwer zu machen. Die anderen Anwohner sind alle für uns. Sie haben Unterschriften gesammelt, aber es hat nichts genutzt. Jetzt haben sie jemanden geschickt und den Lärm gemessen und festgestellt, dass der Lärmpegel lauter ist als erlaubt. Der Richter macht sich's einfach und sagt, wir sollten ein Flüsterfloß bauen.«

»Wie soll denn das gehen?«, frage ich erstaunt.

»Wir versuchen's mit Gummikappen überm Hammer.«

»Hoffentlich geht das gut. Seit wann gibt es denn diese Vergnügungsfahrten schon?«

»Früher gab's die Ordinari-Flöße. Die nannte man so wegen ihrer regelmäßigen Abfahrtszeit. Einmal die Woche fuhren die Ordinari von München nach Wien, sechs bis neun Tage hat die Fahrt gedauert. Wie's dann Eisenbahn und Auto gab, da konnten wir nicht mehr mithalten und die meisten Flößer gaben ihr Handwerk auf. Nicht so mein Großvater, Sebastian Seitner! Der hat damals gekämpft und den Flößerunterstützungsverein gegründet und heftig gegen die Ableitungen gestritten, die das Wasser zu den Kraftwerken führen und die Isar fast leer zurückgelassen haben. Mein Großvater hat seine ganze Kraft eingesetzt dafür, dass die Flößerei nicht untergeht, er wollte das alte Gewerbe für die nächste Generation erhalten.«

»Was ihm auch gelungen ist, wie man an Ihrem Beispiel sieht!«

Der Flößer nickt stolz und fährt fort: »Die Kraftwerksbetreiber hatten ihm ein gutes Angebot gemacht, wollten ihm eine pfundige Abfindung zahlen, wenn er die Flößerei sein lässt, aber mein Großvater hat abgelehnt. Das war fast eine heroische Tat von ihm, denn all die anderen haben damals aufgegeben.«

Ich versuche mich hineinzudenken in die Menschen, die sich mit Leib und Seele dem Flößerleben verschrieben hatten. Seit Generationen galten sie als Beherrscher der wilden Isar. Ihr Lebenskapital war ihr kühner Mut, ihre ungeheure Kraft und ihre Zähigkeit. Was für eine Tragödie, als die stolzen Männer auf einmal nicht mehr gebraucht wurden, als sie für immer ihre geliebte Ruderstange und den Flößerhaken aus der Hand legen mussten. Sie, die Mutigsten, waren mutlos geworden, hatten den Kampf gegen die Technik verloren. Nach und nach hatte die Eisenbahn der Flößerei die Aufträge für den Warentransport entzogen – die schmerzhafte Entwurzelung ganzer Familien war die Folge.

»1904 gab's den letzten großen Auftrag für meinen Großvater«, setzt Josef Seitner seine Erzählung fort. »Eine gigantische Kupferhaube von sechs Meter Durchmesser für eine Bierbrauerei hat er nach Wien bringen müssen. Diese Haube war so groß, dass sie nur mit einem Floß transportiert werden konnte. Ja, das war noch mal was für Großvater, ganz nach seinem Geschmack.«

»Und wie ging's dann weiter?«

»Später war es ausgerechnet die Eisenbahn, die uns die Wende zum Guten gebracht hat, weil ein neues Sonntagsvergnügen in Mode kam. Ausflügler fuhren mit der Isartalbahn von München nach Wolfratshausen und ließen sich auf dem Floß in die Stadt zurückbringen. Hier schauen Sie her, da hab ich ein altes Foto.«

Das vergilbte Bild zeigt fein angezogene Herrschaften, die Männer in dunklen Anzügen, die Damen in bodenlangen Gewändern und breiten Hüten und mit Sonnenschirmen in den Händen. Auf den rohen Holzstämmen sehen die so überaus vornehm gekleideten Leute etwas deplatziert aus.

Das Foto hängt in einer Ecke, die Josef Seitner zur Andacht dient. Wie er mir sagt, bete er hier vor jeder Floßfahrt. »Ohne den Glauben an Gott und die Pflege unseres Brauchtums könnte ich nicht leben«, sagt er mit tiefer Überzeugung.

In seiner Andachtsecke sind die Fotos seiner Eltern und Großeltern vereint mit Bildern der Flößerheiligen Sankt Nikolaus und Sankt Nepomuk, der Madonna und Jesus Christus. »Das hier ist der Rosenkranz vom Großvater, den halt ich in Ehren«, sagt Josef Seitner und zeigt auf die fast schwarzen Perlen des Rosenkranzes. In der Stimme des Flößers höre ich großen Respekt und Liebe mitschwingen. »Und diese geweihte Kerze, die zünde ich jedes Weihnachten an. Ich lasse sie nur wenige Minuten brennen, damit sie mein Leben lang hält. Da steh ich dann allein hier und denke ganz fest an ihn.«

Gern hätte ich von Josef Seitner noch Geschichten von früher gehört, die ihm sein Großvater erzählt hat, als das Flößen auf der Isar noch lebensgefährlich war. Er aber sagt mir, es sei nicht Art der Flößer, große Worte zu machen und mit ihren Abenteuern zu prahlen.

Ich fand die Geschichten dann später in einem Buch, das so lebensnah geschrieben ist, dass ich beim Lesen glaubte, leibhaftig dabei zu sein, und so spannend, dass ich es bis zur letzten Seite nicht aus der Hand legen konnte. Dieser historische Roman schildert das Flößerleben, seine Gefahren und seine Freuden vor der Kulisse des mittelalterlichen Münchens: »Grünweiß zwängte sich die Isar durch die Engstellen, zerrte gierig am Floß, strudelte und wirbelte, machte gefährliche Tänz, während das Wasser nach rechts trieb, direkt auf den Felsen zu, versuchten die Männer mit aller Kraft dagegen zu halten. Breitbeinig gegen die Floßbäume gestemmt, zogen sie an den zerrenden Rudern, Muskeln und Sehnen zum Zerreißen gespannt. Augenblicke später schoss das knirschende Floß nur eine Handbreit entfernt am kantigen Felsen vorbei...«

Wer neugierig geworden ist, dem empfehle ich das Buch von Richard Rötzer, »Der Wachsmann«, eine dramatische Geschichte zur Zeit Ludwigs des Bayern im Jahr 1319.

Rettet die Isar!

Feuchter Dunst liegt über dem Ufergestrüpp. Schäumend und spritzend, gurgelnd und glucksend wälzt sich die Isar nach Norden. Kurz hinter Wolfratshausen erhält der Fluss endlich wieder zurück, was ihm bei Krün entzogen wurde: sein Wasser. Nachdem es sich mit dem Wasser des Walchensees gemischt hatte und über mächtige Rohre 200 Meter tief zum Kraftwerk am Kochelsee hinabgestürzt war, floss das Isarwasser in der ruhigen Loisach. Jetzt, bei der Einmündung in die Isar, formt sich ein weites Delta aus gewundenen Wasserarmen und zerfurchten Kieszungen.

Doch lange kann sich die Isar nicht am ungestörten Lauf erfreuen. Mit ihrer neuen Fülle weckt sie die Begehrlichkeit der Energiewirtschaft. Schon wird sie am Ickinger Wehr zweigeteilt – rechts der betonierte Isarkanal, links der Fluss, der wieder fast sein gesamtes Wasser verloren hat. Und weil dem Fluss auch noch sein Geröll fehlt, greift er seine eigene Sohle an und gräbt sich im weichen Molassegestein immer tiefer ein.

Das Isarwasser im Kanal muss seit 1924 die Turbinen der Isar-Amper-Werke im Mühltal antreiben. Dem alten Flussbett verblieben im Sommer spärliche fünf Kubikmeter, im Winter gar nur zwei Kubikmeter Wasser. 70 Jahre lang vegetierte die Isar als Flussleiche dahin. Dann lief im Jahr 1994 die Konzession aus, mit der Chance, die Isar zu retten! Aber dies musste schnell geschehen – schon hatten die Isar-Amper-Werke bei der Bayrischen Staatsregierung eine 30-jährige Verlängerung des Vertrags beantragt.

Ein Bündnis formte sich, nannte sich zuerst »Initiative Mühltal« und später »Isar-Allianz«, eine Vereinigung von 14 politisch völlig unterschiedlichen Verbänden: Naturschützer, Bootsfahrer, Fischer, Vogelfreunde, Wanderer, Bergsteiger, Jäger. Sie alle verbanden sich zu einer Art Notgemeinschaft. Nach zähem Tauziehen zwischen Allianz, Kraftwerkern und Behörden fließen nun wieder mindestens 15 Kubikmeter Wasser in das alte Isarbett.

Der neue Nutzungsvertrag mit den Kraftwerksbetreibern war mit der Auflage verbunden, die Isar auf einer Länge von neun Kilometern von ihrem Betonkorsett zu befreien. Das zerkleinerte Material diente zugleich als Geröllersatz und wurde in der Isar versenkt. Ein Erfolg, den viele schon nicht mehr für möglich gehalten hatten.

Die Isar hat ihre wiedergewonnene Freiheit unverzüglich genutzt und sich schnell verbreitet. Als dann das Pfingsthochwasser von 1999 ihr ungeheure Kräfte verlieh, hat sie mancherorts 50 Meter Ufer abgetragen und neue Kiesbänke gebildet. Ein beachtlicher Anfang! Die maßlose Nutzung der Isar als Energielieferant scheint einem neuen Umweltdenken zu weichen. Menschen sind in Bewegung gekommen, haben ihre Trägheit überwunden, damit die Isar wieder ein bisschen zu dem wird, was sie einst war, ein wilder Gebirgsfluss.

Auf meiner Wanderung am linken Isarufer nähere ich mich einem imposanten Gebäudekomplex, dem Kloster Schäftlarn. Ein weißes Geviert mit roten Dächern. Im Inneren dieses Quadrats liegt die Klosterkirche gebettet.

Der Adlige und Priester Waltrich gründete hier im Jahr 762 ein Benediktinerkloster. Waltrich entstammte einer vermögenden Familie, die damals viel Land besaß. Warum Waltrich die Abtei nicht auf sicherer Anhöhe, sondern in der Niederung am reißenden Wildfluss bauen ließ, wird wohl für immer sein Geheimnis bleiben. Der Freisinger Bischof weihte den Kirchenbau und der bayerische Herzog Tassilo aus dem Geschlecht der Agilolfinger unterstützte das

Kloster mit einer Stiftung. Schäftlarn war eines der frühen Klöster, die großen Einfluss in dieser Gegend gewannen und die Bewohner in ihrer Frömmigkeit bestärkten. Seitdem floss viel Wasser die Isar hinunter und viele Epochen gingen über das Kloster hinweg, aber es blieb immer eine Stätte der Kultur, der Seelsorge und Bildung mit einem Gymnasium und dem Internat.

Die Kirche, an drei Seiten vom quadratischen Bau der Konventanlage umgeben, wirkt von außen einfach und lässt nur wenig von ihrer inneren Schönheit ahnen. Der Zugang liegt an der Westfront, der einzigen Seite, die sich zur Straße hin öffnet. Als ich eintrete, begegne ich einer unerwarteten Lichtflut. Lange bleibe ich am Eingang stehen und lasse den transparenten Raum auf mich wirken.

Anders als bei Barockkirchen oft üblich, ist die Schäftlarner Klosterkirche nicht überladen, sondern beeindruckt durch sparsam mit Gold durchwirktem Weiß. Wie zarte Gewächse winden sich Stuckgirlanden über die Wände und die Decke.

Die Fresken und Stukkaturen schuf der Wessobrunner Johann B. Zimmermann. Hochaltar, Seitenaltäre, Kanzel, Chor und Orgelgehäuse stammen aus der Werkstatt von Johann Baptist Straub. Beide Künstler waren damals bereits ältere Herren zwischen 60 und 70 Jahren – vielleicht war es die Lebenserfahrung, die ihren Werken zu dieser Klarheit und unaufdringlichen Schönheit verhalf.

Es kostet mich einige Anstrengung, das steile Hochufer hinaufzusteigen. Aber die Friedhofskirche St. Michael in Zell möchte ich nicht unbeachtet lassen. Sie ist nämlich die älteste Kirche in dieser Gegend und wurde 1206 aus Feldsteinen gebaut.

Ich öffne die schwere Holztür mit den Metallbeschlägen und dem ungewöhnlich starken Schloss. Beim Eintritt überraschen mich die himmelblau marmorierten Säulen der Seitenaltäre. Am Hauptaltar ist die Figur des heiligen Michael von gedrehten Säulen eingerahmt, die ebenfalls blau gefärbt sind.

Reste alter Bemalung aus dem 15. Jahrhundert wurden freigelegt. Sie zeigen musizierende Engel und Szenen aus dem Alten Testament. Mich berührt vor allem die Darstellung des Brudermörders Kain. Der unbekannte Künstler hat den Moment gewählt, als Kain dem Teufel verfällt. Wie war es dem Freskenmaler möglich, diesen an sich symbolischen Vorgang ins Bild zu setzen, das Nichtdarstellbare abzubilden? Ganz einfach: Der Satan schwebt mit Fledermausflügeln über Kain und greift ihm in den geöffneten Mund. Mit diesem Griff gewinnt das Böse seine Macht über Kains Seele und beeinflusst fortan sein verbrecherisches Handeln.

Die Flachdecke des Langhauses ziert ein Gemälde aus dem 18. Jahrhundert, das Marias Himmelfahrt und Krönung darstellt. Auch hier überwiegen die Blautöne. Auf der Kanzelseite fällt mir die Figur des heiligen Nepomuk auf, des Schutzpatrons der Flößer.

Dass man auch heute noch Kirchen zu bauen versteht, beweist die Kirche St. Benedikt von Ebenhausen, ebenfalls oben auf dem Hochufer gelegen. Eine Konkurrenz zur barocken Klosterkirche von Schäftlarn unten im Isartal will sie nicht sein, sondern eine eigenständige Stätte zur inneren Sammlung und sakralen Feier. Unaufdringlich fügt sich der Bau in die Landschaft ein und zieht doch die Aufmerksamkeit auf sich mit seinem dunklen, tief herabhängenden Holzdach und dem Dachreiterturm, der wie ein Dorn aus dem Satteldach herauswächst.

Diese Kirche von 1961 ist eine der wenigen neuen Kirchen, die mir gefallen. Weder hat man versucht, Vergangenes künstlich zu beleben, noch will man krampfhaft Modernität vorspiegeln, hat sich stattdessen ganz auf die Wirkung von Form und Farbe verlassen.

Für eine katholische Glaubensstätte ist diese Kirche auffallend maßvoll und bescheiden. Decke und Wände des Kirchenraumes sind mit Holz getäfelt und strahlen in honiggelbem Licht. Realistische Abbildungen fehlen vollständig. Das Altarbild soll die himmlische Stadt Jerusalem darstellen, der Vision des Apostels Johannes nachempfunden. Ich sehe ein Puzzle heller und dunkler Flecken in gelben Schattierungen, von hellem Sand über Goldocker bis Sepia. In diesem Fleckengewirr sind die zwölf Stadttore eingefügt. Sie haben die Form von Messern, die nach außen stechen, und tragen aramäische Schriftzeichen, die die zwölf Geschlechter Israels benennen. Inmitten des gelblichen Mosaiks erkenne ich das Lamm Gottes und den Thron Gottes, beide mittels eingelegter Silberplatten dargestellt. Unterhalb des Silbers ergießt sich ein blutiger Schwall, der Strom des Lebens. Der Münchner Künstler Franz Nagel will mit seinem Werk eine Ahnung vermitteln von den seherischen Worten des Apostels und sich dessen überirdischer Wirklichkeit annähern.

Franz Nagel schuf auch die dreieckigen Glasfenster. Wie zufällig scheinen die farbigen Glasstücke zusammengefügt, erinnern an ein Kaleidoskop. Mein Blick wird von der irregulären Struktur gefangen. Ich versuche das bunte Durcheinander zu entwirren, vermeine Berge, Wälder, Wasserfälle, Eiskaskaden und Kristalle zu sehen, bis alles wieder in bunte Splitter zerfällt.

Aus einem Travertinblock geschnitten, wirkt der Altar archaisch. Glatt ist er, wie eine Opferbank, ringsum mit einem eingeritzten Ornament. Die Bögen und Kreise sollen die Apostel am Tisch des Herrn symbolisieren. Schließlich das Tabernakel. Aus Bronze gegossen, ahmt es baumartige Strukturen nach. Sechs Bergkristalle sitzen gleich Kerzen auf den bronzenen Ästen.

Zuletzt besichtige ich die St.-Georgs-Kirche von Hohenschäftlarn. Malerisch und den Ort bestimmend, liegt sie über dem Dorf auf einer Moränenzunge. Ich lehne mich an die Friedhofsmauer und überblicke weit das Isartal: sanft geschwungene Hügel und Niederungen, Wiesen und Wälder, und im blauen Dunst der Ferne schimmern die hohen Berge, als seien sie aus Glas.

Der Erhalt dieser Landschaft ist dem Architekten Gabriel von Seidl zu verdanken. In eine Zeit des Umbruchs hineingeboren, als der technische Fortschritt das Leben der Menschen gewaltsam zu verändern begann, hing Seidl dem traditionell Gewachsenen an, wollte bewahren, was er als schön empfand.

Damals, am Ende des 19. und Anfang des 20. Jahrhunderts, vollzog sich auch in Bayern der Wandel vom Agrarland zum Industriestaat. Die Betriebe stellten sich von Dampfkraft auf elektrischen Antrieb um. Der Bedarf an Strom stieg sprunghaft an und in den Flüssen sah man die Lieferanten dieser dringend benötigten Energie.

Gabriel von Seidl erlebte mit, wie das Naturjuwel Isar zum industriellen Fließband gerichtet und für die Energiegewinnung verstümmelt wurde. Sonntags spazierte er gern mit seinen Kindern am Ufer der Isar entlang. Auf einmal trennten ihn Bauzäune von den lieb gewonnenen Wanderwegen. Erschrocken musste er erkennen, wie sehr die Natur unter der grassierenden Bauwut litt. Er beschloss zu handeln. In einem flammenden Artikel in den »Münchner Neuesten Nachrichten« vom 16. Februar 1902 rief er zum Kampf für das Isartal auf. Gabriel von Seidl, der immer dem »Schönen und Echten« zugeneigt war, fühlte sich fortan zum Schutzpatron der Isar berufen.

So gesehen, war von Seidl ein Vorkämpfer der Isar-Allianz. Am 2. Mai 1902 gründete er den Isartalverein, die erste Münchner Bürgerinitiative. Aufgabe des Vereins war es, und so steht es noch heute im § 1 der Satzung, »die Schönheit des Isartales zu erhalten«.

Dieses Ziel war nur mit dem Kauf von Grundstücken zu erreichen. Rastlos sammelte von Seidl Spenden bei Freunden, in Kreisen des Adels und des Bürgertums. Der Architekt besaß Organisationstalent, hatte eine angesehene gesellschaftliche Stellung und einflussreiche Beziehungen, sogar gute Kontakte zur Regierung. Deswegen hoffte er zunächst, die Isar als Wildfluss erhalten zu können.

Dass dem nicht so war, musste er bald ernüchtert einsehen. Der Ausbau der Wasserkraft war nicht zu verhindern, zu viel Geld und wirtschaftliche Interessen waren im Spiel; denn Bayern wollte den Anschluss zur Neuzeit nicht verpassen. Wohl aber gelang es Gabriel von Seidl, einen Teil der Uferlandschaft vor dem Verbauen zu schützen, indem er gefährdete Gebiete für den Isartalverein aufkaufte.

Wer war nun eigentlich dieser Gabriel von Seidl, dem schon die Tölzer Marktstraße den Erhalt ihres historischen Erscheinungsbildes verdankt?

Sein Leben und Werk stehen in direkter Verbindung mit dem Bier: Seine Mutter war eine geborene Sedlmayr, Besitzer der Spaten-Brauerei. Seinen Durchbruch als Architekt hatte Seidl seinem Onkel, dem Bierbrauer Gabriel Sedlmayr, zu verdanken. Von ihm erhielt er erste Bauaufträge. Sein Vater war der Hofbäckermeister Anton Seidl, ein angesehener Bürger und Mitglied des Magistrates, ein kunstsinniger und gebildeter Mann.

Als fünftes von insgesamt zehn Kindern wurde Gabriel im Jahr 1848 in München geboren. Im Elternhaus erhielt der Junge vielfältige Anregung. Bücher waren in Hülle und Fülle vorhanden, Künstler kamen oft zu Gast und die Kinder wurden zu Museumsbesuchen und zum Studium motiviert. Später förderte ihn der Malerfürst Franz von Lenbach. Ihm hatte er seine größten Aufträge zu verdanken: das Bayerische Nationalmuseum, das Künstlerhaus am Lenbachplatz und die Lenbachvilla. Wie kaum ein anderer Architekt hat Gabriel von Seidl das Empfinden dafür geprägt, was typisch münchnerisch ist.

Gabriel von Seidl war kein Schönling. Auf dem kleinen Körper saß ein viel zu großer Kopf. Sobald er aber zu reden begann, übersah man seine körperlichen Mängel und ließ sich bezaubern von seinem liebenswerten Wesen. Er verstand es, andere von seinen Ideen zu überzeugen, denen er selbst voller Leidenschaft anhing.

Mit dem Isartalverein verwirklichte er seine idealistischen Ziele und rettete die Isarlandschaft vor Bauspekulanten. Aber nicht die Natur um ihrer selbst willen wollte er bewahren, sondern er wollte sie bei schonender Nutzung allen Menschen zugänglich machen.

Heute sorgt der Verein für 274 Kilometer Wanderwege und 60 Kilometer Radwege vom Sylvenstein bis München, beschildert sie, bringt Wegweiser an, baut Bänke, Geländer und Stege. Rund 90 Hektar Land an der Isar gehören dem Verein.

Auf dem Hochufer, der so genannten Hochleite bei Höllriegelskreuth, betrachte ich das Denkmal, das der Verein seinem Gründer gesetzt hat. Den lebenslangen Kampf Gabriel von Seidls unter dem Motto »Echtes ehren, Schlechtes wehren« soll die Figur des heiligen Georg verkörpern, der gegen die Drachen der Finsternis kämpft und sie besiegt. Am 27. April 1913 starb Gabriel von Seidl mit 64 Jahren. In derselben Nacht zerbarst unter donnerndem Krachen die Seidl-Linde in Wackersberg – so wird jedenfalls in einer Vereinsschrift behauptet.

München und seine Brücken

Von Höllriegelskreuth aus sehe ich am gegenüberliegenden Isarufer die Grünwalder Burg zwischen Buchenkronen aufragen, die einzige gut erhaltene mittelalterliche Burg an der oberen Isar. Herzog Ludwig der Strenge ließ sie 1293 bei »Gruon in walde« bauen. Sie hat also eine 700-jährige Geschichte, aber es ist die jüngere Zeit, die mich diesmal interessiert.

1965 kaufte die Immobilienfirma Münchner Grund GmbH das historische Gemäuer und wollte auf dem Gelände Luxuswohnungen bauen. Der Gemeinderat Grünwalds, das Landratsamt München und sogar das Landesamt für Denkmalpflege hatten der Zerstörung der Burg bereits zugestimmt, als sich in der Grünwalder Bevölkerung heftige Kritik erhob. Wie ein Hochwasser schwoll der Widerstand an und unter dem Einspruch der Bevölkerung scheiterten die Neubaupläne. Der Freistaat Bayern erwarb die Burg, eröffnete hier ein Zweigmuseum der Prähistorischen Staatssammlung und im Westflügel ein Römermuseum mit Fundstücken aus der Grünwalder Römerschanze. Einmal im Jahr findet das Grünwalder Burgfest statt, dann ist auch der Innenhof der Öffentlichkeit zugänglich.

Vom Turm der Burg habe ich einen überwältigenden Blick über das Isartal. Ich schaue nach Süden, wo sich die grüne Isar durchs Land windet und sich in der Ferne im silbrigen Dunst verliert. Auf dem nördlichen Hochufer, das steil gegen den Fluss abfällt, deutet sich eine Befestigungsanlage aus der Römerzeit an mit Erdwällen und Gräben. Allerdings verdecken heute Bäume und Gebüsch diese alte Römerschanze fast vollständig.

Im Fluss unten liegt sperrig der Georgenstein. Sieben Meter schaut er aus dem Wasser, ein Nagelfluhfelsen, der vor langer Zeit bei einem Bergsturz ausgebrochen und in den Fluss gestürzt ist. Von den Flößern wurde er respektvoll der »Große Heiner« genannt, nach einem Flößer, der hier verunglückte und seinem in Todesangst um Hilfe angeflehten Namenspatron, dem heiligen Georg, als Dank für die Rettung ein eisernes Standbild spendierte.

Am linken Ufer ragt Burg Schwaneck zwischen den Buchenwäldern hervor, in seiner Gestalt dem mittelalterlichen Burgenbau nachempfunden. Mit Zugbrücke, Ringmauer, Bergfried und Burgkapelle ist Schwaneck eine stimmungsvolle Kulisse für Menschen, die von längst vergangenen Zeiten träumen.

Der Hofbildhauer Ludwig Michael Schwanthaler war so ein Mensch. Er schuf die kolossale Bavaria auf der Münchner Theresienhöhe und die Siegesgöttinnen der Befreiungshalle bei Kelheim. Als ihm der bayerische König Ludwig I. für seine Verdienste das Grundstück am Isarhochufer zwischen Pullach und Großhesselohe schenkte, konnte er seinen Traum vom romantisch verklärten Mittelalter verwirklichen.

Gezähmt zieht die Isar in die bayrische Hauptstadt ein. Nach der Großhesseloher Brücke weitet sich das Tal und ruhig fließt sie durch die große Stadt. Häuser drängen sich dicht an den in Beton gefesselten Fluss. Und dennoch – die Isar bewahrt sich auch inmitten der Großstadt einen Hauch ihres Wildwassercharakters. Trotz Stauwehren und Speicherung ist der Wasserstand unregelmäßig, man merkt ihr eben doch noch die Herkunft aus dem Gebirge an. Auf ihrem Wasser schwimmen Enten, Blesshühner und Schwäne. An schönen Tagen liegen die Münchner zu tausenden an ihren Ufern und feiern Grillfeste mit lodernden Lagerfeuern bis tief in die Nacht.

Bereits vor der Gründung Münchens gab es hier, abseits der wichtigen Verkehrswege, eine winzige Siedlung namens Munichen. Der Name deutet aber nicht auf ein Kloster hin, obwohl im Stadtwappen ein Mönch abgebildet ist. Vielmehr lautete ihr vorkeltischer Name Munica und bedeutete »Ort auf der Uferterrasse«.

Münchens eigentliche Geschichte begann an einem Sommertag des Jahres 1157. Herzog Heinrich XII., der Löwe, aus dem Geschlecht der Welfen, ritt mit seinem Gefolge an der Isar entlang. Ein Jahr zuvor hatte Heinrich das Herzogtum Baiern als Lehen von Kaiser Barbarossa erhalten. Tatkräftig und machthungrig, wie Heinrich war, gefiel es ihm gar nicht, sein Herzogtum in einzelne Bistümer und Grafschaften zerstückelt zu sehen. Von Anfang an war der Welfenfürst bestrebt, den Einfluss geistlicher und weltlicher Herrscher zurückzudrängen. Mit Städtegründungen und der Sicherung der Verkehrswege festigte er seine Macht; die Einnahmen aus dem Salzhandel lieferten ihm die finanziellen Mittel. Nur die Brücke bei Föhring, wo die Salzstraße über die Isar setzte, gehörte zum Bistum Freising und somit fielen auch die Einnahmen aus dem Brückenzoll, der Münzprägung und dem Markt der Kirche zu.

Als der 28-jährige Herzog an diesem Sommertag über die Brücke bei Freising reiten wollte, sollte er für seine Rösser Brückenzoll zahlen. Heinrich war außer sich vor Zorn. War er doch der oberste Herrscher – im eigenen Land Zoll zu zahlen, empfand er als Zumutung und Beleidigung. Empört drehte er um und führte den Tross durch eine seichte Stelle bei Munichen durch die Isar. Dieses Ereignis bestärkte Heinrich in seinem Entschluss, dem Bischof die lohnende Einnahmequelle zu entreißen.

Bischof Otto war ein vornehmer, hochgelehrter Greis, der Verfasser der bedeutendsten Chronik seiner Zeit und sehr einflussreich, was Heinrich den Löwen jedoch keineswegs anfocht. Er beschloss, den Bischof vor vollendete Tatsachen zu stellen, und dachte sich einen überraschenden Handstreich aus. Zuerst ließ er bei der heutigen Münchner Ludwigsbrücke zwei Holzstege über die Isar schlagen und befestigte die Siedlung Munichen. Danach führte er seine Ritter nach Föhring, brannte die Freisinger Brücke und die Wachtürme nieder und lenkte fortan den Salzhandel über seine Brücke. Das war die spektakuläre Geburtsstunde Münchens und niemand hätte damals für möglich gehalten, dass aus dem bedeutungslosen Flecken das Zentrum Bayerns werden würde.

Bischof Otto von Freising aber wollte sich nicht so leicht geschlagen geben und beschwerte sich über die Untat bei Kaiser Friedrich I., genannt Barbarossa. Obwohl das Recht eindeutig auf Seiten des Bischofs lag, weil sich Heinrich gewaltsam mit Brand und Zerstörung die Zolleinnahmen angeeignet hatte, entschied Barbarossa zu Gunsten des Herzogs, konnte ihm dieser doch bei seinem eigenen Machtstreben dienlich sein. Aber er wollte sich auch den Bischof nicht zum Feind machen und fällte einen salomonischen Schiedsspruch: Heinrich der Löwe durfte seine Brücke behalten, musste aber den dritten Teil der Einnahmen an den Bischof abführen.

Später – als Heinrich einer der mächtigsten Herzöge im Reich geworden war – verweigerte er seinem Lehnsherrn, Kaiser Barbarossa, die erbetene Waffenhilfe. Vom Lehnsgericht wegen Rechtsbruch verurteilt, floh Heinrich nach England. Der Herzog hatte damit sein Spiel um Macht und Einfluss für immer verloren und nie mehr danach gelang es einem Welfen, Bayern zu regieren.

Mit dem Sturz des »Löwen« kam die Stunde des Pfalzgrafen Otto I. von Wittelsbach, der von Barbarossa mit dem verwaisten Herzogtum belehnt wurde. So begann der Aufstieg der Wittelsbacher zur herrschenden Adelsfamilie Bayerns.

Die neue Stadt an der Isar wuchs. Vom Fluss war sie einen Kilometer entfernt und sicherlich wäre es günstiger gewesen, sie näher an die Brücke zu bauen, aber das vereitelte die Isar, die sich mit ungestümem Lauf nach jedem Hochwasser neu bettete. 600 Jahre lang blieb die von Heinrich dem Löwen errichtete Brücke die einzige in München. Nach jeder Überschwemmung war die Holzkonstruktion beschädigt und musste erneuert werden.

Erst im Jahr 1760 hatte man sich entschlossen, eine steinerne Brücke zu bauen, die allen Hochwassern standhalten sollte. Doch nur 50 Jahre später wurde auch sie ein Opfer der Fluten. Im Herbst 1813 hatte es tagelang sintflutartig geregnet. Dann geschah es: Am 13. September wälzte der Fluss ein gewaltiges Hochwasser in die Stadt und unterspülte die Gaststätte »Kaiserwirtschaft« nahe der Ludwigsbrücke. Die Gastwirtschaft war den Fluten preisgegeben und konnte jeden Moment versinken. Hunderte sensationslüsterner Menschen drängten sich auf der Brücke, um das Schaupiel richtig zu genießen. Da vernahm ein Fuhrknecht ein bedrohliches Knirschen. Mit dem Schrei: »Die Brücke stürzt ein!«, rannte er davon und rettete als Einziger sein Leben. Über hundert Menschen bemerkten die drohende Katastrophe zu spät und wurden unter dem ohrenbetäubenden Krachen der einstürzenden Brücke in die Tiefe gerissen.

1899 gab es ähnlich starke Regenfälle. Und wieder an einem 13. September versammelten sich abermals hunderte Schaulustige, diesmal auf der Bogenhausener Brücke und starrten hinunter, fasziniert von der Urgewalt des Wassers. Ein kaum spürbares Beben und Zittern kündigte die nahe Gefahr an. Diesmal rannten die Menschen rechtzeitig davon. Hinter dem letzten Flüchtenden zerbarst die Brücke.

Alle sieben bis dahin gebauten Brücken wurden beschädigt, zwei davon, die Bogenhausener und die Luitpoldbrücke, sogar völlig. Die Bevölkerung soll über den Verlust des protzigen Eisenbaus nicht sonderlich betrübt gewesen sein und viele sahen in ihrer Zerstörung ein Gottesurteil. Prinzregent Luitpold gab sofort den Auftrag für eine neue Brücke. Diesmal aus Stahlbeton mit Steinverkleidung. In einem einzigen Bogen spannt sich die Luitpold-Brücke noch heute über den Fluss, ein elegantes, im freien Schwung fast schwebend anmutendes Bauwerk.

Die Architekten Friedrich von Thiersch und Theodor Fischer bekamen von der Stadt München den Auftrag, insgesamt sechs neue Brücken zu entwerfen und bauen zu lassen, ebenfalls aus Stahlbeton mit statisch genau berechneten Dreigelenkbögen und einer Verkleidung aus hellem Muschelkalk. Fünf Jahre später war das ehrgeizige Programm schon abgeschlossen und die technisch ähnlichen, in ihrer künstlerischen Gestaltung aber eigenständigen Brücken spannten sich über die Isar. Seitdem sind hundert Jahre vergangen und noch immer schmücken sie den Fluss, der ihnen wegen seines inzwischen regulierten Laufs kaum noch gefährlich werden kann.

Allerdings – eine Gefahr ganz anderer Art drohte die Brücken mit einem Schlag zu zerstören. Als am Ende des Zweiten Weltkrieges die Amerikaner vor den Toren Münchens standen, befahl die Gauleitung die Spengung sämtlicher Brücken. Es war wohl der Aufstand der »Freiheitsaktion Bayern« unter Hauptmann Gerngroß, der sie rettete. Den Nazimachthabern gelang es zwar, den Aufstand niederzuschlagen, aber der offene Widerstand hatte von den Brücken abgelenkt. Panik und Chaos angesichts des Zusammenbruchs des Hitlerregimes vergrößerten sich, schließlich wollte jeder nur noch die eigene Haut retten.

Den völlig veränderten Zeitgeschmack der Nachkriegszeit repräsentiert die John-F.-Kennedy-Brücke. Sie entstand in den Wirtschaftswunderjahren 1960 bis 1962. Obwohl etliche phantasievolle Entwürfe eingereicht wurden, entschied man sich für ein funktionales Ingenieurwerk ohne jeden künstlerischen Anspruch. Aber der wäre vielleicht auch unpassend gewesen, weil über diese Brücke der Verkehr des Mittleren Rings donnert.

Dort wo der Fluss München wieder verlässt, bei Föhring, schlug man im Jahr 1979 eine hölzerne Brücke über die Isar. Für einen Gebirgsfluss ist ein solcher alpenländischer Brückensteg gewiss passend, nur ist die Isar hinter München kein Alpenfluss mehr, sondern fließt ruhig durch die Ebene. Seltsam starr hängt nun die Brücke über dem schnurgeraden Wasserlauf, ungelenk wie ein sperriges Band. Mit 52 Metern muss sie eine viel zu weite Strecke überspannen. Von innen aber wirkt das Fachwerk durch die geometrische Holzkonstruktion reizvoll, versprüht sogar Leichtigkeit, die sie von außen vermissen lässt.

Die Brücke ist nach dem heiligen Emmeram benannt, seine Metallplastik steht am Eingang. Mit großen, etwas erschrockenen Augen schaut er die Vorübergehenden an, vielleicht, weil hier seine letzte Reise begann: Sein Leichnam wurde auf ein Floß gelegt und nach Regensburg gebracht, so geschehen im Jahr 652 und damit der früheste Nachweis für eine Floßfahrt auf der Isar.

Um den Heiligen ist es eine seltsame Geschichte. Er war ein Missionar aus dem Frankenreich und wollte die bayrische Bevölkerung im Glauben stärken. Herzog Theodo I. behielt ihn am Hof in Regensburg, der damaligen Landesmetropole. Bald jedoch wurde Emmeram beschuldigt, sich nicht nur um die Seele, sondern auch um den Leib der Prinzessin Uta gekümmert zu haben. Jedenfalls war die Tochter des Herzogs schwanger.

Emmeram nahm die Schuld auf sich, erkärte aber, es sei eine fremde Sünde, die er in Demut trage. Da seine Aussage schlicht verwirrend war und ihm in Regensburg niemand Glauben schenkte, wollte er seinen Fall dem Papst in Rom vortragen. Doch so weit kam er nicht. Der Bruder des Mädchens war ihm nachgeritten, hatte ihn verhöhnt, gequält und schließlich erschlagen.

Ob Emmeram schuldig oder unschuldig an der Schwangerschaft der Uta war, wurde nie geklärt. Wegen des erlittenen Martyriums aber erklärte man Emmeram zum Heiligen, denn das noch junge Christentum benötigte leuchtende Vorbilder. Emmeram vollbrachte dann auch gleich sein erstes Wunder: Das Floß mit seiner Leiche gelangte wohlbehalten nach Regensburg, obwohl während der Fahrt ein heftiges Gewitter tobte und die Isar gefährlich anschwoll. Sogar die Kerzen sollen ruhig gebrannt haben, als würde sich kein Luftzug regen.

Emmeram wurde in Regensburg bestattet, wo bald ein bedeutendes Kloster seinen Namen trug und von wo aus sich sein Ruhm weit über Bayern hinaus verbreitete.

Schon lange sind keine Brücken mehr eingestürzt. Aber manchmal versucht die Isar die Münchner mit ihrer ungestümen Wildheit doch noch zu erschrecken. Zuletzt erlebte ich es zu Pfingsten 1999. Der große Regen im Mai verwandelte den Fluss in ein braunes Ungetüm. Als in der Nacht vom Freitag auf den Samstag fast alle Münchner schliefen, versammelte sich der Krisenstab im vierten Stock der Hauptfeuerwache.

Die Leitstelle der Feuerwehr ähnelt der Zentrale in einem James-Bond-Film: eine Kanzel mit schalldichter Glasfront, cockpitartige Funkleitstelle, riesige Projektionswände, beleuchteter Stadtplan, auf dem mit rotem Filzstift die Einsatzgebiete markiert sind. Laufend treffen neue Wasserstandsmeldungen ein. Um 0 Uhr 30 steigt die Kurve steil nach oben und minütlich nimmt der Pegelstand zu. Rasend schnell kommt er der kritischen Schwelle von 5 Meter nahe. Der Ernstfall ist fast da – und die Evakuierung der Bevölkerung wird vorbereitet.

Kurz nach 2 Uhr nachts leitet das Team in der Kanzel den Münchner Katastrophenplan ein. Verantwortliche bei Polizei, Feuerwehr, Technischem Hilfswerk, Rettungsdienst, Wasser- und Baureferat werden wachgeklingelt und in Einsatz gebracht. 300 Patienten einer

Klinik an der Isar sollen als Erste gerettet werden und auch die Zootiere vom Tierpark Hellabrunn sind höchst gefährdet. Dann das Aufatmen – der Wasserpegel steigt nicht über 5,10 Meter – der Sylvensteinstausee bewährt sich und hält die Höchstflut zurück.

Die Münchner bekommen von alledem nichts mit. Sorglos sind sie schlafen gegangen und am Samstagmorgen weiden sie sich am Anblick der tobenden Isar. Zu tausenden stürmen sie die Brücken und die Stimmung ähnelt einem Volksfest. »So was hab ich noch nie erlebt!«, ruft jubelnd ein Mädchen. »Jetzt eine Floßfahrt, das wär's«, witzelt ein Spaßvogel. »Wenn da einer reinfällt, kommt er nicht mehr raus« sagt beklommen ein anderer. »Papi, das ist ja Wahnsinn!«, ruft ein Bub, presst sein Gesicht ans Gitter der Mariannenbrücke und wirft ein Stöckchen in die wilden Fluten. Der Papa nickt andächtig.

Wer auf den Brücken keinen Platz mehr findet, pilgert an den Ufern entlang, die freilich schon weit überflutet sind. Die Isar steigt aus ihrem Bett und die Münchner feiern. Niemand will sich das Spektakel entgehen lassen. Mit Kind und Hund, mit Videokamera und Fotoapparat bestaunen sie die in einen reißenden Strom verwandelte Isar. Ein cleverer Geschäftsmann hat seine fahrbare Imbissstube herangeschafft und verkauft Currywurst und Cappuccino. Beim Anblick der fröhlichen Menschen auf den Brücken muss ich an das Unglück vor fast 200 Jahren denken, als die Ludwigsbrücke mitsamt den Schaulustigen zusammenbrach.

Die Münchner lieben ihre Isar. Wenn ich vom Flauchersteg am Tierpark auf die Kieselinseln hinunterschaue, amüsiert mich ein buntes Badeleben und ich fühle mich in ein fernes Urlauberparadies versetzt. Die Menschen sind ungeniert, viele nackt. Sie baden, spielen Ball, grillen oder liegen einfach faul in der Sonne. Das Wasser ist erfrischend kalt, kühlt nicht nur den erhitzten Körper, sondern auch die unzähligen Flaschen Bier, die darauf warten, geleert zu werden.

So sehr lieben die Münchner ihren Fluss, dass manche nicht mal nachts zum Schlafen heimgehen und ihr Zelt auf dem Münchner Campingplatz an der Floßlände bei Maria Einsiedel aufbauen.

Ich habe es bisher immer vermieden, offizielle Campingplätze zu benutzen. Diesmal scheint es mir aber reizvoll, im Stadtbereich unmittelbar an der Isar zu schlafen. Das Gelände ist nur wenig belegt und ich kann mir einen Platz in Ufernähe aussuchen. Es ist schon dämmerig und ich beeile mich, mein Zelt aufzubauen. Im Schein der Taschenlampe vervollständige ich meine Tagesnotizen.

Noch im Halbschlaf vernehme ich ein seltsames Geräusch, stoßweise hervorgepresst schwillt es an – ein heiseres Gebrüll, fordernd und gefährlich. Wie in einem Wachtraum fühle ich mich in die Serengeti versetzt, wo ich vor Jahren einmal nachts erlebt habe, wie Löwen brüllend um mein Zelt schlichen. Diesmal rutscht mir das Herz nicht in die Hose und ich atme ruhig weiter. Die Löwen hier an der Isar sind natürlich im nahen Tierpark Hellabrunn sicher untergebracht.

Löwen an der Isar sind an sich nichts Ungewöhnliches. Schon die bayerischen Herrscher hielten sich diese stolzen Tiere. An der Ecke Altenhofstraße/Burggasse in München ließ Ludwig der Strenge (1229–1294) einen Käfig für seine Lieblingstiere bauen. Die Bezeichnung »Löweneck« erinnerte noch bis ins 19. Jahrhundert an den ehemaligen Löwenzwinger.

Die Adligen erfreuten sich an Menagerien mit exotischen Tieren und konnten auf diese Weise den staunenden Gästen ihre Erhabenheit demonstrieren. Erst Anfang des 19. Jahrhunderts setzten sich andere Ziele als Sensationslust, Amüsement und Machtdarstellung durch. Der Zeitgeist verlangte nach Bildung und Belehrung. Schon der neue Name machte die veränderte Einstellung deutlich – aus

Menagerien wurden Zoologische Gärten, zugänglich für ein breites Publikum.

Der erste Zoo Deutschlands wurde 1844 in Berlin gegründet. Das Beispiel machte schnell Schule und bald hatten die meisten Städte ihren eigenen Zoo. Nur München, die königliche Haupt- und Residenzstadt hinkte hinterher. Wiederholt tauchte das Zoo-Projekt auf, man plante eifrig und suchte nach geeigneten Gebieten. Sobald aber den Stadtvätern bewusst wurde, wie viel die Anlage und vor allem der Unterhalt kosten würde, wanderten die Pläne in die Schubladen.

Endlich nahm sich ein Privatmann, der Kaufmann Benedikt, der Sache an und eröffnete 1863 in der Nähe des Siegestors einen Zoo. Die Münchner waren begeistert und Benedikt hatte nicht über Besuchermangel zu klagen. Dennoch – nach nur drei Jahren war das Projekt bereits gescheitert. Die Eintrittsgelder deckten bei weitem nicht die Ausgaben für Tierfutter und Tierankauf. Als dann noch die Hälfte der Tiere im Winter starb, war das Ende besiegelt.

Das katastrophale Verlustgeschäft des Kaufmanns Benedikt ließ die Stadtväter viele Jahre vor jeder weiteren Initiative zurückschrecken. Einige Bürger empfanden es aber als beschämend, dass ausgerechnet München als einzige unter den großen Städten keinen Zoo hatte. Um Abhilfe zu schaffen, gründeten sie im Jahr 1905 den Verein »Zoologischer Garten«. Mitgliedsbeiträge und Spenden sollten das notwendige Kapital liefern. Das Geldsammeln war mühsam und dauerte über sechs Jahre. Die kostenlose Überlassung eines Geländes an der Isar durch die Stadt München gab den Ausschlag und am 1. August 1911 öffnete der Tierpark Hellabrunn endlich seine Tore. Von Anfang an verfolgte man eine neuartige Konzeption. Statt enger Gitterkäfige gab es viele Freigehege mit Wassergräben. Das Terrain in den Isarauen, die wild bewachsenen Steilhänge mit mächtigen Bäumen und die sprudelnden Bäche und

Quellen, die Weiher, Teiche und Seen waren so recht geschaffen für einen Landschaftspark mit Tieren.

Und dann – nur zwölf Jahre später – das unerwartete Aus! Der Tierpark musste geschlossen, die Tiere verkauft werden. Wieder, wie schon beim ersten Versuch des Kaufmanns Benedikt, ging der Tierpark an Geldmangel zugrunde. Nicht zuletzt führten der Erste Weltkrieg, die Inflation und die Schulden beim Bau neuer Tierhäuser zum Ruin.

Aber die Münchner Bürger gaben nicht auf. Eine Flut von Spenden ging ein, neue Ideen und Konzepte reiften und schon 1928 kam es zur Wiederbelebung von Hellabrunn – sehenswerter als zuvor. Der erste Geo-Zoo der Welt war geboren. Ein Tierpark, in dem verschiedene Tiere einer Region in der nachgebildeten Umgebung ihrer Heimat vorgestellt wurden.

Der zoologische Direktor von Hellabrunn, Heinz Heck, war der Erfinder dieses geographischen Konzeptes, das die Tierhaltung revolutionieren sollte. Er schuf künstlerische Bilder von Tiergemeinschaften in scheinbarer Freiheit.

Aber noch ein drittes Mal verloren die Münchner ihren Tierpark. Schwere Bombenangriffe am Ende des Zweiten Weltkrieges zerstörten die Hälfte der Gebäude. Viele unersetzliche Tiere, vor allem alle Orang-Utans, alle Flusspferde und fünf Elefanten, wurden Opfer von Brand- und Sprengbomben. Für den überlebenden Rest gab es kaum noch Futter.

Trotz dieser Tragödie öffnete der Münchner Tierpark schon wenige Wochen nach Kriegsende als erster in Deutschland wieder seine Tore. Vielleicht hatten die Amerikaner keine Einwände gegen die schnelle Wiedereröffnung, weil die Elefantin Lelabati ihnen den Weg freigeräumt hatte? Die Thalkirchner Brücke am Tierpark war nämlich mit Straßenbahnwagen blockiert, um den Vormarsch der Amerikaner zu stoppen. Tierparkdirektor Heck hatte wieder einmal eine gute Idee und holte die Elefantin herbei, die einen Waggon nach dem anderen von der Brücke wuchtete. Danach rollten die amerikanischen Panzer in langer Kolonne über die Brücke weiter zur Autobahn Salzburg.

Beschattet von Bäumen folge ich verschlungenen Pfaden von Kontinent zu Kontinent. Von Europa mit Rotwild, Biber, Wildschweinen, Gebirgstieren und Wisenten gelange ich zum asiatischen Teil, von dort zum Polargebiet und weiter in die afrikanischen Savannen mit Elefantenhaus, zur Menschenaffenstation und zum Aquarium, von hier zur amerikanischen Prärie mit Bisons, Lamas und Nandus. Die Wanderung durch wechselvolle Landschaften der Erde mit ihrer Vielfalt an Tierarten macht für mich den besonderen Reiz von Hellabrunn aus. Mit mir sind es weitere 1,3 Millionen Besucher jedes Jahr, die wohl ähnlich empfinden.

Amüsiert habe ich mich über die Geschichte vom Schimpansen Julius: An einem schönen Sommertag überkam ihn der Freiheitsdrang. Er entwischte seinem Pfleger, sprang aufs Dach und von dort zum nächsten Baum. Blitzschnell hangelte er sich die hohen Bäume des Isarhanges entlang und verschwand. Später tauchte er bei der Gaststätte Siebenbrunn wieder auf. Der Biergarten war voller Gäste. Was tun? Wie den Affen wieder einfangen? Da hatte der Tierparkdirektor eine geniale Idee: Er ließ die Elefantin Lelabati holen, dieselbe, die sich fünf Jahre später beim Wegräumen der Straßenbahnwaggons bewähren sollte, und forderte sie auf, laut zu trompeten. Julius, dem wohl die Freiheit inzwischen recht unheimlich geworden war, hörte die vertrauten Töne und schwang sich von Baum zu Baum zurück in seine Behausung.

Der Englische Garten und ein Isar-Modell

Früher war das Bild Münchens durch seine Stadtbäche belebt. Die schnell fließenden Bäche brachten das Handwerk in Schwung. Sie hatten bezeichnende Namen: Malzmühl-, Pfister-, Sägmühl-, Heiliggeist- und Brudermühlbach und noch viele mehr. Gespeist aus der Isar, lieferten sie für all die kleinen Werkstätten die nötige Energie. Überall klapperten geschäftige Mühlen an spritzigen Bächen. Was gab es da nicht alles: Getreide-, Säge-, Papier-, Gips-, Knochen-, Gewürz-, Pulver-, Öl- und Farbmühlen, außerdem Hammerwerke, Mangeln, Walknereien und Gerbereien, Glasbläsereien und Spinnereien, Tuch-, Tabak- und Salpeterfabriken.

Die Bäche und ihre Mühlen gibt es nicht mehr, nur einige Straßennamen erinnern an sie wie Pfisterstraße, Färbergraben, Angerweg. Die fünf äußeren Bäche waren einstige Nebenarme der Isar. Von ihnen sind heute nur noch der Schwabinger Bach und der Eisbach übrig geblieben. Künstlich angelegt waren die inneren Bäche, aber auch vom Isarwasser gespeist. Ursprünglich waren es Wassergräben zur Sicherung der Stadtmauern, deshalb auch ihr ringförmiger Verlauf. Färbergraben und Pfisterkanal begrenzten die von Heinrich dem Löwen gegründete Stadt. Bereits hundert Jahre später platzte München aus seinen Stadtmauern. Ein neuer Mauerring mit neuen Gräben wurde gezogen, aus denen sich später das Bachsystem mit all seinen Verzweigungen entwickelte.

Bäche waren die Lebensadern der Stadt. Aus ihnen schöpften die Bewohner ihr Trinkwasser und gleichzeitig dienten sie als Abfallgräben. Die Aborte baute man sinnigerweise an der zum Bach gerichteten Häuserseite und aus den Fenstern wurden volle Nachttöpfe gleich schwungvoll in den Bach entleert. Eine Verordnung aus dem Mittelalter verdeutlicht eine heute paradox klingende Einstellung zur Hygiene. Es wird darin ausdrücklich verfügt, keinen Unrat vor die Haustüre zu werfen – sondern in die Stadtbäche.

Als die Einwohnerzahl stieg, wurde München immer wieder von Seuchen heimgesucht. Erst der Hygieniker Max von Pettenkofer erkannte Mitte des 19. Jahrhunderts, dass Cholera-Epidemien durch schmutziges Wasser ausgelöst werden können. Zuerst erhielt er kaum Unterstützung bei seinem Bemühen, die katastrophalen hygienischen Zustände in München zu verändern, wurde sogar wegen seiner Theorien verlacht. Schließlich aber konnte er den Bau eines Abwasserkanalsystems durchsetzen, das aber noch nicht an ein Klärwerk angeschlossen war, sondern – ganz selbstverständlich für damalige Zeiten – in die Isar entsorgt wurde.

Es mag reizvoll sein, sich die Situation zurückzuwünschen, als noch viele Wasseradern offen durch die Altstadt plätscherten und in den Mühlen ein geschäftiges Treiben herrschte. Doch das Zeitrad läuft nur in eine Richtung. Die heute zur Millionenstärke angewachsene Stadt erdrückte die sprudelnden Bäche. Die letzten kümmerlichen Wasseradern zwang man unter die Erde und überbaute sie. Aber die Bäche existieren dennoch weiter, wenn auch unsichtbar im Untergrund der Stadt, wo sie die Kanalisation durchfluten.

Mit Arbeitern des Wasseramtes steige ich hinab. Im Schlauchboot schippern wir die Kanäle entlang und im Schein der Stirnlampen enthüllt sich mir ein gespenstisches Bild. Der Film »Der dritte Mann« hätte auch in Münchens Unterwelt gedreht werden können. Im flackernden Licht der Lampen sehe ich schwarze Säulen, schlammverkrustet. Riesige Gewölbe öffnen sich vor uns. Der Boden ist aus Beton und mit Rinnen versehen. In diesen unterirdischen Sammelbecken können 50 000 Kubikmeter Wasser gespeichert werden, wenn die Kapazität der Klärwerke überlastet ist. Wichtig sind diese Rückhaltebecken bei starkem Regen, damit das Schmutzwasser aus den Gullis nicht ungeklärt in die Isar fließt. Es gibt aber 21 so genannte Regenauslässe, die als Notventile dienen und nach besonders heftigen Niederschlägen verunreinigtes Wasser in die Isar ablassen.

Die Isar leiht ihr Wasser auch den Brunnen der Stadt, die mit ihren Wasserspielen die Atmosphäre beleben und das Klima verbessern. Und manchmal muss die Isar auch als Aprilscherz herhalten. Im Jahr 2000 schrieb die »Abendzeitung« am 1. April: »Endlich ist es so weit! Heute startet das erste Isar-Taxi. Die Wirte der Biergärten wollen ihren biermüden Gästen eine sichere Heimfahrt mit dem Schlauchboot auf der Isar anbieten. Bürgermeister Christian Ude lobt den Service als innovativen Beitrag, der die Verkehrssicherheit auf Münchens Straßen günstig beeinflussen wird.« Mehrere Dutzend Bürger fielen auf den Aprilscherz herein und erschienen pünktlich zur Einweihung des Isar-Taxis am Biergarten Menterschwaige. Bei Löwenbräu-Freibier und frischen Gratis-Brezn diskutierten die in den April Geschickten das Thema und kamen zum eindeutigen Schluss: »Wenn es so was schon nicht gibt, dann müsste man es glatt erfinden.«

An der Isar gefällt mir besonders, dass sie kein typischer Stadtfluss ist. Obwohl ihr Wasser vielfältig genutzt wurde und wird, ist sie eigentlich mit der Großstadt keine wirkliche Verbindung eingegangen. Es gibt weder einen Hafen noch Industrieanlagen, auch keine Terrassen und Wirtshäuser am Wasser, ausgenommen die Biergärten. Auf ihrem 18 Kilometer langen Weg durch München wird die Isar von Bäumen und Wiesen gesäumt, ein grünes Band. Ohne auch nur eine Straße kreuzen zu müssen, kann ich entlang des Flusses auf Wanderwegen durch die Stadt gehen.

Die Grünanlagen entlang der Isar münden in den größten und berühmtesten Park der Stadt – den Englischen Garten. Auch ihn verdanken die Münchner der Isar. Er war einst ein sumpfiger Auwald, ein verwachsenes Dickicht, ein Netzwerk von rankenden Waldreben und wildem Hopfen. Es gab dort von Bächen umspülte Inseln und von Schilf umhüllte dunkle Altwasser. Diese Wildnis, so nah an der Münchner Residenz, war beliebtes Jagdrevier der bayerischen Herrscher. Jede Menge Enten gab es, Rehe, Füchse, Dachse und Rotwild mit künstlich hochgehaltenem Bestand.

Kurfürst Karl Theodor wollte 1789 das Jagdgebiet in einen Landschaftsgarten verwandeln. Verantwortlich für dieses Vorhaben war Graf Rumford. Der von sozialen Ideen erfüllte Graf überzeugte den Kurfürsten, den neuen Garten als Volkspark für alle Menschen zu gestalten.

Wer war dieser Graf Rumford? Amerikaner? Untertan des britischen Königreichs? Kurfürstlicher bayerischer Minister? Alles das und noch viel mehr. Als Benjamin Thompson, Sohn eines einfachen Farmers 1753 in Nordamerika geboren, stand ihm eine höhere Laufbahn eigentlich nicht offen. Statt zu studieren, wie er sich gewünscht hatte, absolvierte er eine kaufmännische Lehre. Seine Vorliebe galt aber den Naturwissenschaften und er bildete sich im Selbststudium weiter. Er war 22 Jahre alt, als der Unabhängigkeitskrieg begann und Benjamin Thompson schloss sich der Armee der Engländer an. Seine Vorgesetzten lobten seine strategischen Fähigkeiten und schon ein Jahr später wurde er ins englische Kriegsministerium versetzt. Dort stieg er zum Unterstaatssekretär auf, wurde zum Oberst befördert und zum Sir geadelt. An den bayerischen Hof empfohlen, gewann Sir Thompson das Vertrauen des Kurfürsten. Der machte ihn zuerst zum Kammerherrn, später zum Generalleutnant, dann zum Kriegsminister und schließlich zum Reichsgrafen Rumford.

Das Multitalent wollte nicht nur die Armee reformieren, sondern gleich die ganze Gesellschaft. Die Soldaten mussten in ihrer Freizeit Kartoffeln anpflanzen, die Bettler beschäftigte er in Manufakturen, die Armen ernährte er mit einer von ihm kreierten Suppe und den Bürgern befahl er, Blitzableiter auf den Dächern zu installieren. Kein Wunder, dass der umtriebige Graf Rumford viele Neider hatte. Als der Kurfürst ihn auch noch zum Chef seines Geheimdienstes ernannte, wurde der Widerstand gegen den verhassten Ausländer so stark, dass Karl Theodor den Grafen aus dem Blickfeld seiner Feinde entfernen und ihn als Gesandten nach London schicken musste.

Zuvor noch – glücklicherweise – hatte Rumford den Münchnern den Englischen Garten geschenkt. Sein Ziel war, einen klassischen englischen Landschaftsgarten zu gestalten, wie es ihn bisher in dieser Größe noch nie gegeben hatte. Zusammen mit dem Hofgärtner Friedrich Ludwig Sckell gestaltete er ein landschaftliches Kunstwerk, ein geordnetes Abbild der Natur. Heute, nach über 200 Jahren, existiert dieser Landschaftspark noch immer. Er ist ein lebendes Denkmal, das sich ständig verändert und doch weiterhin nach den alten Plänen gärtnerisch erhalten wird.

Würde ich den Park nicht so gut kennen, könnte ich mich darin verlaufen. 73 Kilometer lang ist das Wegenetz zwischen dem Haus der Kunst im Süden bis zum Aumeister, dem Biergarten im Norden. Hinter hohen Laubbäumen sind die Häuser der Stadt versteckt, und umgeben von Natur vergisst der Spaziergänger, dass er sich in einer Großstadt befindet. Der Schwabinger Bach und der Eisbach winden sich durch weite Wiesenflächen, verschlungene Wege führen über romantische Brücken und sogar an einem Wasserfall vorbei.

Wäre der Englische Garten damals vor 200 Jahren nicht angelegt worden, hätte die nach allen Seiten wuchernde Stadt mit ihrem Häusermeer längst die Auwildnis verschlungen. So verdanken die

Münchner Bürger dem Grafen, dass es heute diese außergewöhnliche Grünfläche inmitten der Stadt gibt.

Ich beobachte eine Graugans-Familie. Die Eltern führen ihre frisch geschlüpften Küken friedlich über die Wiese zum Ufer des Eisbaches. Die Kleinen wuseln aufgeregt umher. Sie sehen aus wie quittegelbe Flaumbällchen. Mutter Gans watschelt bedächtig voran, hinter ihr die Kinderschar, als letzter im Gänsemarsch würdevoll Vater Gans. Er reckt den Kopf, um mögliche Gefahren rechtzeitig zu erkennen, bereit, seine Familie gegen jeden Angreifer zu verteidigen.

Am Bachufer löst sich die Formation auf. Die Gans geht voraus und fordert ihre Kinder auf, mit ihr das erste Schwimmabenteuer zu wagen. Zwei Küken folgen ihr sogleich ins Wasser. Drei andere zögern noch und zupfen lieber saftige Blättchen am Ufer. Der Ganter bewacht sorgsam die Szene.

Da löst sich ein schwarzer Vogel aus dem Baumwipfel, gleitet lautlos herab und streicht wie ein Schatten über die Gänseschar hinweg – eine Rabenkrähe. Ich denke noch, die Gänse werden mit ihren starken Schnäbeln den Angreifer leicht vertreiben, als eine zweite Krähe angeflogen kommt. Die beiden Krähen beginnen jetzt als Team Angriffe vorzutäuschen, verwirren die Gänseeltern, indem sie einmal von vorne, dann von der Seite oder von hinten herangehüpft kommen. Dann geht alles blitzschnell. Beide Vögel greifen gleichzeitig von verschiedenen Seiten an und schon wird ein ahnungsloses Küken am Hals gepackt und fortgetragen. Hoch oben auf einem Ast beginnt die Krähe das Kleine zu zerrupfen. Langsam fliegen flauschige Federchen zur Erde.

Ermutigt durch den Erfolg, will jetzt auch der zweite Rabenvogel eine Beute greifen. Diesmal ist der Ganter gewarnt, streckt seinen Hals weit dem Angreifer entgegen und zischt gefährlich wie eine Schlange, aber es gelingt ihm nicht, die Krähe einzuschüchtern. Sie segelt tief über den Boden, schnappt mit ihrem Schnabel zu und trägt das zweite Küken davon.

Das Wasser kommt von hier! Das ist Süden und dort ist Norden – so fließt die Isar«, zeigt Silke Wieprecht die Richtung an. »Und auf dieser Strecke befreien wir die Isar aus den Betonschalen.«

Barfuß watet sie durchs Flussbett, um es nicht zu beschädigen, denn ihre Isar ist ein Minifluss im Maßstab 1:40. Dr. Silke Wieprecht ist Projektleiterin des Testprogramms an der Bundeswehr-Uni Neubiberg, eine Bauingenieurin, die sich als Fachfrau in Sachen Wasserbau einen Namen gemacht hat. Während wir uns unterhalten, betrachte ich sie. Sie wird etwa 30 Jahre alt sein, ist mittelgroß und wirkt sportlich. Ihre nussbraunen Haare sind lang, am Nacken locker zusammengebunden. Mir gefällt, wie sich ihre burschikose Art mit Nachdenklichkeit verbindet. Einerseits unkompliziert, praktisch und zupackend, jemand, mit dem man Pferde stehlen kann, und zugleich grüblerisch, abwägend und prüfend.

»Wir proben am Modell, wie naturnah die Isar tatsächlich werden kann. Ich kann viel oder wenig Wasser durchs Flussbett strömen lassen und simulieren, wie sich ein Jahrhunderthochwasser auswirken würde. Hier, sehen Sie die Messfühler, es sind Ultraschallsonden. Sie geben genau Auskunft über Strömung und Gerölltransport. So lässt sich präzise vorhersagen, wie die Situation draußen an der Isar später einmal sein wird«, erklärt mir Frau Wieprecht ihre Versuche.

Sie hat ihr 35 Meter langes Modell haargenau der großen Isar nachgebildet, mit Wiesen und Wegen, Bäumen und Brücken, Ufer und Böschungen, selbst das Geröll ist maßstabsgerecht verkleinert.

»Die Isar wird ein fast doppelt so breites Bett bekommen, Kiesbänke und Inseln werden sich mit der Strömung verschieben. Jedes Jahr wird es eine neue Isar geben – ein spannendes Naturschauspiel«, beschwört Silke Wieprecht begeistert die Zukunft.

»Die Isar soll also mitten in der Stadt wieder ein Wildfluss werden?«, frage ich skeptisch.

»Zunächst ist geplant, die Isar zwischen der südlichen Stadtgrenze bei der Großhesseloher Brücke bis zur Corneliusbrücke beim Deutschen Museum zu befreien. Allerdings, der Traum vom alpinen Fließgewässer mit all seiner Dynamik, mit seiner ungeheuren Kraft und Energie lässt sich nicht verwirklichen, wegen der Stauseen und weil die Häuser inzwischen viel zu dicht am Fluss gebaut sind, aber wir können den Fluss naturnah gestalten.«

»Naturnah? Wie kann ich mir das vorstellen?«

»Bei der Verbauung damals vor hundert Jahren hat man übertrieben und den Fluss in ein kanalartiges Gerinne gepresst. Nun werden diese Betonplatten wieder entfernt, der Fluss soll nicht mehr stangerlgerade fließen, sondern sich um Kiesinseln schlängeln. Wichtig ist, dass ein Austausch zwischen dem Fluss und seinem Ufer möglich ist. Tiere können raus- und reinklettern, das Wasser kann Pflanzensamen anschwemmen. Neue Arten werden sich ansiedeln.«

»Die Natur kann sich also wieder entfalten, wie sie will?«, frage ich nach.

»Nicht ganz, das Gebiet soll auch Erholungsraum für die Menschen sein, und ganz wichtig: Die Sicherung vor Hochwasser hat Vorrang. Mit meinem Modell untersuche ich, welche Uferabschnitte gar keine Befestigung brauchen. Da kann sich die Isar bewegen und umlagern wie sie will. Hier aber – sehen Sie – ist gröberer Kies aufgeschüttet. Er stabilisiert das Ufer, es kann nicht so leicht vom Wasser weggeschwemmt werden. Aber trotzdem sieht es nicht aus wie künstlich befestigt. Die Isar soll ein wilder Fluss sein, der nach Gebirge schmeckt, aber gezähmt ist.«

»Früher war man stolz, als die gefährliche Isar endlich bezwungen war. Was halten die Münchner von der Befreiung der Isar?«

»Der Anstoß kam ja von der Bevölkerung, vor allem von der Isar-Allianz. Dem Isarplan, wie er jetzt verwirklicht wird, ist eine lange Zeit vorausgegangen, während der immer wieder Anträge, Beschwerden und Vorschläge eingereicht wurden. Und es gab zahlreiche Bürgerversammlungen, wo heiß diskutiert wurde. Jeder will die Isar seinen eigenen Interessen entsprechend gestaltet wissen, die Angler wieder anders als die Kanufahrer.«

»Aber was nützt die ausgeklügeltste Gestaltung des Flussbettes, wenn kein Wasser darin fließt«, sage ich provozierend. »Die drei städtischen Kraftwerke leiten das Isarwasser doch nach wie vor in ihren Werkkanal.«

»Stimmt! Bisher haben sie der Isar 70 Kubikmeter pro Sekunde entzogen und nur ein dünnes Rinnsal von fünf Kubikmeter im Fluss gelassen. Das hatte natürlich negative Auswirkungen auf die Fließgeschwindigkeit, die Strömung, den Sauerstoffgehalt und den Temperaturhaushalt der Rest-Isar. Deshalb wurde jahrelang heiß um die Wassermenge gestritten. Die Isar-Allianz forderte mindestens 20, das Umweltreferat strebte 17 an und jetzt hat man sich auf 12 Kubikmeter Wasser geeinigt. Das Dilemma dabei ist, dass Wasserkraft als umweltfreundlich gilt und deshalb von der Regierung gefördert wird. Wenn weniger Wasser durch die Turbinen fließt, wird sofort mit der Alternative gedroht: Atom- oder Kohlekraft.«

»Machen die paar Kubikmeter mehr oder weniger für die Energiegewinnung wirklich so viel aus?«, frage ich.

»Meiner Ansicht nach nicht, denn die drei städtischen Kraftwerke decken nur 0,9 Prozent des Münchner Strombedarfs ...«

»Was?«, unterbreche ich impulsiv. »Und wegen dieser paar Kilowatt hat man die Isar verstümmelt?«

»Nun ja, es sind 12000 Haushalte, die damit versorgt werden. Wenn die Wasserkraftwerke in München wegfallen, muss man den Strom anderweitig erzeugen. Das ist alles nicht so einfach.«

Die ersten Bagger sind beim Marienklausensteg bereits angerückt. Sie reißen die Uferbefestigung ein und zerwühlen das Gelände. Auf den ersten Blick kann ich kaum glauben, dass diese Erdumwälzungen gut für die Natur sein sollen, aber die Bagger sind nun einmal nötig, um die monotonen Grasflächen terrassenförmig zum Fluss abzusenken, Dadurch kann sich Wasser und Land miteinander verbinden und es entstehen vielgestaltige Lebensräume für Tiere und Pflanzen.

Das, was die Isar früher ohne menschliche Hilfe ganz von selbst war, wird nun für viel Geld naturnah gestaltet. Zur Bundesgartenschau im Jahr 2005 sollen die Arbeiten abgeschlossen sein. Die Kosten von rund 55 Millionen Mark wollen der Freistaat und die Stadt München tragen, zu gleichen Teilen heißt es, aber darüber wird noch verhandelt.

Leider kann diese Summe nicht mit Isargold aufgewogen werden, auch wenn der Fluss das kostbare Metall mit sich trägt. Tatsächlich gab es einst Goldwäscher an der Isar. Sie wuschen den Goldflitter aus dem Geröll und lieferten ihren Ertrag ans Münzamt. Dort wurden Flussdukaten mit der Aufschrift *Ex auro Isarae* geprägt. Ins Fundament der Ludwigsbrücke hat man zwei Dukaten eingemauert. Sie sollen wohl die ungestüme Isar besänftigen und die Brücke vor Einsturz bewahren.

Heute noch gibt es Menschen, die in ihrer Freizeit Gold aus der Isar holen. Man muss aber schon so geduldig und hartnäckig sein wie Josef Baindl. In einem Eimer Sand findet er ein, zwei Goldblättchen, mit bloßem Auge gerade noch erkennbar, und manchmal auch gar nichts. Seinen Schatz bewahrt der graubärtige Goldwäscher in einem Fläschchen auf. Gerade mal ein halbes Gramm Gold hat er in acht Jahren aus dem grünen Wasser gewaschen.

Josef Baindl benutzt Gerätschaften wie die Goldwäscher Nordamerikas. Früher jedoch haben die Isar-Goldwäscher ein Lammfell über einen Holzrahmen gespannt und es schräg zum Wasser mit Sand beschüttet. Das grobe Material rutschte nach unten, der feine Goldflitter blieb im Fell hängen. Eine weit verbreitete Methode, wie auch die Geschichte vom »Goldenen Vlies« der Argonauten beweist.

Wie aber kommt das Gold in die Isar? Sie wäscht es nicht etwa im Gebirge aus dem Kalkgestein, sondern spült es aus dem Untergrund ihres Flussbettes frei. Molasse werden diese Ablagerungen aus dem Erdzeitalter Tertiär genannt, die an der Randsenke der Alpen mächtige Gesteinsschichten bilden, in denen auch ein paar Goldkörner verstreut sind.

Auch die Isarfischer hoffen auf den Isarplan, der die Lebensbedingungen für die Fische wieder verbessern soll.

Fritz Huber, Vizepräsident des Fischereiverbandes Oberbayern, erzählt: »Ich bin am Wasser aufgewachsen; als Kind hab ich Fische sogar mit der Hand gefangen. Welcher Junge macht das nicht?« Und seine Augen leuchten spitzbübisch. Dann setzt er bedächtig hinzu: »Aber das ist lange vorbei. Inzwischen ist die Situation katastrophal. Der Fischbestand muss im Wesentlichen durch Besatz gehalten, zumindest weitgehend gestützt werden. Jungfische gibt es kaum noch und soweit sie vorkommen, werden sie von Fisch fressenden Vögeln eliminiert. Die Laichplätze sind zum Großteil durch Sedimentveränderungen verloren gegangen, also die Ablagerung von Feinsedimenten fehlt, wo früher die Fischbrut heranwachsen konnte. Nur nach starken Hochwassern wird der Isarkies noch umgeschichtet und in natürlicher Form abgelagert.«

»Wie ist das? Wenn es keine Jungfische mehr gibt, werden dann alle Fische, die gefangen werden, vorher eingesetzt?«, frage ich verwundert.

»So ist es! Die jährliche Quote wird von der Fischereibehörde vorgeschrieben. Mehr darf es sein, aber nicht weniger als festgelegt.«

»Wie viele Angler gibt es in München?«

»Es sind so an die 5000 Mitglieder, die in etwa 40 Fischereivereinen organisiert sind. An der Isar im Stadtgebiet dürfen allerdings nur etwa 100 Leute angeln. Man muss warten, bis einer von ihnen aufhört, um einen Fischerei-Erlaubnisschein zu bekommen. Ich zum Beispiel bekam meinen in der Nachfolge vom beliebten Sigi Sommer, der lange in der Süddeutschen Zeitung als Blasius, der Spaziergänger, seine Erlebnisse beschrieben hat. Jetzt kann jeder ihn begrüßen – mitten in der Rosenstraße, lebensecht und aus Kupfer.«

»Welche Fischarten leben in der Isar?«, frage ich.

»Der Huchen zum Beispiel, er ist der größte Raubfisch der Isar und mit dem Lachs verwandt. Er kann 50 Kilo schwer werden.«

»Das ist ja unglaublich! Ein Riesenfisch!«

Fritz Huber schmunzelt. »Na ja, so schwer werden sie schon lange nicht mehr. Wenn wir überhaupt mal einen Huchen angeln, sind wir schon froh! Auch die Nasen sind selten geworden. Sie ernähren sich von Algen und haben silberne Schuppen und rötliche Brust- und Bauchflossen. Früher zogen sie zu tausenden stromaufwärts zu den Laichplätzen. Ein Gewimmel war das und das Wasser blitzte silbern und brodelte von Fischleibern. Von Plattling bis Lenggries war das Spektakel zu beobachten. Das ist vorbei. Die Isar ist durch Querbauwerke zerstückelt, für Fische sind die Staumauern unüberwindbar. Wir hoffen aber, dass der Isarplan Abhilfe schafft und die Isar in ganzer Länge wieder für die Fische wanderbar macht.«

»Welche Arten gibt es denn überhaupt noch?«

»Im Oberlauf, etwa bis Lenggries, leben in erster Linie Forellen, Äschen, Elritzen und Koppen, vereinzelt auch Barben. Man könnte diese Strecke als Forellen-, beziehungsweise Äschenregion bezeichnen. Weiter flussabwärts bis nördlich von München und Freising spricht man von der Barbenregion. Weiter Richtung Mündungsgebiet wird die Isar als Brachsenregion bezeichnet mit dem entsprechenden Artenspektrum wie Rotaugen, Karpfen und Hechte, die sich im ruhigen Wasser wohl fühlen. Das beweist aber auch, aus der reißenden Isar ist ein träger Fluss geworden.«

Fritz Huber angelt am liebsten mit der Fliege, seiner Meinung nach die fairste und spannendste Art Fische zu fangen. Das könnte ich besser verstehen, wenn ich es miterlebte, sagt er. Die Isar führt aber gerade Hochwasser und da ist Angeln leider nicht möglich.

Neugierig geworden, was sich hinter der Bezeichnung »Sauberes Isarwasser e.V.« verbirgt, treffe ich mich mit den Gründern des Vereins, Inga Jonas und Fabian Höpker. Sie hatten engagiert mitgemischt beim Isarplan und wollten der Isar zu neuen Ufern und sauberem Wasser verhelfen.

Frau Jonas erzählt: »Unser Verein ist eine private Initiative. Wir wollten nicht länger stillhalten, sondern etwas für unsere Isar tun, wir – die einfachen Bürger. Denn die Ausrede gilt nicht, dass man doch nichts ändern kann. Auch im Kleinen kann man einiges bewegen, denn – wie es so richtig heißt – viele kleine Bäche ergeben einen großen Fluss.«

»Und so haben wir für Bachpatenschaften geworben«, ergänzt Herr Höpker. »Wieso Paten für Bäche? Ich dachte, es geht um die Isar«, unterbreche ich.

Fabian Höpker lächelt. »Letztendlich erhält die Isar ihr Wasser aus den einmündenden Bächen. Wenn die bereits verdreckt sind, wie soll dann das Wasser der Isar jemals wieder sauber werden?«

»Deshalb haben wir Paten gesucht«, führt Inga Jonas das Gespräch weiter. »Es sind nämlich nicht wenige Menschen, die gehen jeden Tag den gleichen Weg. Bei ihren Spaziergängen sollten sie die Augen offen halten und sich verantwortlich fühlen, wenn Unrat abgeladen oder Giftstoffe ins Wasser eingeleitet werden.«

»Wir hatten da viele Ideen«, sagt Fabian Höpker, »haben Aktionen mit der Abendzeitung, mit RTL 2, mit der Paulaner-Brauerei gestartet und sogar den bayerischen Ministerpräsidenten Edmund Stoiber als Schirmherrn gewonnen.«

»Dann war Ihre Initiative ›Sauberes Isarwasser‹ ja ein voller Erfolg«, sage ich anerkennend.

»Leider nicht«, erwidert Fabian Höpker.

»Aber wir haben doch viel erreicht!«, widerspricht Inga Jonas. »Nimm zum Beispiel die Öffnung des Auermühlbachs. Wir haben da schon etwas in Bewegung gesetzt und das meiste läuft jetzt ohne unser Zutun weiter.«

»Das stimmt, doch wir hätten noch viel mehr bewirken können. Letztlich sind eine Menge guter Ideen an bürokratischen Hürden gescheitert. Zum Beispiel die Patenschaften, die wir mit Schulklassen initiieren wollten. Da hätten die Kinder Natur erleben können und wären beim Säubern der Bäche selbst aktiv geworden. Doch leider haben wir massiven Gegenwind vom Schulministerium bekommen. Wir durften unsere Pläne aus versicherungsrechtlichen Gründen nicht verwirklichen. Es könnte ja mal ein Kind in den Bach fallen.«

»Bürokratie verhindert Bürgerinitiative, das mussten wir lernen«, bestätigt Frau Jonas. »Wir sind bei den Ämtern auf gelangweilte Abwehr und sogar auf offene Ablehnung gestoßen, haben uns jedoch nicht unterkriegen lassen. Unsere Ideen sind in den Isarplan eingeflossen und unser Freundeskreis besteht weiter, auch wenn wir im Moment weniger aktiv sind. Sobald die richtige Zeit kommt und unsere Kräfte nötig sind, werden wir wieder zupacken.«

Trockene Moore und die älteste Stadt an der Isar

Die Morgensonne taucht das Getreidefeld in goldenes Licht, die Ähren wiegen sich im Wind – ein wogendes Meer aus Halmen. Zwischen ihnen leuchtet blutrot eine einsame Mohnblüte, letzte Erinnerung an bunte Ackerkräuter. Am Wegrand sitzt ein Hase und knabbert an Gräsern. Ein Fasan stolziert unbekümmert vorbei und verschwindet im Dickicht des dunkelgrünen Kartoffelkrauts auf dem Nachbarfeld. Felder, so weit das Auge reicht. Nördlich von München gilt die Landschaft als eintönig, hier wandert kaum jemand an der Isar entlang. Mich aber erfreut gerade diese Weite, die ringsum den Blick auf den Horizont frei lässt. Die Eintönigkeit wird zum anregenden Erlebnis für mich. Ich möchte immer weiter wandern, dorthin wo Himmel und Erde sich treffen.

Einstmals war hier das größte Moor Bayerns. Jahrhundertelang mieden Menschen diese gefährliche Gegend. Sie glaubten an Geister und Dämonen und erzählten sich Schauermärchen von Irrlichtern, die ihre Opfer vom Weg weglocken und in den Sumpf hinabziehen. Nur im Dreißigjährigen Krieg war die Furcht vor den Gräueltaten der Söldnerheere noch größer und die verängstigten Menschen versuchten sich im Moor zu verstecken.

Noch im 19. Jahrhundert war das Erdinger Moos unberührt, doch dann entdeckten Münchner Brauereien den Torf als billiges Heizmaterial für ihre Sudhäuser. Torfstecher arbeiteten sich unaufhaltsam ins Moor hinein, legten es Graben um Graben trocken, und die Bauern folgten und zogen ihre Ackerfurchen.

Als der Münchner Flughafen gebaut wurde, war es um die letzten Reste des Moores geschehen. Die Heimat von Brachvogel, Bekassine und Rohrdommel wurde breitflächig und tiefgründig ausgetrocknet, seitdem sind Einsamkeit und melancholische Schönheit des Erdinger Moorgebietes nur noch Erinnerung. Vertrocknet sind die Schwingrasen und verweht die Wollgräser. Verstummt sind auch die Proteste der Naturschützer, die über ein Jahrzehnt den Bau des Flughafens stoppten.

Stromleitungen überziehen wie ein Spinnennetz das Land – Mahnmal unserer Abhängigkeit von der Technik, einer Abhängigkeit, die wir uns selbst geschaffen haben. Wie eine alles mit sich reißende Flut kam der elektrische Strom am Anfang des 20. Jahrhunderts über Bayern – und mit ihm die Industrialisierung. Ein neues Zeitalter begann.

Zunächst aber war es gar nicht so einfach, genügend Abnehmer für den Strom zu finden. Lichtwerber wurden von den Kraftwerksbetreibern auf die Dörfer geschickt – ihre Aufgabe war nicht gerade leicht. Die Menschen hatten von jeher ohne elektrischen Strom gelebt, sie glaubten, auch in Zukunft keinen zu brauchen. Das Leben wurde bestimmt vom Wechsel zwischen Tag und Nacht. Nach schwerer Arbeit war man froh, wenn es endlich dunkel wurde und man schlafen konnte. Nur im Winter saß man abends beim Schein der Petroleumlampe noch etwas beisammen. Kein Bauer wollte einsehen, wozu er seinen Misthaufen illuminieren und dafür auch noch Geld bezahlen sollte. Sie misstrauten dem Teufelslicht aus der Dose, es schien ihnen geheimnisvoll und gefährlich. Mit verschlossenen Gesichtern kamen sie zu den Werbeveranstaltungen und hörten schweigend zu. Wenn dann der Redner erwartungsvoll die Bauern anschaute, standen diese wortlos auf und gingen zurück auf ihre lichtlosen Höfe.

Aber es dauerte nicht lange, dann verbreitete sich die Elektrizität wie ein Leuchtfeuer über die Dörfer. War erst einmal ein Bauer gewonnen, löste seine mit Glühbirnen erhellte Stube bei den Nachbarn

Bewunderung und Neid aus. Sie wollten nicht zurückstehen, unterschrieben den Vertrag und bekamen auch ihren Stromanschluss.

Doch die Rechnung ist teuer und nicht nur die Stromrechnung muss bezahlt werden. Tiere und Pflanzen finden keinen Lebensraum mehr in einer von der Technik regulierten Welt. Die Kraftwerksbetreiber geben dies ganz offen zu, denn dieses Eingeständnis schmälert ihren Gewinn nicht: »Ohne Eingriffe in die Natur kann eine Industriegesellschaft nicht existieren. Strom als Motor unserer Wirtschaft kann ohne Belastung für die Natur weder erzeugt noch verbreitet werden.«

Und wieder wird der Isar das Wasser geraubt. Am Oberföhringer Wehr in einen Kanal gepresst, fließt es zum Speichersee bei Ismaning. Erst 54 Kilometer später erhält sie es bei Moosburg wieder zurück. Bereits 1908 machte sich Oskar von Miller an die Planung eines für die damalige Zeit gigantischen Vorhabens. Zur Verwirklichung kam es aber erst nach Ende des Krieges im Jahr 1919.

8100 Arbeiter wühlten jahrelang in der Erde, schaufelten und baggerten den Kanal und das Speicherbecken in das flache Land: 7 Kilometer lang, 1 Kilometer breit und 3 Meter tief. Seit 1925 erzeugen die Bayernwerke Strom mit dem Isarwasser. Aber wohin sollte nun das Münchner Schmutzwasser entsorgt werden, das damals noch ungeklärt in die Isar floss? Der Stadtrat beschloss, das neue Kraftwerk nur zu genehmigen, wenn der Energiekonzern das Abwasser-Problem lösen würde. Und tatsächlich hatten die Wissenschaftler der Bayernwerke eine geniale Idee: Vorgereinigtes Abwasser wird in den Speichersee geleitet und in hundert Fischteichen biologisch abgebaut. Die Brühe ist so nährstoffreich, dass Karpfen ohne Zusatzfutter doppelt so schnell wachsen wie üblich.

Kein Mensch badet im künstlichen See und niemand fährt Boot, kaum jemand geht spazieren. Der große See von Ismaning ist ohne

Freizeitwert. Aber für die Natur war er ein Geschenk. Ein Wunder geschah: Ungeplant und unerwartet und lange Zeit unbemerkt entwickelte sich der Speichersee zu einem der bedeutendsten Tier-Reservate Europas. Im Herbst und Frühjahr rasten hier Zugvögel und erholen sich vor dem Weiterflug. Vögel, die woanders kaum noch leben können, versammeln sich in Massen. An manchen Tagen werden bis 45 000 Vögel gezählt. Einige bleiben nur wenige Tage, andere monatelang, und im Sommer ist der See ein Zufluchtsort für flugunfähige Wasservögel. Enten, Gänse und Rallen verlieren nämlich bei der Mauser alle ihre Flugfedern auf einmal und sind während des sechswöchigen Federwechsels völlig hilflos.

Es scheint sich unter den Vögeln Europas herumgesprochen zu haben, dass es sich in Ismaning gut mausern lässt, es ausreichend Nahrung gibt und wenig Störungen. Aus allen Ecken Europas kommen sie zum Speichersee, vom Nordkap und von Spanien, von Frankreich und Griechenland, ja sogar aus Sibirien und Nordamerika.

Vom Damm zwischen Ismaning und Aschheim überblicke ich den See, der gesprenkelt ist von Wassergetier. Mit dem Fernglas erkenne ich Tafelenten, Bergenten und Löffelenten, deren Schnäbel tatsächlich wie Löffel geformt sind. Am Südufer bei den Fischteichen kann ich Rotschenkel, Rohrsänger und Beutelmeisen beobachten; über 260 Arten wurden hier schon gesichtet. Von der Ornithologischen Gesellschaft werden Exkursionen organisiert, denn ohne Genehmigung darf niemand dieses Schutzgebiet im Süden des Ismaninger Speichersees betreten.

Aber der See kann für Vögel auch zur tödlichen Gefahr werden. Wenn sich giftige Mikroorganismen bei hohen Wassertemperaturen stark vermehren, sterben Tausende von Tieren innerhalb von Stunden. Immer mal wieder kommt es zu dieser Katastrophe und den Naturschützern bleibt dann nur, die Kadaver einzusammeln.

Zum Glück werden die Mikroorganismen heutzutage den Vögeln kaum noch gefährlich, denn leistungsfähigere Klärstufen filtern inzwischen das Schmutzwasser, bevor es in den Speichersee gelangt, deshalb lohnt sich die Karpfenhaltung kaum noch und soll aufgegeben werden. Auch für Vögel gibt es im sauberen Wasser nicht so viel Nahrung und schon nimmt die Anzahl der gefiederten Gäste merklich ab. Und – wenn laut der neuen Planung wieder mehr Wasser in der Isar fließt, kommt natürlich weniger in den Speichersee. Als Folge wird der Vogelreichtum weiter abnehmen. Ironie des Schicksals: Naturschützer, die jahrelang für mehr Wasser in der Rest-Isar kämpften, geraten in einen Konflikt. Mit ihren guten Absichten, scheinen sie das Gegenteil zu bewirken.

Lerchen steigen ins Himmelsblau. Bäche eilen durch die Wiesen. An ihren Ufern wachsen gelbe Schwertlilien. Auf einer Birke schmettert eine Goldammer ihre Strophen und beendet sie mit einem sehnsuchtsvollen Seufzer. Ich wandere durch Finsing, Eicherloh, Brennermühle und Fischerhäuser, kleine Orte nördlich des Speichersees.

Sieben Katzen aalen sich mitten auf der sandigen Dorfstraße und lassen sich die Sonne genüsslich auf den Pelz brennen. Ein Holzzaun wirft ein filigranes Schattenmuster auf den Fußweg. Einzig ein weißer Hahn ruht nicht in der Mittagshitze. Mit rotgeschwelltem Kamm stolziert er einher, aber keine seiner Hennen folgt ihm. Das Lachen eines Grünspechts schallt von den schlanken Pappeln herüber und Meisen turnen zwitschernd im Geäst der Birkenallee. Zwischen den Gehöften breiten sich Felder aus, bestellt mit Mais, Rüben und Kartoffeln. Die Erde ist schwarz und selbst das Wasser in den Pfützen vom gestrigen Regen ist tiefdunkel gefärbt, letzte Erinnerung ans Moor.

Am linken Isarufer aber hat sich ein Gebiet erhalten, wie man es in einem ehemaligen Moor vielleicht nicht vermuten würde – ein uraltes Heidegebiet, eine Trockenlandschaft, geformt aus eiszeitlichen Aufschotterungen. Auf den kalkigen Kiesen und Sanden der Fröttmaninger Heide mit ihrer extrem dünnen Humusschicht wachsen botanische Kostbarkeiten: Pflanzen aus den Steppen Vorderasiens. Sie erblühen gerade hier, wo es kaum Nährstoffe und nur wenig Wasser gibt. Der Mangel bewirkt Reichtum.

Im Frühling brechen in der Heide dicke Blütenknospen durch die Erde. Mit silbrigem Pelz schützen sie sich vor kalten Nächten. Die geöffneten Kelche schimmern dunkelviolett, wie kostbarer Samt. Es sind Küchenschellen, deren späterer Fruchtstand silbrigen Federbärten gleicht. Den Küchenschellen folgen dann die gelben Sterne der Adonisröschen. Von Tag zu Tag wird die Heide bunter, wenn das Blau der Enziane und das Purpur der Heideröschen sich mit dem Rot der Orchideen und dem Weiß der Graslilien mischen.

Nachdem die Gletscher der Eiszeit geschmolzen waren, bedeckten Heiden und Moore weite Gebiete im heutigen Münchner Norden. Winzige Reste der jahrtausendealten Biotope haben überlebt. Schon 1908 wurde diese letzte Heide des Isartales von der Bayerischen Botanischen Gesellschaft aufgekauft und blieb deshalb bis heute erhalten.

Einsam steht am Rand der Heide eine kleine Kirche, die Heiligkreuzkirche von Fröttmaning, wahrscheinlich um das Jahr 1100 erbaut. Wehrhaft wirkt der romanische Backsteinbau. Wuchtig ragt der viereckige Turm empor. Die Mauern sind einen Meter dick, mit Schießscharten und Wehrgängen. Bei Gefahr bot sie den Menschen Schutz.

Zum Weiler Fröttmaning gehörten nur vier Gehöfte, in denen nicht mehr als 40 Menschen lebten, die meisten waren Schäfer, Schmiede oder Messner, Knecht oder Magd. Es geschah nicht viel in diesem abgeschiedenen Weiler, der nach Fridumar, dem Friedfertigen, benannt war, der sich als Erster um 900 hier niederließ.

Als Bayern sich wirtschaftlich zu entwickeln begann, kam das Ungemach über die Gegend. Die Autobahn wurde gebaut, die Kläranlage entstand und eine Mülldeponie. Nach und nach mussten die Häuser den Baustellen weichen und auch die Kirche sollte zerstört werden. Nur mit großem Einsatz der Bevölkerung konnte sie 1971 vor der Abrisswut der Autobahnplaner gerettet werden. Nun steht sie, wie ein Mahnmal inmitten der inzwischen begrünten Müllberge.

Die Kirche besitzt eine kostbare Reliquie, ein Stück vom Kreuz, an dem Jesus starb. Von weit her pilgerten früher die Gläubigen zur Heiligkreuzkirche. Zudem ist sie selber eine kunsthistorische Rarität als einzige rein romanische Kirche Münchens mit Fresken, die einmalig in Deutschland sind.

Ich öffne die Tür, die mit ausgeschmiedeten Pflugscharen beschlagen ist. Der Raum wurde im 17. Jahrhundert barockisiert, aus dieser Zeit stammen Kanzel und Altäre. Der mattrote Ziegelboden ist noch original erhalten. Wie viele Menschen mögen in den vergangenen Jahrhunderten hier ihre Gebete gesprochen haben?

An den Wänden sehe ich romanische Malereien. Sie wurden 1981 bei einer Renovierung entdeckt. Die seltsamen Ornamente sind mit Kalkfarbe auf die rohen Ziegel gemalt. Lange betrachte ich diese Fresken und versuche sie zu entschlüsseln. Ob die genau ausgezirkelten Kreise die Sonne darstellen? Eigentlich ein heidnisches Zeichen, das die Christen übernahmen und als Symbol für den Weltenschöpfer verwendeten. Zwischen den Sonnenrädern entdecke ich Rosetten, Ranken, Zweige – Abbilder des Lebensbaumes, der ebenfalls aus heidnischem Götterglauben ins Christentum eingebracht wurde. In einige der Kreise sind vier- und sechsstrahlige Sterne gezeichnet – magische Zeichen, die auch auf Opferkesseln der Kelten zu finden sind. So schlagen die Wandmalereien des unbekannten Künstlers eine Brücke aus dem Dunkel der Vorzeit und verbinden keltischen und germanischen Götterglauben mit dem der Christen. Es erstaunt mich immer wieder, wie tief der christliche Glaube in früheren Religionen wurzelt.

Nicht weit ist der Weg von der alten Kirche mit ihren archaischen Rätselornamenten zum Atomzeitalter. Das Bauerndorf Garching wurde weltberühmt durch sein »Atomei«, den ersten Atomforschungsreaktor in Deutschland. Er ist 30 Meter hoch und hat die Form eines halbierten Eies. Seine Aluminiumhaut leuchtet golden im Abendlicht. Das Wissen, dass sie nur 10 Zentimeter dick ist, hält mich in respektvollem Abstand, auch wenn die strahlende Masse sicher verpackt scheint. Die Anlage dient rein der Forschung und die Wärmeenergie wird bequem an die kühle Isar abgegeben.

Die Gemeinde war zunächst mächtig stolz auf ihren Reaktor, nahm das »Ei« sogar ins Wappen auf. Der Bau weiterer Institute war willkommen, ein Campus entstand im Bauerndorf. Als ein zweiter Atomreaktor geplant wurde, regte sich erstmals Widerspruch. Inzwischen weiß man mehr über die Gefahren der Atomkraft, doch sind die Proteste der Bewohner von Garching weniger massiv als andernorts, wohl deshalb, weil viele Garchinger im Forschungsinstitut ihr Geld verdienen.

Im alten Ortskern steht ein mächtiger Maibaum. Ich bestelle ein deftiges Essen in einem bayrischen Wirtshaus und miete ein Zimmer für die Nacht. Am anderen Tag besichtige ich die Steinsammlung im Garchinger Rathaus. Isarkiesel sind in den Vitrinen im Flur angeordnet, ein Werk der Künstlerin Elke Grundmann. Die Ausstellung führt die enorme Vielfalt der Gesteine an der Isar vor Augen.

Von weitem sehe ich die weißen Türme des Freisinger Doms. Auf markanter Anhöhe erhebt sich diese große Kirche. Seit über 1000 Jahren ist sie ein Zentrum des Glaubens, der Macht und der Kunst.

Wie von einem Magneten werde ich vom Dom angezogen und steige durch enge Gassen den Berg hinauf. Der weite Domhof liegt still, menschenverlassen. Keine Ausflügler, keine Besucher sind heute unterwegs. Durchs Portal trete ich ins Innere des Doms und bin wie geblendet vom Prunk der monumentalen Halle. Das Gewölbe ist hoch, als wolle man den Himmel erreichen. Massige Pfeiler signalisieren Kraft und luftige Arkadenbögen lassen den Raum licht und hell erscheinen.

Die ehemals romanische Basilika wurde von den Brüdern Asam in ein barockes Stuckgewand gekleidet und das gleißende Weiß verstärkt die Leuchtkraft der Fresken.

Die Gewölbe unter der Kirche haben ihren romanischen Stil bewahrt. Fabelwesen verzieren Säulenkapitelle und an der »Bestiensäule«, der vierten Säule in der Mittelreihe, verschlingen sich Dämonen und kämpfen Menschen mit Schwertern gegen Ungeheuer. Im Dunkel dieser Krypta liegen die Gebeine des Sankt Korbinian, des ersten Bischofs von Freising.

Vom Domberg reicht der Blick über die Dächer der Stadt weit in die Ebene hinaus. Durch eine schmiedeeiserne Tür gelange ich auf die Terrasse und setze mich auf die Mauer. Der Himmel leuchtet an diesem Tag in ungewöhnlichem Licht. Weit kann ich schauen und die Alpen sind zum Greifen nah. Das wuchtige Gebirge ist durch den Föhn wie mit einem Vergrößerungsglas überdimensional in Szene gesetzt.

Der Anblick des schwefelgelben Himmels, des orangefarbenen Horizonts und der grauschwarzen Gebirgskette versetzt mich in einen eigenartigen Zustand. Mir ist, als könnte ich in der Zeit zurückschauen. Unaufhaltsam treibe ich zurück mit der vergehenden Zeit und stelle mir Urwald, Morast und Überschwemmungen vor. So schützte sich die Isar vor den Menschen, ließ sie nicht nahe kommen.

Erst vor 8000 Jahren, zur Jungsteinzeit, wagten Siedler, in diese Wildnis einzudringen. Wer sie waren, weiß niemand genau zu sagen. Sie kamen wahrscheinlich aus dem Osten, aus den Steppen Kleinasiens und werden nach den Mustern auf ihren Gefäßen Bandkeramiker genannt. Sie schliffen ihre Steinwerkzeuge sorgfältig, bauten Erbsen, Lein, Emmer und Einkorn an und hielten Rinder, Schweine, Ziegen, Schafe.

Bei Moosburg fand man eine Siedlung mit 14 Häusern. Sie waren solide gebaut, die Dachfirste drei Meter hoch und die Wände aus Haselnussgeflecht mit Lehm verputzt. Die viereckigen, 120 Quadratmeter großen Gebäude hatten ebenerdige Räume: Wohnschlafraum, Arbeitsraum und Speicher. Drei Backöfen versorgten die Bewohner mit Brot.

Aus Südwesten, dem heutigen Spanien, wanderte vor 4000 Jahren ein neuer Stamm ein, der wegen der Form seiner Keramikgefäße als Glockenbecherkultur bezeichnet wird. Nur wenige Jahrhunderte später ist eine dritte Bevölkerung nachzuweisen. Sie verbrannten ihre Toten und bestatteten die Asche in Urnen. Wahrscheinlich entwickelte sich diese Urnenfelderkultur weiter zum ersten großen Kulturvolk in diesem Gebiet, den Kelten. Die verstanden es, Eisen zu schmieden, rüsteten sich mit Schwert und Helm und schufen kunstvollen Schmuck. Die Kelten knüpften Handelsbeziehungen zu Griechen und Etruskern, sogar chinesische Seide wurde in einem Frauengrab gefunden.

Ob sich diese frühen Völker miteinander mischten oder sich gegenseitig verdrängten, kann man heute im Einzelnen nicht mehr rückverfolgen. Als die Römer dann das Alpenvorland eroberten und die Donau zu ihrer Nordgrenze wurde, verschwanden die Kelten zwar als eigene Kultur aus der Geschichte, aber nicht aus der Bevölkerung. Die Kelten wurden romanisiert und leben im bayrischen Volksstamm ungenannt und unerkannt fort.

Während der Völkerwanderung vom 2. bis 6. Jahrhundert drangen germanische Stämme in das Land zwischen Alpen und Donau ein. Es muss eine wüste Zeit gewesen sein, Kämpfe und Eroberungen, Chaos und Zusammenbruch, Zerstörung und Verfolgung. Erst einige Generationen später war wieder ein einigermaßen friedfertiges Leben möglich und ein neues Volk war aus verschiedenen sich miteinander vermischten Stämmen entstanden: die Bajuwaren.

Meine Gedankenreise hat mich in die Mitte des 6. Jahrhunderts geführt: Dichte Wälder bedeckten weite Gebiete. Dünn war das Land besiedelt, wirkte fast unbewohnt, verglichen mit heute. Einige Dörfer und Weiler waren entlang der Isar entstanden, aber stets mit sicherem Abstand.

Von Beginn an war Bayern mit dem fränkischen Großreich verknüpft, denn die bayrischen Könige aus dem Geschlecht der Agilolfinger waren nicht nur mit den Franken verwandt, sondern auch als Vasallen durch Eid ans Frankenreich gebunden. Dennoch pflegten sie ihre eigene Bündnis- und Heiratspolitik mit dem Langobardenreich südlich der Alpen, und wenn die Frankenherrscher schwächelten, regierten die Agilolfinger umso souveräner ihr Herzogtum.

In dieses Land kam um das Jahr 700 Korbinian, ein fränkischer Missionar. Für einen glühenden Mann der Kirche war Bayern eigentlich keine Herausforderung, denn der christliche Glaube besaß hier bereits tiefe Wurzeln, weil mit den Römern auch das Christentum eingedrungen und von der einheimischen Bevölkerung weitgehend angenommen worden war. Korbinian schien aber vom Missionseifer sowieso nicht übermäßig beflügelt gewesen zu sein, lieber hätte er sich in eine stille Einsiedelei zurückgezogen. Notgedrungen fügte er sich in sein Schicksal, jahrelang im rauen Norden leben zu müssen. Aber ein Leben lang sehnte er sich nach dem Süden, nach Rom, dem Ziel seiner Träume.

Korbinian entstammte einer Familie der Oberschicht des Frankenreichs. In Châtres bei Melum wurde er 675 geboren, sein Vater starb noch vor seiner Geburt und seine Mutter gab ihn in das berühmte Kloster von Luxeuil, das der irische Mönch Columban gegründet hatte. Die Kleriker von Luxeuil waren außerordentlich einflussreich und immer wieder gingen von diesem Kloster Wellen missionarischen Eifers aus, die über das fränkische Reich hinwegbrandeten.

Zwar war das irofränkische Mönchstum von Luxeuil bekannt für seine strengen, ja rigorosen asketischen Maßstäbe, trotzdem liebte Korbinian prächtige Kleider und kostbaren Schmuck, üppiges Essen und edle Pferde und er bevorzugte den sonnigen Süden.

Der Papst hatte jedoch andere Pläne und sandte ihn mit einem Missionsauftrag nach Bayern zu Herzog Theodo. Der hatte schon einmal mit einem fränkischen Missionar zweifelhafte Erfahrungen gesammelt, mit dem heiligen Emmeram, der seine Tochter, die Prinzessin Uta, verführt haben soll. Wie auch immer, für einen weltlichen Herrscher war die Anwesenheit eines Mannes der Kirche die sakrale Legitimation seiner Macht. Korbinian wurde nach Freising berufen an den Hof von Herzog Grimoald, den Sohn von Theodo. Wie wird sich Korbinian gefühlt haben, als er hier ankam? Sicherlich war er erschöpft von den Strapazen der Reise, und alle Mühsal nur deswegen, um in den ungeliebten Norden zu gelangen, wohin er gar nicht wollte.

Vor 1300 Jahren sah der Domberg anders aus als heute. Die Kathedrale war noch nicht gebaut, es gab neben dem Schloss des Herzogs nur eine Marienkirche und das Stephanuskirchlein.

Der Heilige muss ein aufbrausender, sogar jähzorniger Mensch gewesen sein. Diplomatie war seine Stärke nicht. Als Erstes forderte er die Auflösung der Ehe zwischen dem Herzog und dessen Frau Pilitrud. Sie gehörte zwar einer vornehmen fränkischen Familie an, war aber zuvor mit dem verstorbenen Bruder von Grimoald verheiratet gewesen. Es beruhte auf altem germanischem Recht, dass der Bruder die Witwe heiratete, doch die Kirche verbot Verwandtschaftsehen und Korbinian bestand unversöhnlich auf Trennung. Scheinbar ging der Herzog darauf ein, aber Pilitrud blieb im Schloss wohnen.

Enttäuscht davon, wie wenig er erreicht hatte, reiste Bischof Korbinian zum zweiten Mal nach Rom und wieder hoffte er, dort bleiben zu können. Der Papst aber schickte ihn prompt über die Alpen zurück. Der Bischof folgte bei seiner Romreise dem Lauf der Isar und gelangte über die alte Handelsstraße nach Italien. Sein Aufenthalt in Mittenwald ist sogar verbürgt.

Die Reise wird an sich beschwerlich genug gewesen sein, aber ein Heiliger muss auch Wunder vollbringen, dazu bekam er mitten im Gebirge Gelegenheit. Ein Bär brach durchs Gebüsch, stürzte sich auf das Pferd und tötete es. Korbinian zähmte den Bär mit Gebeten und lud ihm zur Strafe das Gepäck auf. Der Bär schleppte die Last bis Rom und wieder zurück nach Mittenwald, dort durfte er endlich im Wald verschwinden, denn Korbinian wird wahrscheinlich ein Floß nach Freising genommen haben und brauchte kein Tragtier mehr.

Der Streit begann von neuem und nicht selten scheint der Bischof die Beherrschung verloren zu haben. Einmal verprügelte er eine Heilerin, die Pilitrud ans Krankenlager ihrer Tochter gerufen hatte. Ein andermal, als der Herzog bei Tisch seine Jagdhunde mit Brot fütterte, das der Bischof zuvor gesegnet hatte, stieß Korbinian wutentbrannt die Tafel mitsamt dem Essen und dem Wein um, verließ zornbebend die Burg und quartierte sich auf dem Nachbarberg Weihenstephan ein. Von dort wetterte er weiter gegen die unrechtmäßige Ehe des Herzogs.

Als ihm zugetragen wurde, Pilitrud plane, ihn zu vergiften, floh er nach Meran. Während seiner Abwesenheit wurde Grimoald ermordet und Pilitrud starb in der Verbannung im Frankenreich. Herzog Hucbert, Grimoalds Neffe, rief Korbinian zurück nach Freising, dort starb er im Jahr 725. Sein Letzter Wille war, dass man seinen Leichnam nach Meran überführe.

Aber Bischof Arbeo ließ die kostbare Reliquie zurückholen. Arbeo, der dritte Bischof in Freising, schrieb nur wenige Jahrzehnte nach dem Tod von Korbinian dessen Biographie, also eine fast zeitgenössische Quelle. Arbeo machte Freising zum religiösen Mittelpunkt und mit seiner Schreibschule zum bayrischen Bildungszentrum. Kein anderer Ort an der Isar konnte sich mit Freising messen.

Ich weiß nicht, wie lange mein Ausflug in die Vergangenheit gedauert hat, Stunden oder Minuten? Gedanken überbrücken mühelos Raum und Zeit und entwerfen nie gesehene Bilder.

Die Bürgerstadt Freising breitet sich zu Füßen eines Höhenzuges aus, den der ausufernde Isargletscher mit seinen Geröllmassen hinterlassen hat. Vom Burgberg laufe ich verwinkelte Gassen hinunter. Im Zentrum der Stadt liegt der Marienplatz mit Säule und Arkaden, Rathaus und Pfarrkirche, Gasthäusern, Cafés und Geschäften. Durch das Glas einer Ladentüre sehe ich einen Schuster bei der Arbeit. An alte Handwerke erinnern noch die Namen der Gassen: Gerber, Müller, Bader und Fischer. Die moderne Zeit aber ist durch den in Sichtweite liegenden Flughafen ganz nah gerückt.

Zeitreise ins Mittelalter

Dunkle Wolken hängen tief am Himmel, sie sehen bedrohlich nach Regen aus. Der Isar würde zusätzliches Wasser gut tun. Kaum knietief rauscht sie über die Kiesel. Vom Auwald steht nur noch ein kümmerlicher Rest. Tümpel und Altwasser sind ausgetrocknet.

Wege führen am Fluss entlang. Jogger begegnen mir und Leute, die ihre Hunde ausführen. Manche schauen mir verblüfft nach. Mit Rucksack und Trekkingschuhen wirke ich wie ein verirrter Expeditionsteilnehmer, der seine Wildnis nicht mehr findet.

Die Wolken öffnen sich und dicke Tropfen prasseln herab. Eilig streben die Spaziergänger heimwärts, ich aber stülpe meinen Regenponcho über und gehe ungerührt weiter. Ein Mann mit Schirm und Hund kann seine Neugier bei meinem Anblick nicht bremsen und spricht mich an: »Ja, wo gehen Sie denn hin im Regen? Gehören Sie zu einer Wandergruppe?«

»Zur Isarmündung will ich.«

»Die Mündung? Da müssen Sie falsch sein. Eine Mündung gibt's hier nicht.«

»Ich weiß. Einige Tage werde ich noch brauchen. Über die Hälfte habe ich schon geschafft, nämlich von der Quelle bis Freising.«

»Was? Alles zu Fuß?«

»Na klar!«

»Donnerwetter! Das ist vielleicht eine pfundige Idee!«, ruft er begeistert aus. Am liebsten würde er mitwandern, wenn – ja, wenn es nicht gerade so arg regnen würde.

Der nächste Tag schenkt mir blauen Himmel, die Luft ist glasklar. Die Sonne scheint auf die Erde und lässt sie wie frische Wäsche duften. Leicht und frei fühle ich mich. Beschwingt werfe ich den Rucksack auf den Rücken und wandere weiter durchs Hügelland.

Ich entferne mich von der Isar, die ab Freising einen Knick nach Osten macht. Einen nördlichen Bogen schlagend, laufe ich von einem kleinen Ort zum nächsten. Von Tuntenhausen sehe ich zuerst den Kirchturm. Von einer Bodenwelle verdeckt, scheint er wie ein Pilz aus der Erde zu wachsen. Auf schmalen Straßen, die sich mit der Landschaft auf und nieder senken, geht es nach Zellhausen, Piesing und weiter nach Jaibling. Vergissmeinnicht und weißes Hornkraut säumen meinen Weg. Bauern wenden verwundert den Kopf; sonst wandert wohl niemand in dieser Gegend. Dabei ist sie wie geschaffen zum besinnlichen Gehen. Wie ein Mosaik setzt sich das Land aus leuchtenden Farben zusammen: saftiges Grün der Maispflanzen, gelbe Kornfelder, erdschollenbraune Äcker und das satte Dunkelgrün von Waldinseln. Eine sanfte, verträumte Stimmung.

Bei Altenhausen entdecke ich einen Weg nach Goldhausen. Er ist kaum noch erkennbar, zugewachsen mit hüfthohen Brennnesseln. Vorsichtig schlängele ich mich an den brennenden Stauden vorbei. Dieser alte Pfad, der einstmals die beiden Orte verband, stimmt mich melancholisch. Als wäre ich auf die letzten Spuren eines ausgelöschten Volkes gestoßen. Das Sterben dieser alten Wirtschaftswege ist für mich ein Zeichen für das Vergehen der Zeit.

Das Oberholz quere ich auf einem dunklen Waldpfad und gelange über Eixendorf zurück an die Isar. Aufgereiht liegen auf dem Hochufer Rudlfing, Hangenham, Asendorf, Windham, Oberhummel und Niederhummel. Unten plätschert dünn die Isar, rinnt kläglich über sonnengebleichte Kiesel. Einst war sie hier ein Fluss, der das breite Tal füllte, der ein Gewirr von Armen ausbreitete und eine Auwildnis schuf.

Leider haben die meisten Bauerndörfer ihr unverwechselbares Aussehen, ihren Charme verloren. Phantasielose Neubauten machen sich breit und verschandeln viele Orte. Den neuen Häusern fehlt der »goldene Schnitt«. Bei ihnen stimmt das Verhältnis von Höhe, Länge und Breite nicht mehr. Früher wussten Baumeister und Handwerker um das rechte Maß, die alten Häuser ruhten in sich, waren mit sich und der Umgebung im Gleichgewicht. Das Wissen wurde von Generation zu Generation weitergereicht. Schon erstaunlich, wie respektlos heute Architekten und Bauherren mit ihrem Erbe glauben umgehen zu dürfen.

Wenn auch die Dörfer ihr Äußeres modernisieren, so leben doch viele Traditionen noch fort, manche werden geradezu zelebriert. Es ist Mai und wieder mal an der Zeit, einen neuen Maibaum aufzustellen. Trachtenverein, Sportverein und Landjugend, Feuerwehr und der Bürgermeister – alle sind stolz und bewundern den mächtigen Stamm. 40 Meter ist er hoch, glatt geschält und hat einen grünen Busch an der Spitze. Wochenlang haben die Vorbereitungen gedauert. Aufgabe der Landjugend war es, den Baum aus dem Wald zu holen, die Äste zu entfernen, den Stamm blau-weiß zu bemalen und zu schmücken – und jetzt soll er endlich aufgestellt werden.

Die Nächte zuvor haben die Burschen den Stamm bewacht, mit Erfolg, denn keine der Nachbargemeinden vermochte ihn zu stehlen. Eigentlich schade – Brauch ist es nämlich, den Maibaum unbemerkt zu klauen und ihn nur gegen Auslösung mit Bier und einer Brotzeit wieder rauszurücken.

»Den Hohenkammerern ist ihr Baum nicht nur einmal, sogar gleich zweimal geklaut worden«, erzählt Christian und lacht schadenfroh.

»Eigentlich schon eine Schande!«, bestätigt sein Freund Tobias.

Es geht los! Nun heißt es zupacken! Der Baum muss endlich hoch. Außer den Jungen greifen nun auch gestandene Männer mit an. Die Erfahrung der alten Hasen ist gefragt, denn wenn der Baum auskommt, kann es lebensgefährlich werden.

»Also, hört zu!«, verschafft sich Hartwig, ein kräftiger Fünfziger, Gehör.

Christian, der Anführer der Landjugend, akzeptiert Hartwigs Rolle und übergibt ihm das Kommando: »Was der Hartwig sagt, wird gemacht! Ist das klar?«

»Horcht her!«, schreit Hartwig wieder. »Sind die Schragen alle drin? Richtet euch aus! Arschbacken zusammenkneifen! Halt, noch mal runter! Jetzt packt wieder an. Stangen rein! Hebt hoch, fest!«

Die Rituale um den Maibaum gehören wohl zu den letzten männlichen Domänen. Beim Aufstellen können starke Männer noch Muskelkraft demonstrieren. Die Weiberleut nützen die Gelegenheit zum Lästern. »Kriegen sie ihn nicht hoch?«, tönt es ringsum von den Balkonen. Einige Frauen kichern, andere lachen schallend.

Der Maibaum gilt als Symbol für bayrische Tradition. Doch so uralt, wie der Brauch erscheinen mag, ist er gar nicht. Es gibt zwar kühne Anknüpfungen an jungsteinzeitliche Kulte, manche wollen eine direkte Linie zu den Fruchtbarkeitsmythen des Vorderen Orients ziehen, andere sehen die Wurzel des Maibaums im Baum der Weltenmitte. Aber weil die Baumsymbolik in allen Mythologien eine bedeutende Rolle spielt, lässt sich deswegen längst noch nicht eine Verbindung mit dem Maibaum unserer Tage herstellen.

Immerhin, bis ins Mittelalter kann der Maibaum-Kult zurückverfolgt werden. Damals schlugen die Burschen im Mai grüne Bäumchen und stellten sie vor die Häuser ihrer Angebeteten, als Zeichen ihrer Zuneigung. Dieser Brauch lebt in einigen Gegenden bis heute fort.

Aus den Minnegaben für die Mädchen wurden später Zeichen der Ehrerbietung. Herzog Albrecht von Bayern bekam von seinen Soldaten einen Maibaum gesetzt und auch der Abt von Sankt Zeno freute sich über einen solchen vor dem Klostertor. Erst im 19. Jahrhundert wurde es allgemein üblich, den Maibaum als Wahrzeichen eines neuen bayrischen Staatsbewusstseins in die Ortsmitte zu stellen. Behängt mit Bildern von Kirche, Rathaus und Wirtshaus und den Handwerkerzeichen spiegelt er die Selbständigkeit freier Gemeinden und erzählt viel über das dörfliche Leben.

Der Stamm wird mit gekreuzten und verknoteten Stangen in die Senkrechte gebracht und in einem ausbetonierten Loch fixiert. Diese Prozedur geht nur in ganz kleinen Schritten vor sich. Drei Stunden dauert es unter der Begutachtung der Zuschauer, die mit Rufen, Ratschlägen, Lästerungen, Lachen, Schreien und Pfiffen regen Anteil nehmen, bis der Baum mit Mühen und Schwitzen, Ächzen und Stöhnen in seine Grube gestellt, festgerammt, gesichert und mit Kränzen aus Moos und den Symbolen geschmückt ist.

Bei der anschließenden Maibaumfeier mit reichlich Essen und Trinken erfahre ich von Christian, wie ein Maibaum ausgesucht wird: »Also, du gehst dreißig Schritte weg vom Baum, drehst dich um und schaust durch deine Beine hindurch. Wenn du dann die Spitze vom Baum noch siehst, dann hat er die richtige Höhe.«

In einiger Entfernung erkenne ich die Umrisse von Moosburg. Gleich einem Scherenschnitt heben sich die Türme von St. Castulus gegen den Himmel ab. Die Stadt muss einmal sehr schön gewesen sein, wie sie oben auf dem Hügel liegt, dem letzten Ausläufer der Sandbergkette, die Isar und Amper trennen. Heute ist Moosburg belagert von Fabrikgebäuden der Südchemie und anderen Industrieanlagen. Von der historischen Altstadt ist wenig geblieben. Nur der Marktplatz, von Patrizierhäusern mit barocken Fassaden und Treppengiebeln umsäumt, erinnert an den Reiz dieser alten Stadt. An den Gebäuden fällt mir auf, dass der oberbayrische Stil kaum noch eine Rolle spielt. Bei Moosburg beginnt nämlich schon Niederbayern.

Hier, wo Isar und Amper zusammentreffen, stand die Burg im Moor, die im 8. Jahrhundert von einer bayrischen Adelsfamilie, den

Agilolfingern oder Fagana, erbaut wurde. Als der letzte Graf ohne Nachfolger starb, zerfiel allmählich auch die Burg.

Erhalten geblieben ist aber das Castulus-Münster. Im Jahr 1171 begann man mit dem Bau, nachdem die vorherige Kirche eingestürzt war und dabei den Dekan und einige fromme Beter erschlagen hatte.

Zunächst wollte ich dem Münster nur einen kurzen Besuch abstatten, blieb dann aber doch einige Stunden. Besonders das romanische Portal im Westen hat es mir angetan. An beiden Seiten stehen gestaffelt je sechs Säulen, die wie ein Trichter zum Eingang weisen. Diese zwölf Säulen aus Donaukalkstein sind in ihrer ganzen Länge mit Ornamenten geschmückt, als wären sie von feinem Textilgewebe umkleidet. Im Tympanon, dem Bogenfeld des Portals, sitzt Gott in der Mitte, flankiert von Maria und Castulus. Am Rand knien Kaiser Heinrich II. mit der Stiftungsurkunde und Bischof Adalbert, der das Münster in Kleinformat in Händen hält.

Ich öffne die Tür und trete ein. Das dunkle Langhaus, durch drei Pfeilerreihen abgestützt, kontrastiert eigenartig mit dem gotischen Chor, der wie schwerelos nach oben strebt und von Licht durchflutet wird. Als dieser gotische Chor 1468 angefügt wurde, riss man die romanische Apsis ab und fand dabei unter dem Altar die Gebeine des heiligen Castulus. Wie und wann die Reliquie nach Moosburg gelangte, weiß heute niemand mehr genau. Vermutlich um 807, als hier ein erstes Benedektinerkloster stand.

Wer war eigentlich dieser Castulus? Castulus lebte in Rom und war Hofspeisemeister bei Kaiser Diokletian. Es war die Zeit schlimmer Christenverfolgung. Trotzdem bekannte sich Castulus offen zum verbotenen Glauben und wagte sogar, im Kaiserpalast öffentlich zu predigen. Die Strafe war fürchterlich. An den Füßen hängend, wurde er zwischen zwei Balken gebunden, grausam geprügelt, in eine Grube geworfen und lebendig verschüttet.

Der Landshuter Hans Leinberger, ein begabter Holzschnitzer, schuf um 1514 die vier Tafeln am Altar, die das Martyrium des Hofspeisemeisters plastisch darstellen. Links am Hochaltar ist noch einmal Castulus zu sehen, diesmal mit einem Schwert in der Hand und wie ein Edelmann gekleidet. Rechts Kaiser Heinrich II. und in der Mitte Maria mit Jesus auf dem Arm. Die Figur der Maria scheint zu schweben, denn ihre Füße sind verhüllt und der üppige Mantelsaum ist wellenförmig aufgewühlt. So soll die Himmelfahrt Marias symbolisiert werden.

Die romanische Kirche musste im Laufe der Jahrhunderte einige Änderungen über sich ergehen lassen, und ich bedaure vor allem, dass im 19. Jahrhundert der Putz abgeschlagen und dadurch die übertünchten Fresken für immer vernichtet wurden. An der Westempore sind noch spärliche Reste dieser spätgotischen Malereien zu sehen. Was für eine Pracht war das doch früher, als in den Kirchen die Wände bunt bemalt waren. Die Gotteshäuser waren weniger streng, hatten eine phantasieanregende und festliche Ausstrahlung.

Noch ist es früher Morgen. Ein Schwarm Sumpfmeisen zwitschert im Geäst der Weiden. Nebel hängt über dem Wasser. Der Wind bläst mir feuchtkalt ins Gesicht. Im Morgendunst heben sich schemenhaft Gestalten ab. Reglos stehen sie am Ufer und warten. Es sind Angler, denn die Isar ist auf einmal wieder ein Fluss mit richtig viel Wasser, das sie aus dem Amper-Überführungskanal erhält. Doch nur drei Kilometer kann sie fröhlich rauschen – beim Moosburger Wehr wird ihr das ganze Wasser schon wieder entzogen und in den Kanal der Wasserkraftwerke geleitet.

Kieselweiß leuchtet das Flussskelett. Der Leidensweg der Isar macht mich immer wieder von neuem betroffen. Ob ich je verstehen werde, dass Energiegewinnung aus Wasserkraft ökologisch sinnvoll sein soll?

Wenige Kilometer nördlich von Moosburg, bei Volkmannsdorf, sprudelt die Amper in die Isar. Die Amper entspringt dem Ammersee und schlängelt sich schon lange neben der Isar her, nur getrennt durch einen Höhenzug. Eigentlich ist die Amper nur ein kleiner Nebenfluss, aber sie bringt ein Vielfaches mehr an Wasser, als die inzwischen wieder ausgeraubte Isar mit sich führt. An der Ampermündung wuchert eine kleine Wildnis. Binsen säumen das Ufer. Weiden und Erlen werden von Ranken eingehüllt. So ähnlich muss die ursprüngliche Auenlandschaft ausgesehen haben.

Ein Tier löst sich aus dem Schatten am Ufer, schwimmt durchs Wasser direkt auf mich zu. Es ist eine Bisamratte. Sie rudert mit den Hinterbeinen, der Schwanz schlägt seitwärts hin und her, die Vorderbeine sind eng an den Körper gepresst. An einer Insel, wo saftige Rohrkolben wachsen, hält sie inne, zieht mit den Vorderpfoten die Pflanzen herab und knabbert genüsslich an den Stengeln. So nahe bin ich, dass ich die schwarzen Augen glitzern sehe. Es ist ein schönes Tier mit kastanienbraunem Fell, wuscheligem Kopf und dunkler Schnauze. Das von langen Grannenhaaren durchsetzte Fell ist dicht und weich, kein Wassertropfen dringt hindurch. Die Bisamratte ähnelt dem Biber, allerdings ist sie kleiner und hat nicht dessen geschuppte Schwanzkelle.

Ursprünglich stammen Bisamratten aus Nordamerika. Bei uns gibt es sie erst seit etwa einhundert Jahren, seitdem vier Paare in Böhmen ausgesetzt wurden. Sie vermehrten sich enorm und breiteten sich rasend schnell über Europa aus.

Endlich – nahe bei Eching erhält die Isar das bei Oberföhring in den Speichersee entführte Wasser zurück. Der Mittlere Isarkanal bringt es heran, nachdem es in mehreren Kraftwerken Strom erzeugt hat. Um den Einfluss regulieren zu können, wird die Wassermenge zuvor in einem Ausgleichsweiher gesammelt, an den sich wenige Kilometer später der Echinger Stauweiher anschließt.

Zwar sind Stauseen einem Fließgewässer wie der Isar wesensfremd, aber für Wasservögel ein willkommenes Biotop. Beide Seen sind unter Schutz gestellt und die Wasservogeljagd ist verboten. Vögel aus Finnland, Island, Spitzbergen und der russischen Eismeerküste überwintern hier, denn im Vergleich zu ihrer Heimat ist unser Winter für sie der warme Süden. Einmal konnte ich sogar einen Eistaucher beobachten: ein seltener Gast aus dem Polargebiet.

Die Isar hat zwar nun viel Wasser, aber sie ist kein frei fließender Fluss mehr. Beidseits des zu schnurgeradem Lauf gezwungenen Gewässers sind Dämme aufgeschüttet. Auf der Dammkrone komme ich mühelos voran. Doch wie eintönig! Immer das gleiche Bild eines in künstlichen Ufern sich träge wälzenden Flusses. Keine offenen Kieselinseln, kein in Rinnen aufgespaltenes Wasser, keine Altwasser und keine Auen. Dieser seiner Seele beraubte Fluss hat so gar nichts mehr von der schönen grünen Isar. Ich ertrage den Anblick nicht und verlasse den entseelten Fluss.

An der rechten Seite der Talebene erhebt sich ein Höhenzug. Oben liegt die Burg Kronwinkel, dessen romanischer Burgfried aus dem 12. Jahrhundert stammt. Die Burg selbst kann man leider nur von außen anschauen.

Südlich von Kronwinkel liegt das Bauerndorf Berghofen; ich hätte es nicht beachtet, wüsste ich nicht, dass in der Kirche besonders alte Fresken erhalten geblieben sind. Von außen wirkt die St.-Peter-und-Paulus-Kirche unscheinbar. Der Kirchturm überragt kaum die Häuser und sogar der Maibaum ist höher. Bescheiden weiß verputzt, scheinbar eine Dorfkirche wie jede andere.

Den Schlüssel erbitte ich im Nachbarhaus. Eine junge Frau mit Kind am Rockzipfel und einem zweiten auf dem Arm händigt ihn mir freundlich aus. Ich bin froh, dass sie wegen der Kleinen nicht mitgeht, umso ungestörter werde ich mich dem Betrachten der Fresken widmen können.

Erwartungsvoll gehe ich zur Kirche, wiege die Schwere des Schlüssels in meiner Hand. Den Schlüssel zu einer Kirche zu besitzen, selbst aufschließen zu dürfen, ist etwas ganz Besonderes, wie ein kostbares Geschenk. Ich stecke ihn ins Schloss, drehe ihn um, es knirscht leise. Langsam ziehe ich die Tür auf, trete ein und begegne einer längst vergangenen Zeit. Die flache Holzdecke verstärkt die Wirkung der Fresken, die mir den Atem stocken lassen. Die Malereien, die in erdfarbenen Tönen gehalten sind, schmücken die Wände mit Themen aus der Passion. Mit sprühender Erzählfreude sind Figuren und Handlungen dargestellt. Über dem Chorbogen entdecke ich ein seltsames Bild: die Ausgießung des Heiligen Geistes – aus einem Tropfen schlagen Flammenstrahlen. Das Gebilde ähnelt einer wie von Kinderhand gezeichneten Sonne. Auch der Chorraum ist voll ausgemalt und dort fällt mir besonders der Mond auf mit einem wundervollen, ernsten Gesicht.

Wie der Morgen, so ist auch der Tag kalt geblieben. Sturmböen stoßen mich vorwärts, dann stemmen sie sich mir von vorn entgegen. Dunkle Wolken jagen am Himmel, und wenn ein Wolkenloch aufreißt, schießen blendend Sonnenstrahlen hindurch.

Am Schlossberg wachsen alte Kiefern mit wuchtigen Stämmen und weit gespannten Kronen. Die Nadeln der Kiefern rasseln, als wollten sie vor den Wetterelementen warnen. Das Schloss gibt es nicht mehr. Dafür ist wenige Kilometer weiter die Burg Trausnitz noch gut erhalten. Die Burg über der Stadt Landshut hat Könige und Kaiser beherbergt und viele tragische Schicksale erlebt. Die Stadt und die Burg – beide sind gleichzeitig um 1204 entstanden und verdanken ihre Existenz Ludwig I., dem Kelheimer. Als Sohn von Otto I. war er der zweite Wittelsbacher, der Bayern regierte.

Seine Geschichte klingt fast wie die von Heinrich dem Löwen aus dem Geschlecht der Welfen, der einst München gegründet hat. Ludwig der Kelheimer verübte nämlich einen ähnlichen Handstreich: In der Nähe der heutigen Stadt Landshut, die damals noch nicht existierte, zerstörte Ludwig die Bewachungsfeste Straßburg und die Brücke, deren Mauteinnahmen zum Bischof nach Regensburg geflossen waren, und lenkte Handel, Warenstrom und Zoll über seine neue Brücke. Wenig später, im Jahr 1204, ließ Ludwig die Stadt Landshut und die Burg Trausnitz bauen und erweiterte so seine Macht entlang der Isar. Das musste ihm so gut gelungen sein, dass er für andere Herrscher gefährlich wurde. Mit 58 Jahren wurde Ludwig im Jahr 1231 auf der Kelheimer Brücke erstochen. Den Auftraggeber hatte man nie herausgefunden, denn den Mörder hat man noch am Tatort erschlagen.

Zu diesem Zeitpunkt war Landshut bereits eine beachtliche Stadt mit Bürgern, die nach Selbständigkeit strebten. In nur drei Jahrzehnten war sie wirtschaftliches, kulturelles und politisches Kraftzentrum geworden.

Staunend gehe ich durchs heutige Landshut und fühle mich fast wie auf einer Zeitreise ins Mittelalter. In keinem anderen Ort an der Isar ist die Vergangenheit in der Form der Häuser und Straßen noch so gegenwärtig. Eng drängen sich die Giebel der Patrizierhäuser zusammen, es gibt Laubengänge und Innenhöfe, Tore, Türme und Zinnen. Eine geschwungene Straße, die sich bauchig erweitert, dient als Marktplatz. Früher rollten hier die Fuhrwerke entlang, und noch immer hat sie den Charakter einer Handelsstraße, denn Händler bieten ihre Waren feil und Stände mit Zwiebelbündeln und Krautpyramiden reihen sich bunt aneinander.

Mir wird bewusst, dass ich in Niederbayern bin. Woran man das merkt? Vieles kommt zusammen, was anders ist als in Oberbayern: Dialekt, Gesichter, Kultur, Architektur, Landschaft, ja, selbst die Luft scheint anders zu schmecken – vielleicht weil die Berge so fern sind.

Die Isar fließt, in zwei Arme geteilt, durch die Stadt. Heute liegen die bevorzugten Wohnungen in der Nähe des Flusses, denn man hat keine Angst mehr vor Überschwemmungen. Die Isar ist ausbruchsicher eingesperrt und notfalls können über einen Flutkanal die Wassermassen um die Stadt herumgeschleust werden. Die Chroniken aber berichten von verheerenden Katastrophen, als Landshut ein einziger See war, aus dem nur noch Hausdächer wie Inseln herausragten.

Der Ort wurde mitten ins Schwemmland gebaut, in Sumpf und Morast. Eine ungeeignetere Stelle hätte man nicht aussuchen können. Wahrscheinlich konnten die Menschen gar nicht wählen, denn Ludwig der Kelheimer wird die Besiedlung einfach angeordnet haben und die Burg Trausnitz versprach ja Schutz. So ließen sich die Bürger auf das Wagnis ein.

In den schlammigen Grund rammte man Holzpfähle und baute dann erst die Häuser darauf. Für die Martinskirche hat man 5000 Stämme dicht an dicht, wie die Borsten einer Bürste, in den Untergrund getrieben. Solange der Wasserstand nicht sank, waren die Pfähle im Morast luftdicht abgeschlossen und konnten nicht faulen. Das änderte sich erst, als die Isar reguliert wurde, und man die Holzpfähle durch Betonpfeiler ersetzen musste. Noch immer aber stehen einige mittelalterliche Häuser der Altstadt auf alten Holzpfählen.

Die rot schimmernde Martinskirche ist der höchste Backsteinbau der Welt und die Landshuter sind sehr stolz auf ihre Kirche. Das lichtdurchflutete Kirchenschiff ist 90 Meter lang und der Turm ungeheure 130 Meter hoch. Ziegel um Ziegel musste aufeinander geschichtet werden. Gut hundert Jahre hat der Bau gedauert, von 1390 bis 1500, die Zeit der »reichen Herzöge«.

Die Landshuter erzählen sich, die Martinskirche hätten sie nur deswegen so hoch gebaut, um dem Herzog droben auf seiner Burg in die Suppenschüssel spucken zu können. Hinter diesem frivolen

Satz verbirgt sich jedoch eine Tragödie. Die Herzöge waren voller Habgier und ohne Erbarmen. Unter ihrer Herrschaft verloren viele Bürger auf grausame Weise ihr Leben.

Der erste der reichen Wittelsbacher Herzöge war Heinrich. Das fruchtbare Niederbayern bescherte ihm ansehnliche Einkünfte, doch er begnügte sich nicht damit. Rücksichtslos ließ er die Bauern auspressen und bedrängte auch die Landshuter Bürger mit immer neuen Steuern. Einige, die sich das nicht länger gefallen lassen wollten, trafen sich heimlich im Fischerturm an der Isar. Die Verschwörung wurde verraten und der Herzog nahm erbarmungslos Rache. Die Anführer köpfte der Scharfrichter, Verdächtigen wurden die Augen ausgestochen, andere mit Weib und Kind verjagt, auch wenn man ihnen nichts nachweisen konnte, denn der raffgierige Herzog hatte es auf ihr Vermögen abgesehen.

Dann kam Sohn Ludwig an die Macht. Obwohl er an Geldgier seinem Vater nicht nachstand, ging es den Landshutern unter seiner Herrschaft besser. Statt die Bürger auszusaugen, konfiszierte er den Besitz der Juden und vertrieb sie aus der Stadt. Die Landshuter sahen dieses Unrecht mit Wohlgefallen, denn viele waren bei den Juden hoch verschuldet gewesen und brauchten nun ihre Schulden nicht mehr zu bezahlen.

Der dritte der Reichen war Georg, auch Jörg genannt. Als er 1475 heiratete, besuchten 10000 Hochzeitsgäste die Stadt. Eine Woche lang wurde gefeiert und Jörg hielt alle frei. Es ging hoch her mit Tanz und Schauspiel, mit Turnieren und Spektakel. Essen und Trinken gab es im Überfluss: 323 Ochsen, 40000 Hühner, 5000 Schweine, 1000 Kälber und 500 Schafe wurden geschlachtet, wie die herzogliche Rechnung genau vermerkt. Alles bezahlte Jörg der Reiche. Aber kaum war die Hochzeit vorbei, erhöhte er die Steuern. Doch die Bürger trugen ihm die Steuererhöhung nicht lange nach, zu sehr hatte er sie mit dem prunkvollen Fest beeindruckt. Bis heute haben sie es nicht vergessen und feiern alle vier Jahre die »Landshuter Hochzeit« mit originalgetreuen Kostümen, Rittern in Rüstungen, geschmückten Fuhrwerken und Kutschen.

Hinter dem Festtagstaumel aber verschwindet der eigentliche Anlass – wen hatte Herzog Georg denn nun geheiratet? Es war Jadwiga, die Tochter des polnischen Königs Kasimir IV., ein schönes Mädchen, sanft und gehorsam. Der polnische König war froh über die gute Partie. Die Verbindung mit dem reichen Wittelsbacher konnte sich für Polen auszahlen. Jadwiga aber war unglücklich. Nicht einmal während der Vermählung konnte sie sich ihrer Tränen erwehren.

Aus der Polin Jadwiga wurde die Herzogin Hedwig, doch nicht lange wohnte sie im Schloss Trausnitz. Georg der Reiche verlor schnell das Interesse an der sanften Schönheit seiner jungen Frau. Er suchte sich lieber lustige Gespielinnen, die frivol und heiter waren. Damit Jadwiga ihn nicht mit Vorwürfen belästigte, sperrte er sie im fernen Schloss von Burghausen ein, wo die Polin den Rest ihres Lebens verbringen sollte. Georg aber starb ohne männliche Erben im Jahr 1503. So fiel Landshut und damit ganz Niederbayern an die Münchner Linie der Wittelsbacher.

Die Isar im Kühlturm und die
fünf Sterne des Nepomuk

Schnurgerade, mit Dämmen abgeschnürt, von einem Stausee zum anderen, ist die Isar zur Stromgewinnung zugerichtet. Meine Wut auf die Kraftwerke wächst. Mit dieser Wut aber kann ich nicht wandern, sie ist destruktiv und frisst sich in mich hinein, raubt mir die Kraft. Ich denke, es ist besser, mich zu konfrontieren. Ich muss in eines dieser Kraftwerke hineingehen, mir genau ansehen, was meine Isar zerstört.

Ich entscheide mich für das Kraftwerk Altheim, nordöstlich von Landshut. Der Betriebsleiter führt mich in das tiefe Innere des Werkes. Bei aller Abneigung gegen die Natur vernichtende Technik fasziniert sie mich erneut. Allein die Vorstellung, dass Menschen fähig sind, so ein Werk zu planen, zu berechnen und zu bauen, flößt mir Respekt ein.

Durch einen Schacht schaue ich hinunter zur mächtigen Turbine. Im Lärm höre ich nur mit Mühe die Erklärungen des Betriebsleiters: »Unsere Stromerzeugung beruht auf dem Prinzip des Fahrraddynamos. Das Turbinenrad hier wird allerdings von der Wasserkraft in Drehung versetzt und ist über eine Welle mit einem Generator verbunden. Dieser ›Dynamo‹ ist der eigentliche Stromerzeuger.«

»Wie viel Wasser braucht die Turbine denn, um bewegt zu werden?«

»Im Moment laufen 80 Kubikmeter pro Sekunde durch.«

»Wie kann ich mir das vorstellen?«, frage ich. »Schießt das Wasser durch ein Rohr auf die Turbine?«

»Nein, da ist kein Rohr, nur eine Öffnung. Das Wasser fällt senkrecht hinunter auf die Flügel der Turbine, die aussehen wie die Propeller einer Schiffsschraube. Durch die Fallhöhe von 8 Meter treibt das Wasser die Turbine an.«

Das Kraftwerk liegt 12 Meter tief in der Erde. Es sind ungeheure Kräfte, die hier wirken. Da unten schießt das Wasser durch und dreht unaufhörlich das Turbinenrad. Ich glaube förmlich den Druck zu spüren, von der Wassersäule über uns und von dieser gewaltigen Wassermenge des Sees. Seit fast 80 Jahren hält das Bauwerk dem enormen Wasserdruck der angestauten Isar stand. Aber was ist diese Zeit im Leben eines Flusses? Nein, die Isar ist nicht tot, solange sie ihr Wasser hat. Sie ist genauso stark wie früher, nur wird ihre Kraft in unserer Zeit von Menschen beherrscht.

Der Betriebsleiter betont, wie sauber Wasserkraft ist, weil keine Schadstoffe entstehen. Es sei überhaupt die beste Weise, Energie zu gewinnen. Das Altheimer Kraftwerk liefere die gewonnene Energie an die Bundesbahn. Umgerechnet sei das so viel, dass eine halbe Million Menschen ganzjährig mit Strom versorgt werden könnten. Das sei doch eine nennenswerte Zahl. Mir scheint das aber eher wenig zu sein, im Vergleich zu den Folgen für die Isar. Aber welche Alternative gäbe es?

Am linken Ufer ragt zwischen Weiden und Gebüsch weithin sichtbar ein tubusförmiger, weißmetallener Turm hervor. Es ist der gigantische Kühlturm des Atomkraftwerks Isar II bei Ohu. Der Turm misst 165 Meter in der Höhe, die Öffnung oben ist mit 86 Metern Durchmesser fast so groß wie ein Fußballfeld. Und aus diesem Schlund wälzt sich eine weiße Wolke. Der Dampf besteht ganz und gar aus Isarwasser, 800 Liter pro Sekunde verdunstet in Bayerns größtem Kamin und kühlt so den Reaktor.

Gleich daneben steht das Werk Isar I, das keinen Kühlturm hat. Hier wird der Reaktorkern direkt mit Isarwasser gekühlt, das dann, um drei Grad erwärmt, zurück in den Fluss fließt. Siedewasserreaktor nennen ihn die Fachleute. Einen zweiten hätte die Isar wegen der Erwärmung nicht verkraftet, deshalb hat man Isar II als Druckwasserreaktor mit Kühlturm gebaut.

Der Pressesprecher des Kernkraftwerks Ohu argumentiert ähnlich wie die Betreiber der Wasserkraftwerke. So wie für sie die Wasserkraft, ist für ihn Atomkraft die sauberste und beste Energiegewinnung, ohne Schadstoffe und mit höchster Effektivität.

»Isar II erzeugt so viel Strom wie kein anderes Atomkraftwerk auf der Welt«, schwärmt er. »Unsere beiden Kernkraftwerke sind das Rückgrat der bayrischen Stromversorgung. Sie decken 40 Prozent unseres gesamten Bedarfs.«

Da bin ich tatsächlich beeindruckt. Nur zwei Atomwerke liefern fast die Hälfte der benötigten Energie! Und da hat man die Isar mit 28 Kraftwerken zugepflastert, die alle zusammen weniger als ein Prozent produzieren! Alle Wasserkraftwerke Bayerns, also die von Lech, Iller, Inn, Donau und ihren Nebenflüssen, deren Zahl mit über 4000 unglaublich hoch ist, können nur 13,9 Prozent unseres Strombedarfs in Bayern decken. Und wegen dieser vergleichsweise geringen Energie-Ausbeute wurden fast alle unsere Wildflüsse zerstört!

Verständlich die Euphorie, als in den fünfziger Jahren die ersten Atomkraftwerke in Deutschland gebaut wurden. Glaubte man doch, die Energieprobleme für alle Zeit gelöst zu haben. Nur ein Problem wird für immer unlösbar bleiben: Niemals und nirgenwo auf der Welt wird es ein sicheres Endlager für den radioaktiven Müll geben, einfach deshalb, weil er äonenlang strahlt und nichts auf der Erde, keine geologische Formation, so lange stabil bleiben wird.

Am Auslauf des Niederaichbacher Stausees begegne ich einem Ehepaar. Er angelt. Sie, mit ihrem vollen Gesicht umrahmt von braunen Locken, unterhält ihn mit Geplauder und fröhlichem Lachen.

»Wissen Sie«, sagt sie gesprächig zu mir, »als mein Mann vor einem Jahr Rentner wurde, hab ich zu ihm gesagt, such dir ein Hobby! Es macht mich wahnsinnig, wenn du mir dauernd auf der Pelle hockst. Such dir eine Beschäftigung, hab ich zu ihm gesagt. Da fing er an mit Angeln. Und das gefiel mir, da bin ich einfach mit.«

»Und nun hängt sie an mir wie eine Klette und vertreibt die Fische«, sagt der Mann im Scherz.

»Du bist heilfroh, dass ich mitkomme, gib's zu! Allein langweilst du dich doch zu Tode.«

Der Mann schmunzelt und nickt: »Wo sie Recht hat, hat sie Recht!«

»Macht Ihnen der Atommeiler keine Angst?«, frage ich und weise auf den metallisch glänzenden Kühlturm gegenüber.

»Ach, an den Anblick haben wir uns längst gewöhnt«, antwortet sie leichthin. »Der schadet nicht, im Gegenteil. Wo das aufgewärmte Wasser austritt, sammeln sich jede Menge Fische«, sagt er. »Dort haben wir vorigen Winter an einem einzigen Tag gleich neun Stück herausgezogen – und wie groß und dick die waren! Wir essen gern Fische.«

»Was? Dort haben Sie geangelt. Das Wasser fließt direkt am Reaktor vorbei und könnte doch radioaktiv sein.«

»Ach was! Dummes Zeug! Alles Panikmache. Da würden die Fische doch zuerst krepieren. Sie waren aber ganz munter und haben hervorragend geschmeckt.«

Auf dem Damm geht es weiter. Stieglitze schwirren mir voraus. Sie fallen ein in die Stauden am Ufer und zupfen wild und heißhungrig an den Fruchtständen der Disteln. Die Flocken trägt der Wind davon, als würde es schneien.

Behäbig wälzt sich die Isar dahin. Grünbraun ist ihre Farbe. Das Rauschen ist verstummt, nur dumpfes Gurgeln ist zu hören. Eine ölig schimmernde Schicht liegt auf dem trüben Wasser und fauliger Geruch breitet sich aus. Pappeln säumen die breiten Ufer, schwermütig ist die Stimmung.

Ich verlasse das rechte Flussufer und wandere durchs Land. In weichen Wellen hebt und senkt es sich, als würde es atmen. Geruch warmer Erde steigt auf. Es ist fruchtbares Ackerland, der Gäuboden. Ein Gemisch aus Lehm, Sand und Löss, während der Eiszeit angewehter Gesteinsstaub. Von alters her wussten die Bauern, dass man in dieser Gegend reiche Ernten einfahren kann, und siedelten sich an.

Die Orte liegen in sicherer Höhe, weit genug entfernt vom ehemaligen Überschwemmungsgebiet der Isar. Es sind stattliche Bauerndörfer, die vom Wohlstand ihrer Bewohner zeugen. Großzügige Bauten und Stallungen, selbst die Scheunen sind aus gutem Holz stabil gebaut. Für die Kirchen hat man rotbraune Ziegel verwendet. Die schlanken Türme der Kirchen beeindrucken durch ihre Größe und verkörpern das Geltungsbedürfnis der Bauern. Doch einfach war das Leben hier nie. Gerade die reichen Bauern blieben von der Willkür der Herrschenden nicht verschont. Wo man viel zu holen glaubte, verlangte man besonders hohe Abgaben.

Ich komme an einsamen Gehöften vorbei mit ungewöhnlichen Namen: Schlott, Schreg und Oed. Wie Festungen sind sie gebaut, der Hof in der Mitte, im Geviert von Gebäuden umgeben. Den einzigen Zugang bietet ein schweres Holztor. Diese Bauernhäuser sehen aus wie Trutzburgen. Und das waren sie tatsächlich. Stets musste man sich und seine Habe schützen in diesem fruchtbaren Land. Im Mittelalter waren es Raubritter, die sich holten, was sie brauchten, und zur Zeit des Dreißigjährigen Krieges zogen die Landsknechte plündernd, brandschatzend und mordend durchs Land. Gleich, ob es die Heere Tillys auf der katholischen Seite oder die protestantischen Schweden waren.

In der Flussebene liegt Dingolfing als Doppelstadt beidseits der Isar. Bereits in frühgeschichtlicher Zeit war die Gegend besiedelt. Später war hier ein Gutshof der agilolfingischen Herzöge. Zur Zeit der Wittelsbacher Herzöge entwickelte sich dann die Stadt. Aus einer Handels- und Handwerkerstadt entstand in unserer Zeit ein Zentrum für den Maschinenbau. Allein 20000 Menschen arbeiten im BMW-Werk Dingolfing, dabei hat die Stadt selbst nur rund 18000 Einwohner.

Wieder zurück am Isarufer, schlage ich einen Bogen um Dingolfing, obwohl es in der Stadt sehenswerte historische Gebäude gibt, aber die Isar, die jetzt mit dem gesamten Wasser ihrer Mündung zustrebt, zieht mich mit sich. Kanalisiert, begradigt, erwärmt, geschröpft, gefesselt, gestaut, verdreckt – und doch fließt sie unaufhaltbar weiter. Das Lachen eines Grünspechts schallt aus den Erlen. Eichhörnchen jagen sich wie rote Blitze durchs Gebüsch. Ihr wildes Keckern übertönt sogar die Glocken einer nahen Kirche. In der klaren Luft sind die Geräusche weithin zu hören. Es riecht nach feuchtem Laub und Pilzen. Im hellen Licht des wolkenlosen Himmels kreisen zwei Bussarde, schrauben sich höher und höher, segeln wie schwerelos dahin.

Und auf einmal breitet sich ein Paradies vor mir aus. Eine wunderbare Seenlandschaft. Schilfrohr säumt die Ufer, Inseln werden malerisch vom Wasser umspielt, in Tümpeln und Teichen wiegen sich Seerosen. Ist das tatsächlich wahr oder ein Trugbild? Eben noch war die Isar ein schmieriger Fluss, der fauligen Geruch ausströmte. Wie kommt es zu dieser Zauberei?

Da, wo bei Mammingen die Alter einmündet, zeigt die Isar wieder, wie sie sein könnte. Entenmütter dümpeln mit ihrem Nachwuchs im seichten Wasser. Hasen hoppeln furchtlos am Ufer. Teichrohrsänger füttern ihre Jungen im kunstvoll zwischen Schilfhalmen geflochtenen Nest.

Ein Schwanenpaar will mit seinen Jungen vom Röhricht aus ins freie Wasser schwimmen. Auch die Blessrallen haben Nachwuchs im Nest und fühlen sich von den Schwänen bedroht. Die Rallen, ungeachtet ihrer Winzigkeit, greifen die hoheitsvollen Schwäne an und verstellen ihnen den Weg. Wie kleine schwarze Teufel springen und hüpfen sie hoch, flattern wild und schlagen mit den Flügeln, dabei schreien sie durchdringend, als würde Metall zusammenklicken. Der Schwanenmann fühlt sich angegriffen, plustert sich auf, schwingt seinen Hals wie ein Peitsche und faucht wie einer Schlange. Diese Drohung verstärkt Aufregung und Angst bei den Blessrallen. Der Schwan will den Durchlass für seine Familie erzwingen, aber die kleinen Tauchvögel glauben, ihre Brut sei in Gefahr. Wie eine Sprungfeder schnellt eine Ralle senkrecht aus dem Wasser und landet auf dem Rücken des Schwanes, krallt sich fest und hackt los. Endlich schüttelt der Schwan den blindwütigen Vogel ab und flüchtet mit seiner Familie hinaus auf den See. Als die Schwäne schon weit draußen friedlich durchs Wasser gleiten, empören sich die Ralleneltern noch immer. Mit harten Ticklauten berichten sie wohl ihren Kindern, wie mutig sie waren und was für schlimme Feinde diese Schwäne sind.

Die herrliche, wild bewachsene und unberührt wirkende Seenlandschaft ist ein Stausee, allerdings ein Vorzeigeobjekt der Wasserwirtschaft. Naturschützer lassen sich trotz Schönheit und Artenvielfalt nicht über die Tatsache täuschen, dass ein Fließgewässer durch Anstauung grundsätzlich beschädigt wird. Arten, die in einem Fluss leben, können hier nicht existieren, dafür aber viele andere, die ruhiges Gewässer brauchen.

Dann fließt die Isar wieder in ihrem von Menschen gebauten Bett. Schwer und behäbig ist sie geworden, durch Staustufen wird sie daran gehindert, sich tief einzugraben. Das letzte Stauwerk, das sie erdulden muss, ist das im Jahr 1994 gebaute Prielweichs.

Rechts am Ufer liegt die Stadt Landau. Obwohl zur gleichen Zeit wie Landshut von Ludwig dem Kelheimer gegründet, blieb Landau im Schatten klein und bescheiden. Eine ländliche Stadt mit Handwerk, Handel, Holz- und Textilindustrie. Oft durch Kriege zerstört, stehen nur noch wenige historische Gebäude wie zum Beispiel der Kastenhof.

Gegenüber am linken Isarufer, in Wallersdorf, fand ein Mann beim Umgraben seines Gartens einen Keltenschatz. Fast 400 Münzen aus feinstem Gold. Ein Kelte hatte vor 2000 Jahren diese Goldmünzen vergraben und war nie mehr dazu gekommen, den Schatz zu heben. Der Fund ist im Museum in Landau ausgestellt, im mittelalterlichen Kastenhof. Das Museum ist gefüllt mit den Funden aus 8000 Jahren Kulturgeschichte Bayerns.

Die Isar erstrahlt im Lichterglanz. Böllerschüsse krachen. Die Feuerwehr spritzt einen Wasserbogen von einem Ufer zum anderen und lässt ihn in bunten Farben erstrahlen. Schwimmer mit Fackeln in der Hand steigen in die Isar und lassen sich in den Fluten treiben. Kanus und andere Boote, geschmückt mit Lämpchen und Lampions, fahren die Isar hinab.

Vier Männer tragen die lebensgroße Statue von Nepomuk zum Isarufer und setzen den Heiligen auf die »Plätte«, einen beleuchteten Kahn. 5000 Menschen schauen zu. Die Kapelle spielt, Ansprachen werden gehalten und feierlich der Verstorbenen und der Opfer der Isar gedacht, ein Kranz den Wellen übergeben. Zahlreiche Ehrengäste sind geladen. Vertreter von Kirche, Politik und Wirtschaft haben sich versammelt, in Plattling an der Isar.

Raketen steigen zum Himmel und übergießen den Fluss mit Goldregen und sprühenden Funken. Die Farbkaskaden spiegeln sich im dunklen Wasser und beleuchtete Boote gleiten langsam stromabwärts.

»Alle drei Jahre feiern wir die Wasserprozession zu Ehren des heiligen Nepomuk«, sagt Günther Rösch, der Erste Vorsitzende des Sankt-Johann-Nepomuk-Vereins in Plattling.

Schon Josef Seitner, der Flößer in Wolfratshausen, hatte mir von Nepomuk, dem Brückenheiligen, erzählt, zu dem die Flößer beten und ihn um eine glückliche Passage bitten. Früher veranstaltete man an vielerlei Orten Wasserprozessionen zum Namenstag des Heiligen. In Lenggries, Bad Tölz und Wolfratshausen wird dieser alte Brauch wiederbelebt, aber nur in Plattling gibt es einen Nepomuk-Verein. Deshalb freue ich mich, dass Günther Rösch Zeit findet, meine Fragen zu beantworten.

»Wir sind der einzige Nepomuk-Verein, einzig in der Welt«, betont der Erste Vorsitzende stolz. »Nicht einmal in der Heimat von Nepomuk gibt es einen Verein.«

»Und warum gerade in Plattling?«

»Unser Schicksal war immer von der Isar bestimmt. Plattling war stets abhängig vom Steigen und Fallen des Flusses und wir mussten unter gewaltigen Hochwassern leiden. Schauen Sie diese Bilder dort!« Günther Rösch weist auf einige Fotografien und Gemälde in seinem Amtszimmer. »Da sehen Sie die große Überschwemmung von 1940. Die Isar floss meterhoch durch die Straßen der Stadt.«

»Wegen dieser Katastrophe haben Sie den Verein gegründet?«

»Nein, unser Verein besteht schon viel länger, genau gesagt seit 1864. Das abgebildete Hochwasser dort war ja nur eines von vielen und auch Menschen sind immer wieder ertrunken. Schreckliche Unfälle passierten vor allen den Fischern, Flößern, Fährleuten, aber auch den Mühlenbesitzern und Wasserbauarbeitern. Diese Berufsstände schlossen sich zu einer Notgemeinschaft zusammen mit Sankt Nepomuk als Schutzpatron. Da sie ihm Ehre erweisen und ihm eine Heimstatt geben wollten, gründeten sie unter dem Vorsitz von Müllermeister Peter Bergmüller unseren Verein.«

»Hat Sie selbst ein besonderes Erlebnis in den Verein geführt?«

»Unsere Bräuche haben mir immer schon gefallen und mein Vater war Flussmeister und gleichzeitig Zweiter Vorsitzender des Vereins. Da hat er mich als Bub immer mitgenommen, bis ich groß genug war, um Mitglied zu werden.«

Wer war dieser Nepomuk eigentlich? Er war Tscheche und hieß mit Vornamen Johann. Im Jahr 1350 wurde er als Sohn eines Richters in Pomuk geboren. Der Geburtsort zusammen mit der tschechischen Vorsilbe ne, von, wurde später zu seinem Namen Ne-Pomuk. Er empfing die Priesterweihe, studierte an der Universität in Prag Jura, promovierte in Kirchenrecht, predigte im Prager Dom und war seit 1389 Generalvikar des Erzbischofs.

In dieser Zeit herrschte in Böhmen König Wenzel, der sich von der Papstkirche lösen wollte und eine von Rom unabhängige Kirche anstrebte. Nepomuk hatte das Pech, in den Streit zwischen König und Erzbischof hineingezogen zu werden.

König Wenzel, der als Sechzehnjähriger gekrönt und als ungeduldiger, jähzorniger und misstrauischer Mensch beschrieben wird, der trunksüchtig war und übermäßig der Jagdleidenschaft frönte, versuchte gewaltsam, sich der kirchlichen Güter und der Kontrolle über die Kirche Böhmens zu bemächtigen.

Dem Erzbischof von Jenzenstein gelang es zu fliehen, aber seinen Generalvikar, Johann Nepomuk, ließ der König einsperren. Gegen ihn richtete sich nun der Zorn des Königs mit ungeheurer Wucht, um so mehr, als Nepomuk keiner adligen Familie angehörte und deshalb als Untertan des Königs keinen Schutz besaß. Er wurde an den Armen hochgezogen und mit brennenden Fackeln gefoltert. Mit eigener Hand misshandelte der König sein Opfer, denn er vermutete eine Verschwörung der Adligen gegen sich. Auch nahm er an, dass Mitglieder seiner eigenen Familie den Erzbischof von Jenzenstein unterstützt hätten. Ob er wirklich wissen wollte, was seine siebzehnjährige Gattin Sophie, eine Prinzessin aus Bayern, ihrem Beichtvater Nepomuk anvertraut hat, ist historisch nicht überliefert. Auch nicht, ob Nepomuk überhaupt etwas wusste, was er hätte verraten können. Trotz der furchtbaren Tortur schwieg der Generalvikar. Noch in der Nacht schleppten ihn seine Peiniger zur Karlsbrücke und stürzten ihn in die Moldau. Als seine Leiche Tage später antrieb, schwammen fünf goldene Sterne um sein Haupt. Ein fünfsterniger Strahlenkranz ist seitdem sein Zeichen und fehlt bei keiner Abbildung oder Statue des Nepomuk. Die fünf Sterne sollen ein Kryptogramm darstellen, einen Text mit geheimer Bedeutung. Ein mehrfach verschlüsselter Beweis, dass Nepomuk das Beichtgeheimnis nicht gebrochen hat, denn die Sterne symbolisieren das lateinische Wort: *tacui* – ich habe geschwiegen.

Nepomuk wurde zum Volksheiligen. Die einfachen Menschen glaubten, bei Gefahr könne niemand ihre Nöte und Ängste besser verstehen als Nepomuk, der diesen furchtbaren Tod im Wasser erlitt, und sie sandten ihre flehentlichen Gebete zu ihm, damit er ihnen helfe. Immer wieder ereigneten sich wunderbare Rettungen und 1729 wurde Nepomuk vom Papst heilig gesprochen. Sogleich erklärte Bayern ihn zum Landespatron, war es doch eine bayrische Prinzessin, deren Beichtgeheimnis er bewahrt hatte.

Als der Sarkophag anlässlich der Heiligsprechung geöffnet wurde, entdeckten Geistliche und Ärzte der bischöflichen Kommission, dass die Zunge Nepomuks unverwest war. Noch nach über 300 Jahren hatte sie ihre rote Farbe behalten und blutete, als ein Arzt sie ritzte. Die Bischöfe werteten dieses Wunder als himmlisches Zeichen für die Heiligsprechung.

Bald gab es in Bayern kaum noch eine Brücke ohne das Standbild des Heiligen, der in einer Hand das Kreuz, in der anderen den Palmzweig und um das Haupt den fünfsternigen Kranz trägt.

»Die Isar ist gezähmt, die Hochwasser sind gebannt. Warum immer noch Wasserprozessionen?«, frage ich Günther Rösch.

»Wir wollen unser Brauchtum lebendig halten, es stärkt und verbindet die Gemeinschaft. Unser Verein ist keine Notgemeinschaft mehr und auch keine religiöse Vereinigung, sondern wir sehen unsere Aufgabe in der Pflege der Tradition und des Vereinsleben mit gemeinsamen Feiern. Der Höhepunkt aber ist in jedem Fall die nächtliche Wasserprozession alle vier Jahre. Der Erhalt der Bräuche ist wichtig für uns und unsere Kinder und Nepomuk ist immer noch ein Vorbild, weil er ein Mensch war, der an seiner Überzeugung festhielt und sich nicht zum Verrat zwingen ließ.«

Zum Schluss erfahre ich vom Vereinsvorsitzenden noch ein interessantes Detail des Nibelungenliedes, das Geschichte und Sage verbindet: Plattling habe vielleicht auch eine Rolle in der Legende von den Nibelungen gespielt. Es gebe Hinweise, dass die nach Ungarn zum Hunnenkönig Atilla reisende Krimhild in dem gastfreundlichen Ort gerastet und auf ihren Onkel, den Passauer Bischof Pilgrim, gewartet habe, der sie dann hier in Plattling empfing und in sein Bistum geleitete. Einen Bischof Pilgrim gab es tatsächlich, von 971 bis 991 hatte er das Bischofsamt in Passau inne, aber ob er wirklich der Onkel der legendären Königin Krimhild war und sich die Tragödie der Nibelungen überhaupt ereignet hat, kann heute niemand beweisen. Aber im »Hundeshagener Codex«, dieser kostbaren illustrierten Handschrift des Nibelungenliedes, die um 1200 geschrieben wurde und verschiedene noch ältere Überlieferungen miteinander vermischt, wird Pledelingen als Ort genannt, wo Krimhild auf ihren Onkel wartete – und dieses Pledelingen soll mit Plattling identisch sein.

Ich dürfe nicht versäumen, die St. Jakobskirche jenseits des Flusses zu besuchen, die um 1188 gebaut wurde. Sie sei auch im Nibelungenlied beschrieben, macht mich Günther Rösch neugierig.

Die kleine Kirche steht am Fluss und bewacht einen Kirchhof. Hoch ragt der schlanke Turm mit schiefergrauem Spitzhelm in die Landschaft. Das Kirchenschiff ist sehr schmal und wird vom vorgesetzten Turm fast verdeckt.

Ihre Bedeutung als Pfarrkirche verlor sie, als die Plattlinger nach einem verheerenden Hochwasser, bei dem die Isar sich ein neues Bett grub, ihre Siedlung auf die gegenüberliegende Seite der Isar verlegten. Das war im 14. Jahrhundert. Da die Kirche seither keine wichtige Funktion mehr hatte, blieb sie von Bauveränderungen verschont. Heute ist sie Plattlings Juwel und hat ihr romanisch-gotisches Erbe tadellos bewahrt.

Die St. Jakobskirche ist offen und ich betrete den Boden aus dunklen Steinplatten, denen man die Abnützung durch die Jahrhunderte ansieht. Arkaden durchziehen beidseits den Raum, gestützt von Pfeilern aus rötlichem Granit. Der gotische Chor mit seinen hellen Wandmalereien bietet dazu einen reizvollen Kontrast. In Medaillons gefasst, von Ranken und Blumen umkränzt, zeigen sie mit blassen Farben Szenen aus der Passion.

Ein letztes Isarmärchen

Hinter Plattling ist die Isar ganz sich selbst überlassen. Die letzten neun Kilometer darf sie endlich noch einmal wild sein. Keine Stauwerke, keine Betonufer, keine Kläranlagen. Die Isar nützt sofort ihre Freiheit und zeigt noch einmal, wie schön sie eigentlich ist. Von weit verzweigten Wasseradern steigt golden leuchtend der Morgennebel auf. Aus schwarzem Moorwasser ragen knorrige Bäume heraus, wie verzauberte Sumpfgeister. Auf stillen Seen wiegen sich scheue Schwäne und Tautropfen perlen auf Seerosen.

Aber diese Schönheit ist nicht zum Vergnügen für Menschen gedacht. Sehr schnell spüre ich, dass ich hier eigentlich nichts verloren habe. Wasser blubbert, der Boden gibt nach und schon stecke ich tief im Morast. Schlammverkrustet kämpfe ich noch mit dem tückischen Sumpf, da naht bereits die nächste Plage: Mücken! Die Blutsauger fallen erbarmungslos über mich her.

So leicht aber gebe ich nicht auf. Ich werde mich eben vorsichtig der Wildnis nähern und sie mir allmählich erschließen. Zuerst gehe ich die Dämme entlang, die beidseits das vier Kilometer breite und neun Kilometer lange Mündungsdelta begleiten. Diese mit Gras und Blumen bewachsenen Erdwälle schützen das umliegende Ackerland vor Hochwasser. Auf ihnen wandere ich mühelos und blicke von oben hinein in die Wildnis. Es ist ein amphibisches Gebiet mit wuchernder Vegetation, ein Dschungel mitten in Deutschland.

Wilder Hopfen rankt sich an Schwarzerlen empor und Waldreben weben duftige Hüllen um Stamm und Krone. Durch den grünen Vorhang klingt Geschnatter der Enten, eiliges Flügelschlagen und Wasserglucksen. Die Geräusche wecken meine Neugier, doch das

Schilfröhricht verwehrt mir den Einblick. Dafür entdecke ich einen Moortümpel, den ein Teppich gelber Teichrosen bedeckt. Eine grünfüßige Teichralle trippelt am Ufer entlang, lässt sich schließlich ins Wasser gleiten und pickt an den gelben Blüten. Golden geht die Sonne unter und spiegelt sich zwischen den dunkelgrünen Blättern der Teichrosen.

Auf einer trockenen Wiese jenseits der feuchten Au, baue ich mein Zelt auf. Ich höre einen eigenartigen Ton, als würde eine Katze schnurren. Ob es hier Wildkatzen gibt? Aufgeregt suche ich mit dem Fernglas das Gebüsch ab und entdecke einen Vogel. Er ist kaum so groß wie ein Spatz und unscheinbar braun gefärbt, ein Schwirl. So selten ist der Schwirl, dass nur wenige Menschen ihn je gesehen haben. Eifrig gurrt er sein eintöniges Lied, als wollte er nie aufhören. Mal ein kurzer Aussetzer, ein Atemholen, dann geht es weiter.

Fledermäuse flattern am Nachthimmel hin und her auf der Suche nach ihrer Beute, den Insekten. Für die Mücken bin ich die Beute und sie stürzen sich gierig auf mich. Vor den Quälgeistern rette ich mich ins Zelt und freue mich, nach den Übernachtungen in Gasthäusern endlich wieder in freier Natur zu schlafen. Noch lange vernehme ich die Geräusche der Wasservögel, die wohl selbst im tiefen Traum nicht den Schnabel halten.

In der Früh, es ist noch nicht einmal richtig hell, weckt mich ohrenbetäubendes Geschrei. Alle Vögel legen auf einmal los. Singvögel schmettern, Enten quäken, Rallen ratschen, Reiher kreischen und Graugänse trompeten – ein disharmonisches Gelärm wie vor einem Konzert, wenn Musiker ihre Instrumente stimmen.

Auf dem Damm steht im taunassen Gras ein Fasanenhahn. Die Morgensonne bringt sein schillerndes Gefieder voll zur Geltung. Aber dann öffnet er den Schnabel und die schauerlichen Töne lassen mich vor Schreck zusammenzucken. Ein Hase hoppelt auf mich zu. Er ist ganz ohne Argwohn, schnuppert mal hier mal da und mümmelt frische Blättchen. Lange dauert es, bis er mich entdeckt. Ein Hopser zur Seite und er verschwindet im Gebüsch. Wie ein Greifvogel streicht ein Kuckuck an mir vorbei und hockt sich auf eine Birke. Selbst in der Nähe ähnelt er mit seiner quer gestreiften Brust einem Sperber. Allerdings fehlt ihm der Raubvogelschnabel und sein Ruf verrät ihn natürlich sofort.

Ein seltsames Geräusch dringt an mein Ohr, sehr hoch und süß und fremd, ein sirrendes Schwingen wie ferne Musik. Ich schaue zum Himmel und sehe drei Schwäne, die Hälse halten sie weit vorgestreckt und ihre Flügelschläge sind langsam und voller Musik. Ich schaue ihnen nach, bis sie in das Gold der Sonne eintauchen.

Die Isarmündung steht unter Naturschutz. Als eine der letzten Überflutungsauen und Zuflucht vieler seltener Tiere und Pflanzen gilt sie als »Naturerbe« und das soll auch in Zukunft so bleiben. In der Maxmühle, einem ehemaligen Sägewerk, wurde ein Informationszentrum eingerichtet. Schulkinder, Wanderer, Naturfreunde, Ausflügler können hier die Vielfalt einer Flusslandschaft bestaunen. Es ist mehr als nur ein naturkundliches Museum, jeder kann selbst viel tun, zum Beispiel Hochwasser simulieren und dabei begreifen, dass Überschwemmungen und Wasserstandsschwankungen für die Auen notwendig sind. Tiere und Pflanzen kann man spielerisch benennen. Spannende Spiele zeigen, wie man Holz an seiner Farbe und Maserung erkennt oder wie schwer das Holz verschiedener Bäume ist.

Zum Infozentrum gehört ein Freigelände, durch das sich ein Bach schlängelt. Neben einzelnen Bäumen stehen kleine Holzkästen mit einem Fragezeichen. Nun kann man raten, wie der Baum heißt, und zur Überprüfung den Deckel des Kastens aufklappen.

Das Land jenseits des Dammes ist fruchtbares Ackerland. Mais, Zuckerrüben, Zwiebeln gedeihen auf den Feldern und die Wiesen werden zur Heuernte gemäht. Die Namen der Orte, Hausenmühle, Messerermühle, Hafnermühle, zeigen, welch wichtige Rolle die Mühlen früher spielten. Manche der alten Mühlräder hängen noch über den Wasserläufen, klapprig und vermodert haben sie ihre ursprüngliche Bedeutung verloren.

Meine nächsten Stationen sind Kühmoos, Obermoos, Sammern und Isarmünd, das letzte Dorf, nur einen Kilometer von der Mündung entfernt. Einsam ducken sich eine Handvoll Häuser in die wellige Landschaft, umgeben von frisch gezogenen Ackerfurchen.

Eine Frau sitzt auf einer grünen Bank vor dem Haus und hält ein Strickzeug in den Händen. Als sie den Kopf hebt, blicke ich in ein schönes Gesicht. Ein Gesicht, geprägt von einem langen Leben, voller Runzeln, aber strahlend vor Lebensfreude.

»Sie sind gewiss durstig«, meint sie und bringt mir ein Glas frisches Wasser, an dem die Tropfen perlen. »Komm, setz dich zu mir«, wechselt sie in die persönliche Anrede. »Ein bisschen ausruhen tut gut.«

Ich berichte ihr von meiner Wanderung von der Quelle bis zur Mündung und frage, ob sie mir etwas über ihre Erlebnisse mit dem Fluss erzählen möchte.

»Ich erinnere mich gern an früher«, beginnt sie. »Die Isar, das war unser Reich. Mit meinen Brüdern bin ich durch die Wildnis gestreift, wir kannten jeden Winkel. Mücken haben uns zerstochen und Dornen zerkratzt, das hat uns alles nichts ausgemacht. Wir vergaßen es sofort, wenn wir den Eisvogel sahen. Sein blaues Blitzen beim Flug war wie ein Wunder. Zwischen den übers Wasser hängenden Weidenzweigen sprangen wir in den kühlen Fluss hinein, schwammen und tauchten hinunter zum Grund. Mit ausgebreiteten Armen schwebten wir über den Steinen und hörten das Singen. Es waren märchenhafte Töne, nie werde ich sie vergessen. Meine Brüder sagten mir, die Musik entstehe bei der Bewegung der Steine, die der Fluss vorwärts rollt. Ich aber hab geglaubt, es sei der Gesang von Nixen, und riss meine Augen unter Wasser weit auf, weil ich sie sehen wollte.«

Verwundert höre ich der alten Frau zu, bin überrascht, wie lebendig sie ihre fernen Kindheitserlebnisse zu erzählen weiß.

»Hat sich die Mündungsaue inzwischen sehr verändert?«, frage ich.

»Was verändert sich nicht?«, entgegnet sie lakonisch. »So wie früher kann es nicht mehr sein, aber Tiere gibt es immer noch viele, sogar Biber haben wir jetzt. Warte mal, ich zeichne dir auf, wo du die Biber finden kannst.«

Ich bin skeptisch, ob es möglich sein wird, in das Überschwemmungsgebiet hineinzugehen. Die Frau lächelt und drückt mir eine Skizze in die Hand, mit der ich mich in der Auwildnis zurechtfinden kann, und ich begebe mich auf Entdeckungstour in ein Tierparadies.

Ein geheimer Pfad führt mich zu der Seenkette und dank der Skizze finde ich im Schilf einen Durchschlupf. Vor mir liegt eine verwunschene Wasserwelt. Schilfumgürtete Teiche mit Wolkenschatten und den sich spiegelnden Bäumen, knorrige Weiden, deren grüne Arme in ihr eigenes Spiegelbild eintauchen. Es ist eine Welt voller Leben mit unzähligen Wasservögeln: Haubentaucher, Enten, Rallen, Schwäne, Fischreiher und Seidenreiher. Jetzt kann ich ermessen, aus wie vielen Vogelkehlen das Geschnatter in der Morgenfrühe gekommen sein mag. Wasserhühner schwimmen geschäftig zwischen Schilfhalmen, ein Teichrohrsänger trillert verborgen im Binsendickicht und Fischreiher lauern am Ufer unvorsichtigen Fröschen auf. Wilde Schwäne gleiten still über den See. Wie sie so ruhig dahinsegeln, den schlanken Hals schwungvoll gebogen, die Flügel zu Segeln hoch gestellt und mit dem schimmernden reinweißen Gefieder, das sich im dunklen Wasser spiegelt, wirken sie zauberhaft.

Eine Fasanenmutter führt ihre Kinder am Ufer entlang. Die Kleinen wuseln hinter ihr her und piepsen aufgeregt. Das Gras ist hoch und sie haben Angst, den Anschluss zu verlieren. Immer wieder hüpfen sie in die Höhe, um über die Grashalme hinweg die Mutter zu erspähen.

Ich höre den melodischen Gesang des Pirols. Seine klaren Flötentöne zaubern eine besondere Stimmung. Da erinnere ich mich, was ich in einem Vogelbuch über den Pirol gelesen habe, und versuche seinen Ruf nachzuahmen. Er lässt sich tatsächlich täuschen. Sicher vermutet er, ein Rivale sei in sein Revier eingedrungen. Von den hohen Wipfeln der dichten Laubbäume, in denen ich ihn nicht erspähen konnte, fliegt er herab und ich kann sein goldgelb leuchtendes Gefieder und seine lackschwarzen Flügel aus der Nähe bewundern. Wie ein exotischer Fremdling wirkt dieser amselgroße Pirol mit seiner auffälligen Färbung, aber selten bekommt ihn jemand zu Gesicht, da er sich in den Baumkronen verbirgt und nicht einmal zur Nahrungssuche herabfliegt. Ich freue mich sehr, dass es mir mit ein paar Pfeiftönen gelungen ist, den scheuen Pirol zu überlisten.

Weiter gehe ich auf der Suche nach den Bibern, die 1976 im Delta angesiedelt wurden. Der Ruf eines Vogels lässt mich aufmerken. »Dip dip dip« klingt es scharf. Ein spatzenkleines Kerlchen turnt im Geäst herum, unscheinbar braun gefärbt, dann setzt er sich auf einen wippenden Zweig und wendet mir seine Vorderseite zu. Eine kornblumenblaue Kehle leuchtet mir entgegen. Vor Aufregung zittert mir das Fernglas in der Hand und ich flüstere: »Ein Blaukehlchen.« Zum ersten Mal in meinem Leben erblicke ich eines – bisher kenne ich Blaukehlchen nur von Abbildungen. Seltsam, ein Tier genau zu kennen und seinen Namen zu wissen, es aber noch nie gesehen zu haben. Es ist ein bisschen wie ein Wunder, wenn es einem dann plötzlich begegnet.

Das Blaukehlchen ist nicht allein, auch sein Weibchen, das an der Kehle nur blassblaue Federchen hat, zeigt sich. Als sie beide davonfliegen, leuchten an der Schwanzwurzel rostrote Flecken auf.

Über dem Pfad liegt ein Stamm wie eine Sperre, dahinter sammelt sich dunkelbraunes Moorwasser zu einem Tümpel. Ein Knüppeldamm staut es an. Ich sehe kegelförmig abgenagte Stümpfe, frisch schimmert das helle Holz. Späne, wie von einem Holzmeißel geschlagen, liegen verstreut herum. Gefällte Bäume modern im Wasser. Ich habe es gefunden – das Reich der Biber! Am jenseitigen Ufer liegen Hölzer zu einem Haufen getürmt – die Biberburg. Dort sind sie jetzt und schlafen.

Als es dunkel wird, bin ich wieder da und warte lange. Kupferrot und blauschwarz schimmert der Himmel. Zart und ein wenig verloren leuchtet die schmale Mondsichel und spiegelt sich silbrig im Wasser. Meine Blicke ruhen auf der Biberburg. Der Ausgang liegt unter Wasser, aber ich weiß, irgendwann muss der Biber zum Luftholen an die Oberfläche kommen. Endlich ein Plätschern. Im Mondlicht sehe ich einen Schatten. Ein Kopf ragt aus dem Wasser und schiebt Wellen vor sich her. Ich greife zum Fernglas, da schlägt der nachtschwarze Schwimmer mit seiner Schwanzkelle aufs Wasser. Hoch spritzen die Tropfen und der Biber taucht ab.

Am nächsten Tag gehe ich neben dem Hauptstrom weiter der Mündung entgegen. Dunkelblau erhebt sich aus der Ebene ein Bergwall: der Bayerische Wald. Das Mittelgebirge verdeckt den Horizont und überrascht mich mit seiner Mächtigkeit.

Ich sehe die letzte Kiesbank der Isar, ein paar Weiden wiegen sich im Mündungswasser und fast heimlich fließt die Isar in die Donau. Ich weiß nicht, was ich erwartet hatte, aber irgendwie dramatischer hätte es schon aussehen können. Fast möchte ich der Isar Absicht unterstellen, dass sie ihren Lauf so unbestimmt beendet, wie sie ihn begonnen hat.

Am Ufer steht ein Angler und fischt mit einem großen Blinker.

»Seit die Isar angestaut ist, kommen hier immer mehr Waller vor. Hecht und Zander waren früher bei uns die Hauptfische, als die Isar noch schnell geflossen ist, und jetzt ist es eigentlich der Waller, der am meisten gefangen wird«, antwortet der Mann auf meine Frage, auf welche Fische er es abgesehen habe.

»Was war der größte Fisch, den Sie bisher an der Angel hatten?«, frage ich neugierig.

»Der wog 56 Kilo und war 1,49 Meter lang.«

»Unglaublich, ein Riesenfisch! Wie haben Sie ihn gefangen?«

»Das war bei Hochwasser. Eine reißende Strömung hat's damals gehabt. Als plötzlich ein Waller angebissen hat, da hab ich eine Stunde gekämpft mit ihm, bin immer weiter flussabwärts gegangen. Aber der Waller wollte nicht aufgeben. Dann kam Gebüsch und ich hab den Fang schon verloren gegeben, aber dann hab ich was riskiert und bin mit der Angel ins Wasser und dem Fisch nachgeschwommen. Zu meinem Glück kam bald eine Kiesbank und ich konnte wieder stehen und den Fisch endlich an Land ziehen.«

»Glauben Sie, dass der Naturschutz hilft, das Mündungsgebiet zu erhalten?«

»Was heißt hier Naturschutz! Die Natur schützt sich selbst, wenn der Mensch sie in Ruh lässt. Wissen Sie, wie viel Geld in dieses so genannte ›Naturerbe‹ gesteckt wird – 19 Millionen! Und was wird mit dem vielen Geld gemacht? Ich sag's Ihnen: Aussichtstürme werden gebaut und Erlebniswege angelegt. Das ganze Gebiet wird erschlossen für den Tourismus, so ist das!«

»Was ist daran schlecht, wenn die Menschen die Natur erleben wollen?«

»Da hab ich nichts dagegen, aber es kommen einfach zu viele. Wissen Sie, früher war ich allein hier draußen, kein Mensch war da. Jetzt kommt alleweil jemand wie Sie daher – nichts gegen Sie persönlich, verstehen Sie mich richtig, aber es sind zu viele und mit der Werbung fürs ›Naturerbe‹ werden immer noch mehr Menschen angelockt. Das Infozentrum in der Maxhütte ist ganz ordentlich, aber es bringt die Leute auf den Geschmack. Sie wollen dann die Wildnis selbst entdecken.«

»Aber im Zentrum werden doch geführte Exkursionen angeboten«.

»Na ja, vielleicht legt sich der Ansturm wieder. Ich find's im Prinzip ja gut, dass sie die Mündung unter Schutz gestellt haben, so ist sie wenigstens rechtlich abgesichert.«

Monate später – diesmal im Winter – bin ich noch einmal an der Mündung. Eis und Schnee, kahle Bäume und trockenes Schilf ergeben stimmungsvolle Bilder. Und die Einsamkeit, die mir der Angler im Sommer beschrieben hatte, ist vollkommen.

Es ist still. Nur meine Schritte knirschen im Schnee. Ich bleibe stehen, lausche. Nichts. Stille. Eine Welt ohne Töne, eingehüllt in weichen Schnee, in ein tausendfältiges glitzerndes Gewebe. Ich schaue zurück übers freie Feld, dessen weiße Decke mit meiner Spur gezeichnet ist. Das weiße Wunder nimmt mich auf, schweigsam.

Zwischen den Säulen des Waldes glüht es orange, flammt es in Rot, als brennten die Bäume. Es ist die Sonne, die gerade aufgeht, sehr spät an diesem Wintermorgen Ende Dezember.

Flocken schweben zur Erde, watteweich und lautlos. Seltsam, im verschneiten Land zu wandern, als gäbe es keine Menschen weit und breit. Im Sumpfland ist der Boden gefroren und ich komme besser voran als im Sommer. Auf dem frisch gefallenen Schnee zeichnen sich Fährten ab und zeigen mir, dass ich doch nicht allein bin in dieser Winterwelt. Ein Hase ist kürzlich hier vorbeigehoppelt, hat die langen Hinterbeine immer vor die kurzen Vorderpfötchen gesetzt. Rehe haben ihre Trittsiegel als zarte Tupfer in den Schnee gedrückt und Wildschweine pflügten eine tiefe Spur. Das dort kann nur ein Marder gewesen sein, zwei Eindrücke immer nah beisammen. Der Fuchs hat seine Pfoten sorgsam hintereinander aufgesetzt, wie Perlen auf einer Schnur.

Die Sonne verbirgt sich wie ein blindes Auge hinter Schleiern, als wäre sie geblendet von dem vielen Weiß. Die biegsamen Zweige der Birken neigen sich zum Schnee und das Schilf ist vom Reif wie mit Zuckerguss bestäubt. Ein Rehbock versteckt sich im Röhricht, verharrt bewegungslos und hofft, dass ich ihn nicht sehe. Mit aufgeplustertem Gefieder hocken Fasane wie schwere Früchte auf kahlen Bäumen. Bei den Bibern ist die Burg höher als im Sommer geschichtet. Zweige treiben im Wasser und abgenagte Stümpfe zeugen von eifriger Tätigkeit, denn Biber halten keinen Winterschlaf. Schnell senkt sich die Dunkelheit über die winterliche Flusslandschaft. Rot wird zu tiefem Purpur, dann zu Kobaltblau, bis alle Farben im Schwarz erlöschen.

Ich verkrieche mich fröstelnd in mein kleines Zelt und freue mich auf eine Tasse heißen Tee. Ein erster wärmender Schluck und mein Atem beginnt zu dampfen. Draußen gurgelt die Isar in ihrem eisigen Bett. Dann klingt es, als würde es regnen, doch es ist Schnee. Es schneit, ohne aufzuhören – die ganze Nacht.

Am nächsten Morgen gelingt es mir nur schwer, mich aus den Schneemassen zu befreien. Der Himmel ist wintergrau und der Schnee liegt hoch wie im Reich der Schneekönigin. Träge fließt die Isar durch die Winterwelt, ihr Wasser ist dunkel und riecht nach Kälte.

Lange stehe ich auf der Donaubrücke bei Deggendorf und blicke ein letztes Mal hinunter auf die »grüne« Isar, wie sie sich mit der »blauen« Donau vermischt. Zusammen mit ihr hat sie noch einen weiten Weg vor sich, bis ihr Wasser schließlich ins Schwarze Meer mündet.

Happy End für die Isar?

»Ein Fluss sprengt sein enges Korsett!«, war in der Münchner Abendzeitung zu lesen. Der Zeitungsbericht hatte mich neugierig gemacht und auf die Idee gebracht, den Fluss von der Quelle bis zur Mündung zu erforschen. Inzwischen sind mehr als vier Jahre vergangen, und ich möchte wissen, wie es mit dem »Isarplan« steht. Wieder mache ich mich auf den Weg, diesmal quer durch München. Was ich dabei erfahre, ist so spannend, dass ich es wert finde, darüber zu berichten.

»Sind denn die Biber noch da?«, frage ich Hans.

»Ja freilich gibt's die noch. Aber das sind Heimlichtuer, die zeigen sich nur unsereins, weil wir immer draußen sind, bei Tag und in der Nacht. Ihre Biberburg haben sie beim Deutschen Museum, und dort tummeln sie sich nachts in der Isar.«

Hans, den Stadtstreicher, und seinen Hund Weibi habe ich schon einmal getroffen, als ich bei meiner ersten Isarwanderung durch München gekommen bin. Mich beeindruckte seine enge Beziehung zur Natur, und er war auch der Erste, der mir von den Bibern erzählte. Ich dachte, es sei ein Scherz, und wollte nicht glauben, dass der scheue Nager sich mitten in der Millionenstadt angesiedelt haben sollte, bis ich selbst die kegelförmig abgenagten Baumstümpfe auf der Praterinsel entdeckte. Für mich gab es nun keinen Zweifel mehr, denn nur Biber bearbeiten Bäume auf diese Weise. Die ringsum verstreuten Späne schimmerten hell, und aus dem Stamm tropfte goldfarbenes Harz, also mussten die Tiere erst vor kurzem am Werk gewesen sein.

Die grüne Isar soll wieder »wild« durch München fließen, von einer betonierten Flussleiche wird sie in einen Naturfluss verwandelt. Die Biber erkannten anscheinend ihre Chance, sind flussaufwärts gewandert und haben sich ihren Lebensraum zurückerobert. Zwar können Biber ganze Landstriche unter Wasser setzen, aber Ufermauern aus Beton hätten sie nicht zernagen können. Da waren schon andere Kräfte nötig, Kräfte, die einen millionenfachen Geldstrom in Bewegung setzten.

An der Isar wird gebaggert und gebuddelt, werden tonnenweise Kies und Steine aufgehäuft, Betonplatten herausgerissen und Mauern zerbrochen, steile Uferböschungen abgetragen, Terrassen gebaut, das Flussbett verbreitert und mitten im Wasser Inseln angelegt, die sich je nach Wasserstand verschieben und verändern können. Das ehrgeizige Ziel ist es, die Isar von der südlichen Stadtgrenze bei der Großhesseloher Brücke bis zum Deutschen Museum an der Cornelius-Brücke in natürlichen Ufern rauschen zu lassen.

Dabei muss niemand befürchten, dass die Isar wieder zu dem ungestümen Wildfluss wird, der Brücken zum Einsturz bringt und Wohngebiete unter Wasser setzt. Vielmehr versucht man die Quadratur des Kreises: auf der einen Seite dem Fluss seine natürliche Form zu geben und ihn zugleich für Freizeit-Aktivitäten attraktiv zu gestalten. Und als sei das nicht genug, will man zudem den Hochwasserschutz verbessern.

Nur von alten Stichen und Gemälden wissen wir, wie die Isar früher einmal aussah. Im Münchner Stadtgebiet gestaltete sie eine malerische Flusslandschaft, mäandrierte zwischen weißen Kiesbänken und verzweigte sich in zahlreiche Flussarme. Dabei veränderte sie ihr Aussehen, schwemmte Kies ab, spülte ihn an anderer Stelle an und bahnte sich ihren Lauf ständig neu. Bei Schneeschmelze und Sommergewittern schwoll sie immer wieder gewaltig an. Tief gelegene Stadtteile wie Tal, Lehel und Au wurden dann regelmäßig überflutet. Deshalb hatte man schon Mitte des 19. Jahrhunderts begonnen, die »Reißende« zu zähmen. Die Isar erhielt ein festes Bett aus Stein und Beton. Wie ein Kanal floss sie nun zwischen monotonen Hochwasserwiesen und Erddeichen dahin. Im Bereich der Praterinsel und des Deutschen Museums wurde sie sogar zwischen senkrechte Ufermauern gezwungen.

Völlig übel erging es der Isar, als man ihr Wasser auch im Stadtgebiet zur Energiegewinnung abzweigte. Gerade einmal fünf Kubikmeter pro Sekunde verblieben im alten Flussbett und ließen die Isar die meiste Zeit des Jahres zu einem traurigen Rinnsal verkommen.

Das wird sich jetzt ändern: Auf acht Kilometer Länge soll sie wieder wie ein echter Gebirgsfluss rauschen, Kiesinseln umspülen und im breiten Bett mit ihrem Geschiebe herumwerkeln.

Damit diese Idylle Wirklichkeit werden konnte, musste allerhand geschehen. Der nötige »Dammbruch« geschah allerdings weit entfernt von München – und schon vor Jahren. Alte Knebelverträge, in denen das Isarwasser den Betreibern der Kraftwerke fast gänzlich zur Verfügung stand, liefen nach Jahrzehnten endlich aus – eine einmalige Gelegenheit, über die im Fluss verbleibende Wassermenge neu zu verhandeln. Diese Chance nutzten die engagierten Isarfreunde, über die schon im Kapitel »Der Wasserraub« berichtet wurde. Ihnen gelang eine nahezu biblische Tat: die Wiederbelebung der Flussleiche Isar zwischen Krün und dem Sylvensteinstausee.

Wenige Jahre später lief auch der Vertrag beim Kraftwerk Mühltal aus. Für die Kraftwerksbetreiber schien es abgemacht, die alte Konzession einfach zu verlängern und weiterhin wie gewohnt mehr als 90 Kubikmeter Wasser pro Sekunde durch ihre Turbinen zu jagen. Der Isar sollte wie bisher der klägliche Rest von fünf Kubikmetern pro Sekunde bleiben.

Es begann ein zähes Fingerhakeln um diese sogenannte Restmenge. Schließlich konnten die Isarfreunde den Stromversorgern

15 Kubikmeter pro Sekunde abringen, und nördlich des Ickinger Wehrs wurde das mit Steinen und Beton befestigte Ufer auf über sieben Kilometer Länge teilweise abgetragen. Der Fluss kann wieder über seine Ufer treten und neue Kiesbänke bilden.

Was als kleines Zugeständnis an den Naturschutz gedacht war, wurde zur Referenzstrecke für jene, die den »Isarplan« im Münchner Stadtgebiet endlich verwirklicht sehen wollten, jenen kühnen Entwurf, der seit den 80er Jahren in verstaubten Schubladen auf mutige Taten wartete. Er sollte eine Revolution im Wasserbau einleiten. Seit über hundert Jahren geheiligte Ansichten wurden über Bord geworfen.

Im Wasserwirtschaftsamt München erfahre ich aber, dass ökologisches Wunschdenken allein die Geldquellen nicht hätte sprudeln lassen.

»Es war zwingend notwendig, die Isar auszubauen, weil der Hochwasserschutz nicht mehr gewährleistet war«, klärt mich Klaus Arzet auf. »Die Berechnungen, die man damals beim Ausbau der Isar ermittelte, sind wegen des Klimawandels längst überholt, denn die Niederschlagsmengen sind heute größer. Den letzten Beweis lieferte das Pfingsthochwasser 1999. Es überstieg das bisherige Maximum hundertjähriger Hochwasser bei weitem.«

»Hätte es da nicht geholfen, einfach die Ufermauern zu erhöhen?«

»Nein, heute wissen wir, je schlauchartiger ein Fluss kanalisiert ist, umso gefährlicher wird er. Wirkungsvoller bremst man seine Kraft durch einen gewundenen Lauf und bietet ihm so großräumige Ausweichflächen, die er bei Hochwasser allmählich füllen kann.«

»Es waren also rein praktische Erwägungen, die zur Neugestaltung der Isar führten?«, vergewissere ich mich, weil doch in Presseberichten immer der Naturschutzgedanke im Vordergrund stand.

»So ist es. Wir haben die Pflicht, die Stadt vor Überschwemmungen zu schützen. Und da nun einmal die Notwendigkeit zum Umbau bestand, wollten wir es gleich richtig machen und der Isar ein naturnahes Bett geben, das sowohl der Umwelt dient als auch den Erholungs- und Freizeitbedürfnissen der Menschen.«

Das Betonkorsett, das ehedem viel Geld gekostet hatte, wird nun mit großem Aufwand abgerissen. Die befestigten Ufer machen Wiesenböschungen und Kiesrändern Platz. Billig ist die neue Freiheit nicht. Acht Kilometer befreite Isar von der Großhesseloher Brücke bis zur Cornelius-Brücke am Deutschen Museum werden mehr als 28 Millionen Euro verschlingen, die sich der Freistaat Bayern und die Stadt München teilen. Gut angelegtes Geld – darüber sind sich alle einig –, das auf keinen Fall unsichtbar versickern wird.

Ich erinnere mich noch an die Zeit, als die Baumaßnahmen zur Isarsanierung begannen. Der Anblick war verheerend. Riesige Bagger schaufelten Kies und Geröll, tiefe Fahrrinnen zerfurchten die Ufer, Büsche wurden gerodet, Bäume abgesägt. Um so überraschter bin ich, wie schnell nach zwei, drei Jahren die baubedingten Narben verheilt sind.

Vehement hat die Isar auf den ersten sechs Kilometern von ihrer neu gewonnen Freiheit Besitz ergriffen. Bunt leuchten die Wiesen, wobei Landschaftsgärtner mit der Aussaat von isartypischen Wildkräutern nachgeholfen und Deiche mit Mähgut aus dem Naturschutzgebiet »Garchinger Heide« ausgepolstert haben.

Die abwechslungsreiche, ausgebuchtete Uferlinie mit vorgelagerten Kiesbänken und Kiesinseln vermittelt ein überraschend natürliches Erscheinungsbild. Sitzsteine laden zum Verweilen ein. Junge Leute hocken dort und lesen, Mütter schauen ihren Kindern beim Spielen mit Isarkieseln zu. Ein Mann watet durchs Wasser, sein Hund hechtet ihm voraus, schaut sich besorgt um, ob sein

Herrchen auch folgt. Statt der hässlichen Betonrampen liegen jetzt Steinblöcke im Flussbett, zwischen denen das Wasser in flache Becken rauscht. Sie schmücken den Fluss und stellen für wandernde Fische kein Hindernis mehr dar. Am Ufer eingebaute Baumstämme und Wurzelstöcke unterstreichen den Wildnischarakter und dienen Fischen als Unterstand und der Fischbrut als Versteck.

»Weltweit zum ersten Mal wurde ein kanalisiertes Gewässer naturnah gestaltet«, betont der Leiter des Wasserwirtschaftsamts. »Mit dieser Aufgabe haben wir Neuland betreten. Ohne sich an Vorbildern orientieren zu können, mussten alle Beteiligten ständig hinzulernen und Probleme lösen, die sich erst während der Arbeit ergaben.«

»Welche zum Beispiel?«

»Die Altlasten! Sie werden nicht glauben, was alles zutage kam: Granaten, Bomben und anderer Schrott aus dem Krieg, dazu mit Chemikalien verseuchte Erde. Die musste aufwändig entsorgt werden. Mehr Freude hat uns der neuartige Hochwasserschutz gemacht. In den Wiesen haben wir ›schlafende Sicherungen‹ vergraben.«

»Was ist das denn?«

»Von außen nicht sichtbar, haben wir im Boden stabile Mauern verankert. Bis dahin kann sich der Fluss bei Hochwasser vorarbeiten, ohne Schaden anzurichten. Und zwischen der Thalkirchner Brücke und dem Marienklausensteg haben wir die Deiche mittels einer verstärkten Erdbetonwand im Inneren des Deichkerns befestigt, damit selbst während eines Ausnahmezustands die Stabilität der Deiche gewährleistet ist. Mit diesen aufwändigen Maßnahmen konnten wir den Baumbestand auf den Deichen und damit das charakteristische Landschaftsbild erhalten. Sonst hätten wir die Gehölze roden müssen, weil Wurzeln die Deichsicherheit bedrohen.«

Die neue, naturnahe Isar lockt immer mehr Menschen an, sie kommen zu Fuß und mit dem Fahrrad, mit Kind und Hund, am Tag und in der Nacht. Es riecht nach brennender Holzkohle und gebratenem Fleisch. Übers Wasser ziehen Rauchschwaden, Feuerschein glimmt auf den Kiesinseln. Die einen sitzen gut eingerichtet auf Bierbänken, andere haben es sich auf Isomatten bequem gemacht, und wer es ganz urig will, hockt auf dem harten Kies. Die Münchner feiern an warmen Sommertagen eine einzige riesige Grillparty – nicht immer zur Freude der Isar-Anwohner, die sich vor allem durch den Musiklärm gestört fühlen. Horst Friedl stöhnt: »Ich wohne in der Nähe der Reichenbachbrücke und kann kaum noch schlafen. Fast täglich wird hier auf Beach-Party gemacht. Ich bin sicherlich kein Kind von Traurigkeit, aber ich finde es unerträglich, wenn die Isar immer mehr zur Vergnügungsmeile verkommt.«

Mit seiner Aussage beschwört er ein brisantes Thema: Strandleben an der Isar? Noch mehr Freizeitspaß und Urlaubsvergnügen? Besonders um den letzten Bauabschnitt zwischen Braunauer Eisenbahnbrücke und Deutschem Museum wird heiß gestritten. Es sind nur zwei Kilometer, aber sie werden am meisten kosten. 15 Millionen Euro sind für die bisher fertig gestellten sechs Flusskilometer insgesamt ausgegeben worden, demnach stehen für die restlichen zwei Kilometer noch 13 Millionen Euro zur Verfügung. Aber das Geld wird sehr wahrscheinlich nicht reichen.

Das Dilemma begann, als die Stadt München plötzlich eine Ausschreibung für die zwei Kilometer lange Isar-Erneuerung verlangte. Ein internationaler Ideenwettbewerb sollte die beste Lösung für die so genannte »Innerstädtische Anbindung« bringen, also für die Vernetzung urbaner Strukturen mit den natürlichen Gegebenheiten.

Monate vergingen mit bürokratischen Vorbereitungen, kostbare Zeit, während der nicht weiter gebaut werden durfte. Kaum aber hatte die Jury den Sieger ermittelt, brach ein Sturm der Entrüstung los und die Wellen der Empörung schlugen hoch. Stadträte, Bezirksausschüsse, Heimatpfleger aus Haidhausen und der Au, der Isartalverein, der Bayerische Kanu-Verband, Natur- und Vogelschützer, die Isarfischer und der Verein zum Schutz der Bergwelt – sie alle protestierten lautstark, denn das Modell des 1. Preisträgers, der Arbeitsgemeinschaft von Irene Burkhardt, befreit den Fluss nicht aus seinem kanalartigen Lauf, im Gegenteil: Die Isar sollte mit weiteren künstlichen Eingriffen geplagt werden. Vom Fluss wollte man mit einer Betonmauer einen seichten Nebenarm abtrennen, damit Mütter mit ihren Kindern dort lustig plantschen können.

Das Baureferat aber war vom Modell Burkhardt begeistert: »Die ›Neue Isar‹ bietet mannigfaltige Erholungsmöglichkeiten mitten in der Stadt und steigert den Freizeitwert«, heißt es in ihrem Gutachten.

Rolf Renner, aktiver Kanusportler und Koordinator der Isar-Allianz, kann sich nicht erklären, wieso gerade der Plan vom Büro Burkhardt zum Sieger gekürt wurde: »Unser Vertreter war beim Vorauswahlverfahren zugegen. Nur auf Einspruch von Prof. Dr.-Ing. Theodor Strobl von der TU München wurde das Modell Burkhardt nicht sofort von der Liste gestrichen. Dass es schließlich das Rennen machte, können wir alle nicht begreifen.«

»Was genau spricht denn gegen dieses Modell?«, frage ich.

»Es stellt nicht das ursprünglichen Anliegen dar, die Isar natürlich fließen zu lassen. Warum Geld ausgeben, wenn sie geradlinig wie ein Kanal bleibt? Und dann diese störende und hässliche Mauer mitten im Fluss, ob nun aus Beton, wie ursprünglich vorgesehen, oder jetzt nachgebessert aus Steinblöcken, nur um einen Nebenarm zum Baden abzutrennen. Als wenn wir in München nicht schon genug Freibäder hätten! Auch der Fischereiverband lehnt diesen Plan ab und sieht die Fischwanderung gefährdet. Wir Kanusportler schließlich wollen lieber in natürlicher Umgebung paddeln als durch Betonrinnen.«

Um den Unmut der Bevölkerung zu dämpfen und die Wogen zu glätten, blieb der Stadt nichts anderes übrig, als zu einem Expertengespräch ins Rathaus zu laden. 100 Vertreter von Bezirksämtern, Behörden und Vereinen gaben ihre Stimme in dem so genannten Beteiligungsverfahren ab. Das Votum war eindeutig: Fast alle stimmten gegen den 1. Preisträger und entschieden sich für den Entwurf von Winfried Jerney, dessen Arbeitsgemeinschaft den 2. Preis gewonnen hatte. Bei seinem Modell fließt die Isar zwischen geschwungenen Ufern in die Innenstadt hinein. Da er und sein Team schon bei den fertig gestellten Abschnitten mitgearbeitet haben, wäre die Gestaltung der »Neuen Isar« wie aus einem Guss: ein naturnaher Fluss ähnlich wie jetzt schon am Flaucher.

Die Stadt München steckt nun in einer Zwickmühle: Das Büro Burkhardt hätte Anspruch auf Schadensersatz, sollte es als Wettbewerbsgewinner nicht zum Zuge kommen. Anderseits kann die Bevorzugung des 2. Preisträgers durch die Mehrheit nicht einfach ignoriert werden. Das Baureferat muss nun eine Beschlussvorlage erarbeiten und sie dem Stadtrat zur Entscheidung vorlegen. Inzwischen wird viel Wasser die Isar hinabströmen, und zur Bundesgartenschau kann sie noch nicht in ihrer ganzen Schönheit gezeigt werden. Erst nachdem dort die Blumen ihren zweiten Sommer erlebt und die Bagger das Kiesbett der Isar endgültig verlassen haben, werden wir wissen, ob sich die Anstrengung gelohnt hat. Und wenn sich die Biber am Deutschen Museum dann immer noch zu Hause fühlen, ist der Traum von einem Naturfluss mitten durch eine Millionenstadt in Erfüllung gegangen.

Was aber auch geschehen mag – eines ist jetzt schon sicher: Die Münchner werden ihrer Isar die Treue halten. Denn wer es je erlebt hat, das Eintauchen ins eiskalte Isarwasser, das lustvolle Prickeln auf der Haut und die schlagartig einsetzende gute Laune, der wird für immer der Isar verfallen sein.

Danksagung

Es ist mir ein Bedürfnis, mich bei den Menschen zu bedanken, die ihr Wissen und ihre Erfahrungen an mich weitergaben und mir ihre Geschichten erzählten, die das Bild der Isar farbenbunt, vielfältig und vollkommen werden ließen. Allen gebührt mein herzlicher Dank für ihre Spontanität beim Gespräch und ihre Offenheit beim Antworten auf meine Fragen. Besonders möchte ich danken:

Dr. Klaus Arzet, Behördenleiter, Wasserwirtschaftsamt München
Toni Gaugg, Hüttenwirt, Ski- und Bergführer
Sepp Gebhart, genannt Isar-Sepp
Sepp Harbacher
Fabian Höpker, Verein »Sauberes Isarwasser«
Franz Heilinglechner, Isar-Ranger
Fritz Huber, Vizepräsident des Fischereiverbandes Oberbayern
Inga Jonas, Verein »Sauberes Isarwasser«
Dipl.-Ing. Peter Kratz, Wasserwirtschaftsamt Weilheim
Martin Melf, Stadt Wolfratshausen, Umweltreferat
Rolf Renner, Koordinator der Isar-Allianz
Günther Rösch, St.-Johann-Nepomuk-Verein e. V. in Plattling
Josef Seitner, Flößermeister aus Wolfratshausen/Weidach
Edith Sonnenschein, Ornithologin
Dr. Silke Wieprecht, Institut für Wasserwesen in Neubiberg
Dipl.-Ing. Erich Winner, Wasserwirtschaftsamt Weilheim

Bernhard März, Isar-Ranger in Ascholding, verdanke ich Hinweise auf den Kalkbrennofen in Lenggries und die Steinpyramiden bei Ascholding. Er vermittelte mir die Bekanntschaft mit dem Isar-Sepp und schenkte mir einen Isarkiesel, einen seltenen Serpentinit.

Literatur zur Isar

Claus Eder, Hrsg., Die Obere Isar. Eine Zeitreise. Eder Werbung & Verlag, Lenggries 1997

Reinhard Falter, Was kann uns ein Fluss bedeuten? Die Isar als Spiegel unserer Zeit. Trinkl & Böck, Dachau 1992

Michael Kamp + Helmut Zedelmeier, Hrsg., Nilpferde an der Isar. Eine Geschichte des Tierparks Hellabrunn in München. Buchendorfer Verlag, München 2000

Helga Lauterbach, Von Floßmeistern und Flößerbräuchen. Erich Wewel Verlag, München 1992

Christian Magerl + Detlev Rabe, Die Isar. Wildfluss in der Kulturlandschaft. Verlag Kiebitz Buch, Vilsbiburg 1999

Willy Michl, Traumwanderer. Autobiographie. Nymphenburger Verlag, München 2000

Richard Rötzer, Der Wachsmann. List Verlag, München 2000

Marie-Louise Plessen, Hrsg., Die Isar. Ein Lebenslauf. Hugendubel Verlag, München 1983

Friedrich Prinz, Die Geschichte Bayerns. Piper Verlag, München 1999

Edith Sonnenschein, Naturschutzprobleme an der Isar. Monticola Nr. 87, Band 8, 2000

Bernd Uhrmeister, Nicola Reiff, Reinhard Falter, Rettet unsere Flüsse. Kritische Gedanken zur Wasserkraft. Pollner-Verlag, Oberschleißheim 1998

Leuchtende Berge und karge Steppe

Hier reinlesen!

Carmen Rohrbach
Wildes Kasachstan
Auf der Fährte des
Sibirischen Steinbocks

NG Taschenbuch, 256 Seiten
€ 16,00 [D], € 16,50 [A]*
ISBN 978-3-492-40646-8

Gemeinsam mit ihrem Bruder Holger reist Carmen Rohrbach nach Kasachstan, denn Holgers großer Traum als Jäger und Förster ist es, einmal einen Sibirischen Steinbock zu erlegen. Während er sich tagsüber mit den kasachischen Jägern auf die Suche macht, streift Carmen Rohrbach allein durchs Gebirge. Sie berichtet fesselnd von ihren Erlebnissen und Begegnungen, von Bären, Bartgeiern und Schlangen. Gleichzeitig erinnern sie und ihr Bruder sich intensiv zurück an ihre Kindheit und an Carmens Flucht.

»Carmen Rohrbach ist eine ausgezeichnete Beobachterin«

DIE ZEIT

Hier reinlesen!

Carmen Rohrbach

Die Neugier ist mein Kompass

Abenteuer aus aller Welt

NG Taschenbuch, 320 Seiten
€ 15,00 [D], € 15,50 [A]*
ISBN 978-3-492-40605-5

Mit ungebrochener Reiselust ist Carmen Rohrbach unterwegs, erfreut sich an der Geschichte und den Sehenswürdigkeiten ihrer Ziele genauso wie an deren Natur. Nach ihrem Bestseller »Unterwegs sein ist mein Leben« hat sie in diesem reich bebilderten Band erneut größtenteils unveröffentlichte Berichte von ihren Reisen zu einem spannenden Best-of zusammengefasst. Ob beim Beobachten von Löwenkindern oder der Erkundung eines Vulkankraters – begibt man sich mit Carmen Rohrbach auf Entdeckungstour, sieht man die Welt mit anderen Augen.

»Die Geschichte einer willensstarken Frau.«

Süddeutsche Zeitung

Hier reinlesen!

Carmen Rohrbach
Solange ich atme
Meine dramatische Flucht aus der
DDR und wie sie mein Leben prägte

NG Taschenbuch, 256 Seiten
€ 16,00 [D], € 16,50 [A]*
ISBN 978-3-492-40531-7

Angetrieben von dem Wunsch, die Welt zu bereisen, wagt Carmen Rohrbach mit 25 Jahren die Flucht aus der DDR, im Schutz der Dunkelheit über die Ostsee. Zwei Tage und Nächte verbringt sie auf dem Wasser, in ständiger Angst, zu ertrinken oder entdeckt und verhaftet zu werden… In »Solange ich atme« erzählt Carmen Rohrbach ihre abenteuerliche und zutiefst inspirierende Lebensgeschichte und schildert, wie es ihr gelang, die ganze Welt zu ihrer Heimat zu machen.

   MALIK

⑦ Praterinsel:
Ob in der Mittagspause oder den ganzen Tag lang, wenn die Sonne scheint, sind die umliegenden Kiesinseln »ausgebucht«. Lichtscheue, die es ruhiger lieben, sind im nahegelegenen Café des Alpin-Museums gern gesehene Gäste. Sie informieren sich über die geologische Vergangenheit der Alpen und planen ihre nächsten Bergtouren.

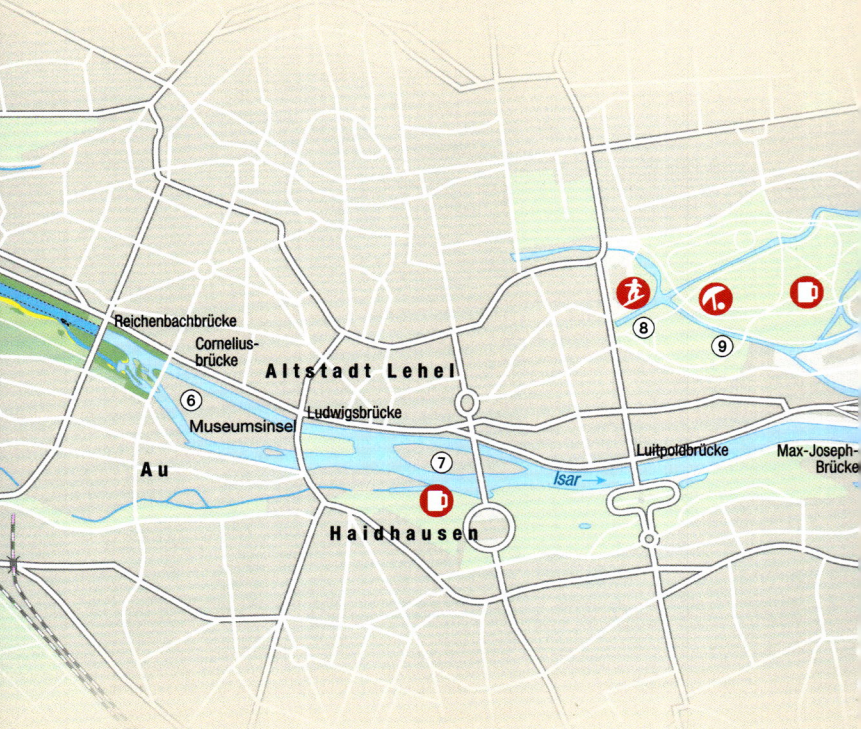

⑥ Deutsches Museum: seit über 100 Jahren der berühmteste Technik-Tempel der Welt.

⑧ Am Eisbach:
Hier trainieren Profis und Anfänger. Die Welle beim Haus der Kunst ist bei Surfern und Paddlern gleichermaßen geschätzt

⑨ Englischer Garten:
das Naturkunstwerk
des Landschaftsgärtners
Friedrich Ludwig Sckell.
Früher sumpfiger Auwald
und Übungsgelände
bayerischer Truppen,
dient der Park heute der
Erholung und Inspiration.

Badevergnügen mitten in München

Wellensurfen auf der Isar